Werner Michl / Cornelia Schödlbauer
Erdachte Gespräche aus zwei Jahrtausenden

Jubiläumsjahr 1999
Von Profi zu Profi. Seit 75 Jahren.

Werner Michl
Cornelia Schödlbauer

Erdachte Gespräche aus zwei Jahrtausenden

Ein Lese- und Studienbuch
über Erleben und Lernen

Luchterhand

Die Deutsche Bibliothek – CIP-Einheitsaufnahme

Michl, Werner:
Erdachte Gespräche aus zwei Jahrtausenden: ein Lese- und Studienbuch über Erleben und Lernen / Werner Michl/Cornelia Schödlbauer. – Neuwied; Kriftel: Luchterhand, 1999
(Geschichte der Pädagogik)
ISBN 3-472-03949-3

Bildnachweis:
alle Fotos (außer S. 106): Archiv für Kunst und Geschichte, Berlin.
S. 106: aus Annette Kuhn (Hrsg.) Die Chronik der Frauen.
Chronik Verlag, Dortmund, 1992.

Alle Rechte vorbehalten.
© 1999 by Hermann Luchterhand Verlag GmbH, Neuwied, Kriftel.
Das Werk einschließlich aller seiner Teile ist urheberrechtlich geschützt.
Jede Verwertung außerhalb der engen Grenzen des Urheberrechtsgesetzes ist ohne Zustimmung des Verlages unzulässig und strafbar.
Das gilt insbesondere für Vervielfältigungen, Übersetzungen, Mikroverfilmungen und die Einspeicherung und Verarbeitung in elektronischen Systemen.
Umschlaggestaltung: Ute Weber GrafikDesign, München.
Satz: KompetenzCenter Urban, Düsseldorf
Papier: Permaplan von Arjo Wiggins Spezialpapiere, Ettlingen.
Druck: Neuwieder Verlagsgesellschaft mbH, Neuwied
Printed in Germany, September 1999

∞ Gedruckt auf säurefreiem, alterungsbeständigem und chlorfreiem Papier.

Inhalt

Werner Michl/Cornelia Schödlbauer

Von Plagiaten und Zitaten – Die Kunst des Plünderns
Eine Einführung   VII

Dichtung ist etwas zwischen dem Traum und seiner Wirklichkeit.
Mit Lou Andreas-Salomé im Seilgarten   1

Großer Bär, komm herab, zottige Nacht.
Eine Einladung von Ingeborg Bachmann nach Rom   19

Handle, aber handle auf deine eigene Gefahr.
Ein Interview mit John Dewey   33

Daß der Mensch »glücklich« sei, ist im Plan der »Schöpfung« nicht enthalten.
Mit Sigmund Freud auf der Couch   55

Kurt Hahns Verheißung.
Ein respektloses und nicht ganz ernst gemeintes Interview   65

Vieles am Seienden vermag der Mensch nicht zu bewältigen.
Mit Martin Heidegger im Gespräch   73

Wir sind auf irgendeine Weise gefallene Engel, die jedoch mit diesen nur die Intelligenz gemein haben...
Eine pragmatische Plauderei mit William James   93

Man muß irgendwo im Körper ein Herz besitzen, um auch im Kopfe ein wirkliches Gleichgewicht zu haben.
Ein Unterhaltung mit Ellen Key   105

Es kömmt darauf an, sie zu verändern.
Ein Disput mit Karl Marx   115

Wir müssen erzogen sein, wenn wir erziehen wollen.
Mit Maria Montessori in den Abruzzen   131

Das Buch Hiob und vorzüglich die Stelle, wo dieser mit Gott rechtet und sich über die Ungerechtigkeit des Schicksals beklagt, war seine Lieblingslektüre.
Ein tiefes psychologisches Gespräch mit Karl Philipp Moritz   143

Alle Dinge haben etwas Lässiges und liegen wie Kühe auf der Wiese.
Eine Bergwanderung mit Friedrich Nietzsche   155

Platon: ... aus dem Honig der Lust und dem nüchternen Wasser der Einsicht...
Mit Sokrates beim Gastmahl des Agathon   169

Ich habe Hymnen, die ich schweige.
Mit Rainer Maria Rilke in der Salzgrabenhöhle   189

Ein Erzieher! Welch erhabene Seele muß er haben!
Eine Konversation mit Jean-Jacques Rousseau   205

Die Schönheit allein beglückt die Welt.
Ein Gespräch mit Friedrich Schiller   217

Ich sage dir meine Weisheiten ja auch nur, um sie los zu werden.
Interview mit Kurt Schwitters   227

Wir können von der Natur nie genug bekommen.
Mit David Henry Thoreau am Ufer des Waldensees   237

Von Plagiaten und Zitaten – Die Kunst des Plünderns

Eine Einführung

Richtig, Sie haben uns überführt! Gut, wir geben es ohne Umschweife zu: Die Idee zu unserem Buch ist nicht gerade neu. Ja, wir haben ein bißchen abgekupfert. Man könnte auch sagen: uns auf den Geschmack bringen lassen. Joachim Kaiser hat das fiktive Interview mit Schriftstellern in der Süddeutschen Zeitung als Stilmittel verwendet. Das war eine erste Quelle der Inspiration. Die »Erdachten Briefe« von Ernst Wilhelm Eschmann (München 1987) boten weitere Anregungen. Die Methode ist dabei beileibe keine Erfindung des 20. Jahrhunderts und gäbe reichlich Stoff ab für eine stattliche Dissertation. Ein Blick in die Geschichte des fiktiven Gesprächs mit historischen Persönlichkeiten in Philosophie und Literatur fördert auch die zahlreichen Varianten dieser literarischen Form zu Tage. Anderen Menschen und berühmten Persönlichkeiten Worte in den Mund zu legen oder bereits Gesagtes und Geschriebenes in neue Kontexte zu stellen oder so zu manipulieren, daß die gewünschten Botschaften deutlich werden, hat wohl zu allen Zeiten und in allen Gesellschaftsschichten mächtig Spaß gemacht. Albino Luciani, der Papst vor Johannes Paul II, jener Papst, der nur 33 Tage im Amt war, verfaßte fiktive Briefe an Personen der Weltgeschichte, Literatur und Kunst. Lukian schrieb im zweiten nachchristlichen Jahrhundert Dialoge zwischen Göttern, Hetären und Toten. Montesquieu konnte in seinen »Persischen Briefen«, in denen ein Orientale den überkommenen Absolutismus Ludwigs XIV kritisierte, einen Bestseller des frühen 18. Jahrhunderts landen. Das Stilmittel »Exoten durchschauen Europa« (Stein 1984) ist in Deutschland besonders ernst genommen worden: Von Hans Paasches Lukanga Mukara bis zu Ernst Scheuermanns Papalangi, von der Rede des Häuptlings Seattle bis zu den Lehren des Don Juan von Carlos Castaneda – alles ist so erst genommen worden, daß die Enttäuschung um so größer war, als bekannt wurde, daß es sich um nichts anderes als literarische Spielereien handelte.

Wie bitte? – Ach, Sie fragen: »Darf man das?« Wie's um unsere Integrität steht? Kein nennenswerter Song in den internationalen Charts, der nicht durch Remixing zahllose Neuauflagen erlebte. Kein DJ, der sich am Mischpult noch aufs Plattenauflegen beschränken könnte. Die wahrhaft erstaunliche Kunst des Malers Gerhard Richter besteht darin, konsequent jede eigene Handschrift zu unterdrücken und mit Finesse und Perfektion die Stil- und Ausdrucksmittel der wichtigsten Kunst-Ismen der Nachkriegszeit zu imitieren. Auffinden, Herauslösen, Beschleunigen, Verfremden, Scratchen, Sampeln. .. das Zitat und die verschie-

Einführung

densten Weisen, es zu manipulieren und mit ihm umzugehen ist das Medium der 90er Jahre. Es ist alles nur geklaut ... Doch: alles nur Plagiate? Kein Zweifel: Oft sind die Kopien besser als die Originale...

»Meeting of the Minds« hieß vor zwanzig Jahren eine populäre US-Fernsehserie, die verblichene Geistesgrößen zu einem fiktiven Dinner vereinte. Schauspieler führten dort als Isaac Newton oder Charles Darwin gelehrte Dialoge über Gott und die Welt. Als vor fünf Jahren der amerikanische Mathematiker John Casti (1998) über die Skripte dieser Serie stolperte, kam ihm ein Einfall: Ließe sich so nicht auch die philosophische Debatte um künstliche Intelligenz einem größeren Publikum servieren? Und so durfte die sonst zur Seriosität verdammte Mathematik ihren ureigensten Spieltrieb ausleben.

Warum also nicht auch wir? Sie werden beim Lesen wohl merken, daß auch wir unserem Spieltrieb frönten. Aber dieses Buch verfolgt darüber hinaus didaktische Absichten. Es entstand aus unseren Erfahrungen mit zähen Stoffen und theoriefeindlichen Schülern, Studierenden und Seminarteilnehmern. In zahllosen Unterrichtsstunden, Vorlesungen und Übungen, Seminareinheiten und Workshops haben wir uns daran versucht, in Theorie und Geschichte der Pädagogik – und vor allem der Erlebnispädagogik – einzuführen. Vom Vortrag bis zum Rollenspiel, von der Textanalyse bis zum historischen Szenario: gerade die Sprödigkeit und vordergründige Praxisferne des Themas forderte zur Methodenvielfalt heraus. Und dennoch blieb es oft schwierig genug, zu ersten Lektüreerfahrungen zu ermuntern und widerständige Stoffe in handhabbarer Form zu präsentieren. Zu umfangreich das Material, zu gering die Vorkenntnisse der Teilnehmerinnen und Teilnehmer, zu aufwendig und anspruchsvoll die Suche nach »passenden« Stellen und einschlägigen Aussagen. So wurde die Idee der »Erdachten Gespräche« geboren. Zitate aus Originaltexten sollten als Antworten dienen; die dazu passenden Fragen stellten wir. Dabei waren wir meist zu zweit unterwegs, gelegentlich aber auch alleine. Beispielsweise verbrachten wir einen wunderbaren Nachmittag auf Ingeborg Bachmanns Terrasse in Rom. Doch nur eine/r von uns beiden durfte beim Gastmahl des Agathon an den Gesprächen mit Sokrates teilnehmen. Damit Sie es beim Lesen leichter haben, sind wir dennoch durchgängig bei unserem Kürzel »M&S« geblieben.

Die Satirezeitschrift »Pardon« formulierte in ihren besten Zeiten: »Wir fragworten, Sie anten.« Das wäre kein schlechtes Motto für dieses Buch. Es ist also aus didaktischer Absicht heraus entstanden. Folgende fünf Intentionen haben uns beim Interviewen geleitet:

1. Unsere Interviews sollen zum Weiterlesen verführen. In den Büchern jener Autorinnen und Autoren, aus denen wir zitiert haben, oder in anderen. Unsere Gesprächshäppchen sind als schmackhafte Appetitanreger gedacht, und vielleicht vermindern sie wenigstens etwas die Furcht, oder die Ehrfurcht vor großen Namen, die schwer verdauliche Schreibe vermuten lassen. »Sophies

Einführung

Welt« ist zum Weltbestseller aufgestiegen. Wir nehmen an, daß es weniger an der ansprechenden Rahmengeschichte oder dem Niveau des Buches lag, sondern daran, daß Jostein Gaarder sich auf eine Zubereitung verstand, die schwierige Texte auch dem philosophisch nicht vorgebildeten geistigen Verdauungstrakt zuträglich machte. Der Erfolg gibt ihm recht und beweist, daß in Zeiten allgemeiner Infantilisierung in den Medien ein neuer Hunger nach seriösem Denken aufgekommen ist. Wir verstehen unser Buch in diesem Sinne als kleinen Restaurantführer. Wir haben uns Mühe gegeben, daß unser Führer auch als praktisches Handbuch dient. Die Interviews sind nach den Autorennamen alphabetisch geordnet. Vor jedem Interview führt ein kurzer biografischer Steckbrief in einige wesentliche Hintergrunddaten zu Leben und Werk der befragten Persönlichkeiten ein.

2. Es bietet sich an, diese Texte – oder auch Teile davon – in Rollen laut lesen zu lassen. Bei der Tagung »Erlebnistherapie« an der Fachklinik Motzen bei Berlin im März 1998 kamen auf diese Weise Jean-Jacques Rousseau und Sigmund Freud zu Wort, und ein langer 60-minütiger Vortrag wurde angenehm aufgelockert.

3. So respektlos, wie wir zum Teil mit den Texten unserer Dichter und Denkerinnen, Pädagoginnen und Psychologen umgingen, indem wir sie aus ihrem Zusammenhang lösten, sie zerhackstückelten und ihnen manchmal eine ironische Wendung gaben, so respektlos darf auch mit unseren Interviews hantiert werden. Man kann sie nicht nur lesen. Sie möchten zum Rollenspiel, zum Beispiel in historischen Gewändern, animieren. So ein historisches Ambiente, das im Rahmen eines Projekts oder bloß als Hausaufgabe eingefangen werden kann, verleiht dem selbst erarbeiteten Inhalt Authentizität. Der äußere Verfremdungseffekt gibt den passenden Rahmen für unzeitgenössische Haltungen ab. So können sie eher in kritischer historischer Distanz gesehen werden: man verleibt sie sich nicht so leicht ein, aber man lehnt sie (»Alles alter Käse!«) auch nicht so schnell ab. Und nichts hindert daran, die Interviewpartner zu wechseln: John Dewey trifft sich mit Platon, Nietzsche diskutiert mit Kurt Schwitters und Jean-Jacques Rousseau meets Maria Montessori. Gäbe das nicht eine interessante Podiumsdiskussion ab? Ingeborg Bachmann, Martin Heidegger und Kurt Hahn? Die Texte sind dafür gemacht, daß sie kreativ verwendet werden.

4. Sie sagen, es fehlt Ihnen aber gerade ein wichtiger Denker, eine bedeutende Erziehungstheoretikerin, die wir hier einem breiteren Leserkreis hätten vorstellen können, ein wegweisender Pädagoge? Zum Beispiel Adorno, Catherine Esther Beecher oder Comenius? Das ABC der berühmten Namen ist unendlich lang, die Fundgrube spannender Texte unerschöpflich und wartet nur darauf, durch Projekte in Schule, Hochschule und Erwachsenenbildung in viele »Erdachte Gespräche« umgesetzt zu werden. Wir geben gerne zu, daß

Einführung

unsere Auswahl sehr subjektiv und lustorientiert ist. Gleichwohl haben wir versucht, neben den Leitfossilien der Reformpädagogik auch solche Namen ins Gespräch zu bringen, die man für gemeinhin nicht im Kontext »Erleben und Erziehen« befragen würde. Diese Perspektive hat auch für uns oft überraschende neue Einsichten über unsere Interviewparter und -partnerinnen gebracht.

5. Die Methode, Texte zu vermitteln und aufzubereiten, die uns so viel Lust bereitet hat, ist freilich auch geschmäht worden. »Ein Fälscher ist, wer Nietzsche interpretiert, indem er Zitate aus ihm benutzt (...) . Im Bergwerk dieses Denkers ist jedes Metall zu finden: Nietzsche hat alles gesagt und das Gegenteil von allem.« (Colli 1980, S. 209). Der von uns so sehr geschätzte Friedrich Nietzsche drückt seinen Abscheu dagegen so aus: »Die schlechtesten Leser sind die, welche wie plündernde Soldaten verfahren: sie nehmen sich einiges, was sie brauchen können, heraus, beschmutzen und verwirren das übrige und lästern auf das Ganze.« Mit Verlaub, Herr Colli und Herr Nietzsche, letzteres haben wir nicht gemacht! Wir haben geplündert, aber nicht gelästert. Fälschen wollten wir ganz sicher nicht: Auf eine Vereinheitlichung der Schreibweisen haben wir durchgehend verzichtet, ebenso haben wir die historische Zeichensetzung beibehalten. Wo im Original Hervorhebungen anzutreffen waren, haben wir diese in Form von einheitlichen Kursivsetzungen übernommen. Jedes Interview gibt mit der Quellenangabe über den Fundort Auskunft.
Und ob wir verwirrt haben, mögen unsere Leserinnen und Leser entscheiden, nachdem sie »Erdachte Gespräche« und dann Nietzsche im Original gelesen haben. Aber dann hätten wir unser Ziel bereits erreicht...

Literatur

Casti, J, L.: Das Cambridge Quartett. Eine Wissenschaftliche Spekulation. Berlin 1998
Colli, G.: Nach Nietzsche. Frankfurt a. M. 1980
Eschmann, E.W.: Erdachte Briefe. München 1987
Stein, G.: Exoten durchschauen Europa. Frankfurt a. M. 1984

Dichtung ist etwas zwischen dem Traum und seiner Deutung

Mit Lou Andreas-Salomé im Seilgarten

Lou Andreas-Salomé
* 12. 2. 1861 St. Petersburg
† 5. 1. 1937 Göttingen
Erzählerin, Essayistin, Psychoanalytikerin

Mit Lou Andreas-Salomé im Seilgarten

Louise war das jüngste Kind des hohen russischen Staatsbeamten Gustav von Salomé und seiner Frau Louise, geb. Wilms, die deutsch-dänischen Ursprungs war. Sie wuchs glücklich in ebenso anregenden wie behüteten Verhältnissen in St. Petersburg auf. Das begabte Kind erfuhr viel Förderung, wurde zweisprachig mit der Diplomatensprache Französisch und der Muttersprache Deutsch erzogen, besuchte eine englische Privatschule und lernte am Gymnasium Russisch.

Schon sehr früh entwickelte sie eine hohe geistige Unabhängigkeit, die sie mit ihrer radikalen Lebenseinstellung in Gegensatz zu ihrem patriarchalisch geprägten Elternhaus und insbesondere zur Mutter brachte. Als Lou von Salomé mit siebzehn Jahren dem bedeutenden reformierten Prediger Hendrik Gillot begegnete, stellte sich diese Begegnung als prototypisch für spätere Männerbeziehungen heraus. Lou steigerte sich in eine platonische Liebe voller gemeinsamer Forschungen und Studien hinein, die sie an den Rand der physischen Erschöpfung brachten. Als ihr mit seinem Heiratsantrag die Überlagerung der intellektuellen durch erotische Interessen klar wurden, brach sie mit ihm. Lou von Salomé war von tiefer Religiosität geprägt. Das Schweigen Gottes führte jedoch zum radikalen Glaubensverlust und zur Entgötterung der Welt. Gleichwohl würde sie die Frage nach dem Gott im Menschen ihr Leben lang beschäftigen.

In den 80er Jahren reiste Lou von Salomé nach Rom, wo sie im Salon von Malwida von Meysenbug 1882 die Philosophen Paul Rée und Friedrich Nietzsche kennenlernte. Die drei waren voneinander fasziniert und planten das Projekt eines geistig-intellektuellen Lebens zu dritt. Ausgerechnet der als Frauenhasser verschriene Nietzsche war es, der sich in einen intensiven Gedankenaustausch mit Lou Salomé begab und ihre Selbstbestätigung als intellektuelle Frau förderte. Nietzsches Eifersucht sollte das Projekt dieser »Fröhlichen Wissenschaft« zu dritt, die Lou viel mehr als er selbst zu leben verstand, jedoch unmöglich machen. Nietzsche verfolgte die beiden einstigen Gefährten jahrelang haßerfüllt. Von 1882 bis 1885 lebte Lou von Salomé unverheiratet mit Paul Rée in Berlin, argwöhnisch von ihrer Familie beäugt, die sich jedoch gegenüber Anfragen von außen stets mit ihr solidarisch erklärte. Hier entstanden auch ihre ersten literarischen Werke, sieht man von Lyrik der Jugendjahre ab.

Zur völligen Überraschung und letztlich Brüskierung von Paul Rée heiratete Lou 1887 den Orientalisten Friedrich Carl Andreas, mit dem sie bis zu dessen Tod im Jahr 1930 eine völlig unkonventionelle Ehe führte, die durch stetige Reisen und äußerliche Trennungen geprägt war.

Lou Andreas-Salomé verkehrte in Wissenschaftler- und Dichterkreisen, lernte Frank Wedekind, Richard Beer-Hofmann, Arthur Schnitzler und Hugo von Hofmannsthal kennen. Ihre Beschäftigung mit Nietzsche münzte sie in die aufsehenerregende wissenschaftliche Arbeit »Friedrich Nietzsche in seinen Werken« um.

Mit Lou Andreas-Salomé im Seilgarten

Zur Begegnung mit großer Tragweite wurde 1897 das Zusammentreffen mit dem jungen Rainer Maria Rilke. Dieser Begegnung verdankt sie nicht zuletzt ihren Ruf als Dichtermuse, der zu kurz greift, als er ihre genuinen Leistungen als Denkerin und Schriftstellerin nicht zur Kenntnis nimmt. Sie wurde für einige Zeit seine Geliebte und reiste 1899 und 1900 mit ihm in ihre russische Heimat. Auch nach der Auflösung des Liebesverhältnisses durch Lou blieben beide in regem und intensivem Briefwechsel einander verbunden. Aus dieser Zeit stammen ihre Aufsätze »Der Mensch als Weib« und »Gedanken über das Liebesproblem«, worin sie das Wesensmerkmal der Frau als schlechthin aktiv, elementar und lebensbejahend beschreibt. Trotz ihrer kritischen Haltung gegen die dualistische Ausprägung der Geschlechter kann man sie der sozialpolitischen Frauenbewegung nicht zurechnen, von der sie vielmehr heftig kritisiert wurde.

In den Jahren 1912 und 1913 nahm Lou an Sigmund Freuds Mittwochssitzungen teil und wurde seine kluge und kritische Schülerin. Seit 1914 praktizierte sie selbst hauptberuflich als Psychoanalytikerin. Sie veröffentlichte in der Psychoanalyse-Zeitschrift »Imago« (»Anal« und »Sexual«) und wurde von Freud sehr geschätzt.

Lou Andreas-Salomés Dichtungen (30 Erzählungen, acht Romane, drei Schauspiele) sind konventionell in der Erzählhaltung und wirken oft symbolhaft überladen. Sie maß ihnen auch selbst keinen allzu hohen Wert bei. Die Beschäftigung mit dieser unkonventionellen, selbstgewissen und hochreflektierten Frau lohnt dennoch. Sie wird allerdings erst ergiebig, wenn ihre unterschiedlichen Facetten erfaßt – Religionsphilosophin, Verfasserin umfangreicher Korrespondenzen, Psychoanalytikerin, Wissenschaftlerin und eben auch weniger bedeutende Dichterin.

M&S: Sehr verehrte Frau Andreas-Salomé, es war wohl Ihr experimentierfreudiges Naturell, das Sie dazu bewogen hat, sich zu unserem Trainingskurs »In der Natur zu sich kommen«, anzumelden. Gibt es etwas, worauf Sie sich besonders freuen?

Lou Andreas-Salomé: (...) auf Wanderungen und auf Wandlungen, die man so tief in sich selbst unternimmt, während Bäume, Tierchen, Wolken, Berge, im stummen Miterleben zuschauen. Es ist fast göttlich schön, daß das Leben diesen Wechsel von Außen nach Innen und umgekehrt, kennt und umfangen kann.

M&S: Mit Ihnen haben wir ja eine Frau von allergrößtem Wissen über die menschliche Psyche dabei. Sie waren Schülerin von Sigmund Freud und haben jahrelang selbst psychoanalytisch praktiziert. Haben wir denn heute, so viele Jahre nach Freud, gesichertere Kenntnisse über das menschliche Seelenleben?

Mit Lou Andreas-Salomé im Seilgarten

Lou Andreas-Salomé: Selbst wenn es gelänge, »schnell, wie ein Taucher vom Meeresgrund was aufrafft«, sich in irgend etwas des Unbewußten zu bemächtigen, so ergäbe die Verallgemeinerung dieses wenigen bereits ein Zerrbild (...)

M&S: In der pädagogischen Arbeit versuchen wir immer weniger, auf das zu achten, was denen fehlt, die zu uns kommen. Ist es nicht ein Mangel der psychoanalytischen Erkenntnis, daß sie immer vom Pathologischen ausgeht?

Lou Andreas-Salomé: Nur am Pathologischen konnte diese Erkenntnis gewonnen werden, nur dort, wo das innere Leben durch seine Entgleisungen sich gleichsam seiner selbst ein wenig begibt, sich im Ausdruck mechanisiert, der logischen Angel erhaschbar wird in solch seichtem Gewässer, solchem Schwanken zwischen Tiefe und Oberfläche.

M&S: Haftet dem Denken Freuds nicht doch etwas Dogmatisches an, das Ihnen letztlich von Ihrer ganzen Wesensart her fremd sein müßte?

Lou Andreas-Salomé: Ja vielleicht ist der »Dogmatismus«, den man ihm vorwirft, grade aus der Notwendigkeit entstanden, in diesem rastlosen Weitergehn doch irgendwo orientierende Grenzen abzustecken, schon für die, die arbeitend mit ihm gehn.

M&S: Wir nehmen an, was Sie zu uns führt, ist eben die Verbindung von Erleben und psychologisch gegründeter Erziehung. In letzter Zeit wird unter dem Stichwort »metaphorisches Lernen« besonders ein Ansatz diskutiert, der sich auf den von Freud abgefallenen Carl Gustav Jung beruft. Sie kannten ja den gesamten inneren Kreis der jungen Psychoanalyse. Könnten Sie uns noch jemanden empfehlen, vielleicht Alfred Adler?

Lou Andreas-Salomé: Er ist liebenswürdig und sehr gescheit. Mich störte nur zweierlei: daß er in viel zu persönlicher Weise von den obwaltenden Streitigkeiten sprach. Dann, daß er wie ein Knopf aussieht. Als sei er irgendwo in sich selbst sitzengeblieben.

M&S: Das mag ja als äußerliche Metapher für seine inneren Haltungen zu nehmen sein. Aber sagen Sie uns mehr zu inhaltlichen Differenzen, bitte.

Lou Andreas-Salomé: Ich hielt es für unfruchtbar, daß er, um die Terminologie vom »Oben« und »Unten« und vom »männlichen Protest« festzuhalten, das »Weibliche« immer nur negativ bewerten kann, während ja etwas Passives (und als solches sexual oder allhaft Wirkendes) der Ichhaftigkeit *positiv* unterbaut ist. Bei ihm ist so auch alle Hingabe, ganz einfach dadurch, daß er sie »weibliches Mittel zu männlichen Zwecken« benennt, um ihre Positivität und Realität gebracht(...)

M&S: Was haben Sie denn für ein Konzept von der Dualität der Geschlechter?

Mit Lou Andreas-Salomé im Seilgarten

Lou Andreas-Salomé: Mir scheint es so: grade, weil Männlich und Weiblich Grundbestandteile *alles* Lebens sind, machen sie, von irgendeinem Punkt an, Mann wie Weib beiderseitig aus. Der vielgenannte »Geschlechterkampf« der Liebe kommt zum Teil nur daher, daß man die prinzipiellen Geschlechtsbegriffe mit den lebendigen Menschen verwechselt. Nämlich gerade im Lieben, d. h. während der zugespitztesten Geschlechtseinseitigkeit, wo das Weib erst recht Weib, der Mann erst recht Mann zu werden scheint, erwacht am Gegengeschlecht gleichsam diese Erinnerung an das eigne Doppelwesen – infolge des tiefen Eingehens, Verstehens, Umfangens des Anderen. Wir werden in der Liebe, Hingabe, ja uns selber geschenkt, wir werden uns in ihr präsenter, umfänglicher, mit uns selbst vermählter als je zuvor, nichts anderes als dies ist ihre Wirkung, ihre Lebens- und Freudenwirkung. (...) indem wir uns geben, erhalten wir uns *ganz*: im Bilde des Geliebten: scheinbar bescheiden!

M & S: Das hört sich höchst interessant und überzeugend an. Und bestärkt uns darin, in unserem Kurs den Frauen ihre Möglichkeiten mutig und tapfer, den Männern ihre Anlagen, hilfreich und fürsorgend sein zu können, in Erinnerung zu bringen. Stimmen Sie denn damit überein, daß die feinen Durchmischungen und Differenzen viel lebensvoller sind als die ganzen starren Gegensatzpaare?

Lou Andreas-Salomé: Ich habe gefunden, daß überhaupt jede tiefere oder menschlich wertvolle Beziehung *diesen* Charakter hat und daß eine ungeheure Banalität dazu gehört, nur die Geschlechtereinseitigkeiten zu bemerken, nach denen allerdings stets Kampf das letzte Wort bliebe: das Besiegen des Einen durch den Andern. Dadurch prägen sich Menschen zu so entsetzlichen »Hälften« aus, zu den unsensitiven Männern, denen ihre eigne Herrschaft nicht einmal ein Erlebnis ist, und zu den zertrampelten Frauen, die manchmal zu ihrer Verwunderung erst als Witwen aufblühen, d. h. dasjenige werden, was einem Manne hätte Zuflucht und Zauber sein können. Nur bei doppelter Wesenswechselwirkung zwischen Männlich und Weiblich sind zwei Menschen *mehr* als einer (...) . Nur da sind Liebe und Schaffen, Naturerfüllung und Kulturdienst nicht Gegensätze, sondern eins.

M & S: Aber haben Sie nicht auch den Eindruck, daß viele Frauen zum Masochistischen neigen und ihr Leiden genießen?

Lou Andreas-Salomé: An einem heißen Sommertag, weit hinten an der deutschgalizischen Grenze, wo mein Vater damals in Garnison stand, saß ich einst als ganz kleines Mädchen auf dem Arm meiner früheren Amme und sah zu, wie sie von ihrem Mann über den Nacken geschlagen wurde, während ihre Augen in verliebter Demut an ihm hingen. Der kraftvolle gebräunte Nacken, den sie der Hitze wegen offen trug, behielt einen tiefroten Striemen, doch als ich im Schrecken darüber zu weinen anfing, da lachte mir meine galizische Amme so glückselig ins Gesicht, daß mein Kinderherz meinen mußte, dieser brutale Schlag gehöre zweifellos zu den besonderen Annehmlichkeiten ihres Lebens.

Mit Lou Andreas-Salomé im Seilgarten

M & S: Wenn wir uns mit weit offenen Sinnen in der Natur aufhalten, haben wir auch oft das Gefühl, daß die vermeintlich festen Grenzen von außen und innen, von Körper und Seele ins Gleiten und Schweben geraten. Woran liegt das eigentlich?

Lou Andreas-Salomé: Nämlich wir verstehen unter »körperlich« einfach *das*, was sich uns seelisch nicht erschließt, was wir nicht ohne weiters mit unserem Ichwesen identisch fühlen und deshalb in Distanz davon setzen; d. h. vom Seelischen unterscheiden. Von sich aus »seelisch nicht erklären können«, oder aber »als körperlich erklären müssen«, also als »materiell« setzen, *ist ein und dasselbe*. Demnach: daß die körperlichen Vorgänge als Äquivalente der seelischen uns dunkel bleiben, ist selbstverständlich; wir vermögen nichts anderes zu tun, als jedem Gebiet mit seiner Methode nachzuspüren so weit als möglich, denn methodologisch gesprochen, fällt in jedes beider Gebiete alles. Nie und nirgends ist eins auf das andre im Sinn von Ursache und Wirkung zu beziehn, und nur für das Auge eines Gottes wäre ihre Einheit eine angeschaute.

M & S: Unsere Erfahrungen können das nur bestätigen. Hier versuchen wir, unsere Teilnehmerinnen und Teilnehmer dazu zu befähigen, mit ihren Schwächen und Komplexen besser zurecht zu kommen.

Lou Andreas-Salomé: Komplexe hat jeder, doch ihre besondere Stärke ist bereits, wenn nicht Krankheit, so doch Gefährdung, weil sie jene Anziehung so verhängnisvoll ausüben und der bewußten Aufarbeitung damit Konkurrenz machen.

M & S: Wo es um die bewußte, kognitive Aufarbeitung des Seelenlebens geht, sind wir nicht sicher, ob dies der alleinseligmachende Weg ist. Allzu lange haben wir der Herrschaft des Bewußtseins vertraut. Stellen wir nicht heute fest, daß das Nur-Bewußte eine Fälschung ist?

Lou Andreas-Salomé: Wenn man von Tagebüchern oder Memoiren so leicht die Aufrichtigkeit anzweifelt, so ist das nicht nur wegen ihrer bewußten oder halbbewußten Fortlassungen, sondern vor allem darum, weil das ganze Memoirenwerk, genau wie ein erzählter Traum, schon einer Rationalisierung des Gelebten gleichkommt und damit eo ipso einer Verfälschung seiner latenten Wesenhaftigkeit. Und wenn man sich selbst an die ganze Lebensstrecke zurückerinnert, so fällt einem zweifellos auf, wie außerkontinuierlich und schlecht gewählt dafür die ganz gedächtniserhellten Punkte sind, wie die Übergänge und Brücken logischen Nachdenkens das Beste am Zusammenhang leisten müssen und wie manches »Unvergeßliche« durch seine Banalität, Gleichgültigkeit, Sinnlosigkeit frappiert, während Vorgänge, welche das tiefste Interesse auf sich gezogen haben, zu unserem Schmerz undeutlich geworden sind, grade in den uns teuren Einzelzügen.

Mit Lou Andreas-Salomé im Seilgarten

M & S: Können Sie sich erinnern, als wir am Vormittag im hohen Seilgarten[1] den Flying Fox[2] gemacht haben, weigerte sich eine Frau zu springen. Oft werden bei solch bedrohlich erscheinenden Aufgaben tiefgreifende Ängste und Neurosen sichtbar.

Lou Andreas-Salomé: Alle Neurose erscheint mir als ein Durcheinandergeraten von Ich und Sexus; anstatt daß sie sich wechselseitig fördern, mißbrauchen sie einander.

M & S: Im metaphorischen Lernen wird neuerdings die Auffassung vertreten, daß sich die Trainerinnen und Trainer viel mehr an den Selbstbildern und Symbolen der Klienten selbst zu orientieren hätten. Finden Sie das nicht auch berechtigt?

Lou Andreas-Salomé: Indessen, wo man sie im Einzelfall zu positiv auffaßt und dabei nur zu leicht vergißt, wie »alles Vergängliche doch nur ein Gleichnis« ist, da könnte es geschehen, daß man, anstatt einem Kranken sein wahres Bild vorzuhalten, auf dessen eignes Bild von sich hereinfällt, welches in den schreckensvollen Übertreibungen seiner Neurose malt, weil diese Übertreibungen dort verankert sind, wo die stumme Tiefsee des inwendigsten Erlebens nur mit den Zerrbildern einer fast ungeheuerlichen Seelenmythologie zu schildern möglich scheint.

M & S: Was können wir eigentlich vom Anderen wissen?

Lou Andreas-Salomé: Was ist nun ein Mensch wesentlich anderes, als was wir uns aus ihm zurechtmachen?

M & S: Gute Frage? Ist Ihnen eigentlich aufgefallen, wie schwer es vielen in der Gruppe fällt, sich auf die anderen einzustellen und nicht nur die individuellen Ziele zu verfolgen? Ist dieser allgemeine Narzißmus vielleicht doch irgendwie positiv zu wenden?

Lou Andreas-Salomé: Was den Narzißmus ausmacht und was uns sicherlich lebenslang geheimnisvoll begleitet, muß auch immer wieder das *schöpferische* d. h. zugleich natürliche und geistige Ziel jeder menschlichen Entfaltung sein: die *Einheit* von Geschlecht und Ich.

M & S: Sie selbst hatten ja zu geschlechtlichen Dingen in Ihren Jugendjahren ein eher ablehnendes Verhältnis. Sie pflegten tiefe, geistige Freundschaften, aber sobald Ihnen jemand mit körperlicher Annäherung oder gar einem Heiratsantrag

---

1 Ein Seilgarten ist ein immer beliebter werdender Übungsparcours, der zumeist aus einer Holzkonstruktion besteht. Wer den Parcours absolviert, befindet sich abgesichert in etwa 8 bis 10 Metern Höhe auf schwankendem Untergrund, wo verschiedene Übungsaufgaben zu bewältigen sind.
2 Der Flying Fox ist eine besondere Übungsform innerhalb eines Seilgartens. Hier muß man von einer Plattform in ein Sicherungsseil springen. Das Seil ist an einer Rolle befestigt, die auf einem Stahlseil etwa 100 m von einem erhöhten Punkt aus ins Tal fährt.

zu nahe trat, schreckten Sie ob des Mißverständnisses zurück. Fiel es Ihnen da nicht schwer, mit Freud in diesem vor Sexualität überbordenden Morast der Seelenkrankheiten zu wühlen?

Lou Andreas-Salomé: Wir sind aus Erde gemacht und nehmen von dorther unseren Ursprung auch im Charakterlichen und Sexuellen; doch ist die Erde ja auch dasjenige, worin sich das am schmutzigsten Geschimpfte am feinsten filtert – feiner als in den technischsten Wasserfiltern – und woraus allein die klarsten Quellen sich ihren Weg zu uns bahnen.

M&S: Trifft das aber nicht doch in erster Linie auf pathologische Störungen zu?

Lou Andreas-Salomé: Man stellt sich die normale Seele zu ausschließlich als das hellklare Glas Wasser mit schön abgeschnittenen und geordneten Blumen vor und vergißt die schwarze Erde, worin allein ihre Wurzeln gedeihen; so daß der Zukunftsmensch fast »keimfrei« an Unbewußtheit erscheint, und so unfruchtbar an Seele und Leib wie nur möglich. – Man versenkt sich mit so viel Genuß in große volkstümliche Poesie, weil sie nichts Sterilisiertes bringt, sondern unbekümmert alles, woraus wir Menschen leben, weben und sind.

M&S: Wenn wir Fortbildungen wie diese hier durchführen, setzen wir zunächst darauf, daß Sie alle am eigenen Leib mit Haut und Haar erfahren, was es heißt, solche Aufgaben gestellt zu bekommen und solche Gefühle zu durchleben. Wir wollen Wissen eben nicht nur über den Kopf vermitteln. Halten Sie das für legitim?

Lou Andreas-Salomé: Das Persönliche, das jetzt als so maßgebender Faktor auch noch im abstraktesten Denken erkannt wird, ist seitdem an sich selber, wenn auch nicht entpersönlicht, so doch gewissermaßen schulterbreiter geworden, tragfähiger für etwas objektiver zusammenfassende Wahrheitslasten. Es ist zur Art und Weise geworden, wie die Dinge nicht nur erkannt – subjektiv scheinbar »erkannt« –, sondern wie sie darin tatsächlich geschmeckt, erfahren, vollzogen, d. h. zum Leben selber geschaffen werden (...).

M&S: Was halten Sie für die beste Form, pädagogisches Wissen zu vermitteln?

Lou Andreas-Salomé: Was von *aller* Geisteswissenschaft gilt, das gilt hier im höchsten und entscheidenden Grade: daß wir nur *wissen,* was wir *erleben.*

M&S: Ihre Zustimmung freut und bestärkt uns natürlich.

Wissen Sie, was uns oft besonders schwer fällt? Den Teilnehmerinnen und Teilnehmern ein Gefühl dafür zu geben, daß es nicht in erster Linie darum geht, ein bestimmtes Ziel zu erreichen, sondern daß sich uns die Frage stellt, auf welchen Weg wir uns begeben. Die meisten leben nach der Prämisse: der Zweck heiligt die Mittel.

Mit Lou Andreas-Salomé im Seilgarten

Lou Andreas-Salomé: Auch ich meine: unsere Betonung des Motivs anstatt der Handlung, also die spätere sogenannte höhere ethische Wertung, steigert nur sehr scheinbar den ethischen Sachverhalt; in Wahrheit erwächst sie aus dem Zusammenschrumpfen der unfaßlichen Heiligkeit der Weltzusammenhänge, aus der praktischen Nötigung, diese sehr nüchtern zu betrachten. Doch während das mehr und mehr geschieht, bis in alle Moralspitzfindigkeiten hinein, lockert sich in gleichem Maße die Verbindung mit dem wirklichen Lebensboden (...).
Und erst in den der Moral so entgegengesetzten Ekstasen, denen der edelsten Egoismen, wenn sie irgendwo begeistert über uns selbst hinausschlagen, ahnen wir wieder etwas davon, was »primitivere« Menschen von jeher wußten, daß wir nur dem Leben zu gehorchen haben und daß »Freude Vollkommenheit« ist.

M&S: Sagte das nicht Spinoza? – Man kennt Sie als eine Frau, die sich stets wenig um die öffentliche Meinung und hergebrachte Moralvorstellungen gekümmert hat. Der heutigen Jugend wirft man gern vor, sie sei vergnügungssüchtig und nur an Bedürfnisbefriedigung interessiert. Was denken Sie?

Lou Andreas-Salomé: In Wahrheit ist es vielleicht minder gefahrvoll, sich bei oberflächlichen Genüssen zu zerstreuen, als hinabzusinken in allerlei schwüle, dunkle Tiefen alter Gefühlselemente, gegen deren Überreizung die gesunden, warmen Reize des Lebens nicht aufkommen.

M&S: Und dennoch glauben wir, daß es manchmal not tut, sich auf das Einfachste zu beschränken und auf die oberflächlichen Genüsse für eine Zeit zu verzichten. Übermorgen wollen wir alle einzeln für sich einen Tag und eine Nacht ohne Essen in Einsamkeit verbringen.

Lou Andreas-Salomé: Mein Mann hat inzwischen (im Oktober und ohne daß ich es wußte) eine eigentümliche Erholung sich ausgedacht: er hat 10 Tage lang absolut gehungert, und geht nun mit einem wahren Astralleib von knapp 119 Pfund umher, der aber an Beweglichkeit, Arbeitskraft und Frische nichts mehr zu wünschen übrig läßt. (...) Aber für Unsereinen wär' es, glaub ich, fast so untunlich, wie das Glas-essen oder Schwerter-schlucken der Derwische, und es ist nur gut, daß ich ahnungslos war.

M&S: Na, wir hoffen, daß Ihnen Ihr Solo[3] nicht so grausam und widernatürlich vorkommt. Als ein Element haben wir uns überlegt, daß alle einen Brief an sich selbst schreiben könnten. Was halten Sie davon?

Lou Andreas-Salomé: Ich denke so: daß Du's jedesmal von Dir losschreibst, wie Dir ist und was Dich quält, gewinnt vielleicht schon an sich etwas Helfekraft.

---

[3] Ein Solo ist in einem eher gruppenorientierten erlebnispädagogischen Programm eine Phase, in der die Teilnehmer/innen für mehrere Stunden bis zu zwei Tagen ganz für sich allein sind. Sie haben wenig Nahrung und keinerlei Ablenkungen bei sich, also Zeit, sich ganz auf sich zu konzentrieren.

Mit Lou Andreas-Salomé im Seilgarten

Und vielleicht auch dies, daß Deine Briefe zu einem Menschen kommen, der heimisch in der Freude ist.

M & S: Das trifft sicher, nach allem was wir über Sie wissen, auf Sie zu. Und allen anderen, die hier mitmachen, möchten wir diese Lebensfreude auch wünschen.

Neben all Ihren anderen außergewöhnlichen Eigenschaften und Fähigkeiten hat wohl auch dies so viele bedeutende Menschen, besonders Männer an Sie gezogen und oft für lange Zeit gebunden: diese Urfreude, dieses Urvertrauen, das den Verkehr mit Ihnen zu etwas Heilendem machte. Manche von ihnen waren, bei all ihrer Bedeutung hochproblematische Persönlichkeiten. Nietzsche, zum Beispiel...

Lou Andreas-Salomé: Er wollte nicht, daß die Probleme seiner Forschung jemals aufhören sollten, ihn etwas anzugehen, er wollte, daß sie fortfahren sollten, ihn im Tiefsten seiner Seele aufzuwühlen, und daher war er gewissermaßen der Auflösung gram, die ihm sein Problem raubte, daher warf er sich jedesmal auf sie mit der ganzen Feinheit und Überfeinheit seiner Skepsis und zwang sie schadenfroh, – seines eigenen Leids und des Schadens, den er sich damit zufügte froh! – ihm seine Probleme wieder herauszugeben. Deshalb kann man von vorn herein mit einem gewissen Recht von Nietzsche sagen: was innerhalb einer Denkrichtung, einer Betrachtungsweise diesen leidenschaftlichen Geist dauernd festhalten, was einen neuen Wandel und Wechsel unmöglich machen soll, das muß im letzten Grunde *unaufklärbar* für ihn bleiben, es muß der Energie aller Lösungsversuche widerstehen, seinen Verstand an tödlichen Rätseln aufreiben, – an Rätseln gleichsam kreuzigen.

M & S: Wir haben schon Sinn für Philosophie. Aber wenn wir hier so auf dieser Frühlingswiese voller Löwenzahn sitzen und uns von der Sonne verwöhnen lassen, kommt uns dieses Leiden am Denken doch reichlich lebensfeindlich vor. Wie sehen Sie das?

Lou Andreas-Salomé: Sokrates, der Häßliche, Mißgestaltete unter den vornehmen, wohlgebildeten Griechen, trat unter ihnen auf als der erste große Décadent, er corrumpirte und verschnitt den ursprünglichen hellenischen Lebensinstinkt, indem er ihn der Vernunftlehre unterwarf (...). Darin ist er das Urbild aller Denker, die das Leben durch das Denken meistern wollen, aber wie sie Alle beweist er damit Nichts gegen das Leben, sondern nur Etwas gegen das Denken. Denn wenn auch bisher alle Philosophen zur Mißachtung des Daseins, zur Erschlaffung der lebenerhaltenden Instinkte beigetragen haben, so spricht sich darin nicht eine Wahrheit hinsichtlich des also gering geschätzten Lebens aus, sondern nur der Widerspruch, in den sie mit sich selber geraten sind, als das charakteristische Symptom eines Krankheitszustandes.

Mit Lou Andreas-Salomé im Seilgarten

M&S: Ja, deshalb berufen sich die, die über Lernen durch Erleben und Handeln nachdenken, auch immer nur auf einzelne Denker, die, wie Rousseau oder Bergson, das Leben in den Mittelpunkt gestellt haben.
Was hat Sie denn an Nietzsche so fasziniert? Er scheint Ihnen doch irgendwie ziemlich wesensfremd zu sein?

Lou Andreas-Salomé: Es konnte nicht fehlen, daß in Nietzsches Wesen und Reden mich gerade etwas von dem faszinierte, was zwischen ihm und Paul Rée weniger zu Worte kam. Schwangen doch für mich dabei Erinnerungen oder halb wissentliche Gefühle mit, die aus meiner allerkindischsten und doch persönlichsten, unvernichtbaren Kindheit herrührten. Nur: es war zugleich eben *dies*, was mich nie hätte zu seiner Jüngerin, Nachfolgerin werden lassen: jederzeit hätte es mich mißtrauisch gemacht, in *der* Richtung zu schreiten, der ich mich entwinden mußte, um Klarheit zu finden. Das Faszinierende und zugleich eine innere Abkehr davon gehörten ineinander.

M&S: Gehen und Denken, war der Dichter Thomas Bernhard überzeugt, gehören zusammen. Sie sind mit Nietzsche gewandert und Sie haben mit ihm nachgedacht. Sehen Sie Gemeinsames?

Lou Andreas-Salomé: Seltsam, daß wir unwillkürlich mit unseren Gesprächen in die Abgründe geraten, an jene schwindligen Stellen, wohin man wohl einmal geklettert ist, um in die Tiefe zu schauen. Wir haben stets die Gemsenstiege gewählt, und wenn uns jemand zugehört hätte, er würde geglaubt haben, zwei Teufel unterhielten sich.

M&S: Nachdem Sie ja mit Nietzsche und Paul Rée, dem langjährigen engsten Freund und Vertrauten zunächst eine Lebens-, Denk- und Schaffensgemeinschaft zu dritt gründen wollten, kam es zwischen den Männern zum Zerwürfnis. Nietzsche hat sich daraufhin auch vehement gegen Sie gewandt. Haben Sie nicht sehr darunter gelitten?

Lou Andreas-Salomé: (…) das Häßliche aus dieser Zeit wurde mir durch Paul Rées Fürsorge – um viele Jahre älter verstand ich das erst – vermutlich einfach unterschlagen; sogar scheint es, daß Briefe von Nietzsche an mich nie zu mir gelangt sind, die mir unbegreifliche Verunglimpfungen enthielten.

M&S: Und doch schrieben Sie damals ein vielbeachtetes Buch über Nietzsches Philosophie…

Lou Andreas-Salomé: In der Folgezeit habe ich die Methode Paul Rées mir selber gegenüber befolgt: mir all das fernzuhalten, indem ich nichts mehr darüber las, auf die Feindseligkeiten des Hauses Nietzsche ebensowenig einging wie überhaupt auf die Nietzsche-Literatur nach seinem Tode. Mein Buch »Friedrich Nietzsche in seinen Werken« schrieb ich noch voller Unbefangenheit, nur dadurch veranlaßt, daß mit seinem eigentlichen Berühmtsein gar zu viele Literatenjünglinge sich seiner mißverständlich bemächtigten.

M & S: Bevor wir noch weiter in Versuchung geraten, Sie über Ihre berühmten Bekannten auszufragen, zurück zu Ihnen. Ihre Lebensfreude verdanken Sie wohl nicht zuletzt einem tiefen Gottvertrauen, das ihre ganze Kindheit prägte. Können Sie uns sagen, welches Erlebnis es war, das Ihre Welt entgötterte?

Lou Andreas-Salomé: Ein Knecht, der winters aus unserm Landhaus in unsere Stadtwohnung frische Eier brachte, tat mir kund, daß vor dem Miniaturhäuschen, welches ich inmitten des Gartens ganz zu eigen besaß, einlaßbegehrend »ein Paar« gestanden habe, das von ihm jedoch abgewiesen worden sei. Als er das nächste Mal wiederkam, frage ich sofort nach dem Paar, wohl weil es mich beunruhigte, daß es inzwischen gefroren und gehungert haben mußte; wohin mochte es sich gewendet haben? – Ja, entfernt habe es sich gar nicht, meldete er. – Also dann stehe es immer noch vor dem Häuschen? – Nun, das nun auch nicht: es habe sich nämlich allmählich ganz verändert, immer dünner und kleiner sei es geworden: dermaßen heruntergekommen sei es, und endlich vollends in sich zusammengesunken; denn als er eines Morgens vor dem Häuschen gefegt, da habe er nur noch die schwarzen Knöpfe vom weißen Mantel der Frau vorgefunden und vom ganzen Mann nur noch einen zerbeulten Hut, den Platz aber, wo das gelegen, noch bedeckt von beider vereisten Tränen.

Das Unbegreiflichste an dieser Schauermär enthielt für mich nun seinen schärfsten Stachel nicht mehr im Mitleid mit den beiden, sondern am Rätsel ihrer Vergänglichkeit, der Zerschmelzbarkeit von so fraglos Vorhandenem: als hielte irgend etwas die naheliegende Lösung als eine allzu harmlose von mir fern, während doch alles in mir in steigender Leidenschaft Antwort erheischte. Wahrscheinlich noch in der selben Nacht focht ich dieses Antwortheischen mit dem Lieben Gott aus. Für gewöhnlich hatte er sich ja nicht damit zu befassen, er hatte bei mir sozusagen nur Ohr zu sein für das, was er selber bereits wußte. Auch diesmal mutete ich ihm ja nicht viel zu: seinem stummen Munde brauchten ja nur ein paar kurze Worte über die unsichtbaren Lippen zu gehen: »Herr und Frau Schnee.« Daß er sich nicht dazu verstand, bedeutete jedoch eine Katastrophe. Und es war nicht nur eine persönliche Katastrophe: sie riß den Vorhang auseinander vor einer unaussprechlichen Unheimlichkeit, die dahinter gelauert hatte. Denn nicht nur von *mir* hinweg entschwand ja der Gott, der auf den Vorhang draufgemalt gewesen war, sondern *überhaupt* – dem ganzen Universum – entschwand er damit.

M & S: Der gemalte Gott auf dem Vorhang der Kindheit – eine schöne Metapher. Sie sind ja als einzige Tochter in einer großen Familie aufgewachsen, die Ihr für damalige Verhältnisse außergewöhnlich freizügiges Leben argwöhnisch verfolgte. Besonders das Verhältnis zu Ihrer Mutter war zeitlebens gespannt. Konnten Sie dennoch auf ihren Rückhalt vertrauen?

13

Mit Lou Andreas-Salomé im Seilgarten

Lou Andreas-Salomé: Aber sogar während der Zeit, wo die Mutter am bittersten darunter litt, weil es am krassesten gegen die damaligen gesellschaftlichen Sitten verstieß, machte Muschka das still mit sich selber ab: unverbrüchlich zu mir haltend der Welt gegenüber; voller Gram, doch auch voll Vertrauen; den Anschein weckend, daß wir uns absolut verständen, denn dies schien ihr das Wichtigste, was zu tun war, um keine feindlichen Mißdeutungen gegen mich aufkommen zu lassen. Während ich meine wunderschönen Jugendjahre im Ausland verlebte, habe ich mir das keineswegs klargemacht: so still geschah all diese Mütterlichkeit, daß mir fast nur bewußt blieb, wie unbeirrbar tadelnd, aus tiefer Überzeugung gegnerisch meine Mutter zu meiner Denk- und Lebensweise sich *mir* gegenüber aussprach. Egoistisch wie ich war, blieb ich so von Reue wie von Heimweh total verschont. Auf briefliche Andeutung, sie wünschte mich »unter der Haube« als Schutz, antwortete ich strahlend: mir behage es besser unter Paul Rées Hut.

M &S: Solch wunderbares Getragensein, bei dem trotzdem Kritik und Konflikte möglich sind, wird wohl immer seltener. Es gehört zu den Dingen, zu denen man aus eigener Kraft nichts beitragen kann, man bekommt sie, oder man bekommt sie nicht.

Lou Andreas-Salomé: (...) mir schien immer: das Allerschönste und Allerwertvollste wird etwas nur, weil es *Geschenk* ist, nicht Erwerb – und weil es somit das zweite Geschenk gleich mit sich bringt: *sich dankbar fühlen zu dürfen.*

M &S: Rainer Maria Rilke, der Ihnen sehr nahe stand, schreibt über seine Mutter gänzlich anders... Sie haben ja alle seine Briefe aufgehoben. Würden Sie uns daraus vorlesen?

Lou Andreas-Salomé: «Meine Mutter kam nach Rom und ist noch hier. Ich sehe sie nur selten, aber – Du weißt es – jede Begegnung mit ihr ist eine Art Rückfall. Wenn ich diese verlorene, unwirkliche, mit nichts zusammenhängende Frau, die nicht alt werden kann, sehen muß, dann fühle ich wie ich schon als Kind von ihr fortgestrebt habe und fürchte tief in mir, daß ich, nach Jahren Laufens und Gehens, immer noch nicht fern genug von ihr bin, daß ich innerlich irgendwo noch Bewegungen habe, die die andere Hälfte ihrer verkümmerten Gebärden sind, Stücke von Erinnerungen, die sie zerschlagen in sich herumträgt; dann graut mir vor ihrer zerstreuten Frömmigkeit, vor ihrem eigensinnigen Glauben, vor all diesem Verzerrten und Entstellten, daran sie sich gehängt hat, selber leer wie ein Kleid, gespenstisch und schrecklich. Und daß ich doch ihr Kind bin; daß in dieser zu nichts gehörenden, verwaschenen Wand irgendeine kaum erkennbare Tapetentür mein Eingang in die Welt war – (wenn anders solcher Eingang überhaupt in die Welt führen kann...)!«

M &S: Das sind Entfremdungserfahrungen, für die die meisten Menschen keine Worte finden. Bis die anderen von ihrer Orientierungstour zurückkehren, von der wir Sie aus ganz eigensüchtigen Motiven entbunden haben, bleibt nicht viel

Mit Lou Andreas-Salomé im Seilgarten

Zeit. Dürfen wir sie nutzen, um Sie noch ein paar persönliche Dinge zu fragen? Uns scheint: ein in sich stimmiges Leben ist oft die beste Lebensschule.

Lou Andreas-Salomé: Das Elementarische und Intime sagt von sich nicht selber aus.

M & S: Sie sagen uns einfach, wenn wir zu indiskret werden.

Lange Jahre lebten und reisten Sie mit Paul Reé, ohne seine Frau zu sein – ein für damalige Verhältnisse gewagtes Unterfangen...

Lou Andreas-Salomé: Was Paul Reé und mich zueinanderführte, war allerdings nicht nur als Begegnung für eine Weile, sondern es war für immer gemeint. Daß wir das für möglich hielten, ohne unlösliche Widersprüche darin zu fürchten, hing mit seiner Wesensart zusammen, die, wohl unter vielen Tausenden, ihn zum Gefährten edelster Einzigartigkeit werden ließ.

M & S: Als Sie sich jedoch überraschend mit F.C. Andreas verlobten...

Lou Andreas-Salomé: Als ich mich verlobte, hatte dieser Umstand keine Änderung an unserer Verbundenheit bewirken sollen. Damit hatte mein Mann als mit einer durch nichts umstößlichen Tatsache sich einverstanden erklärt. Paul Reé tat auch so, als glaube er daran, daß meine Verlobung damit stehe und falle. Aber was ihm zutiefst fehlte, war der Glaube, daß man ihn wahrhaft lieb haben könne. (...) So blieb trotz der Redlichkeit der Aussprache zu zweien (meinen Mann nicht zu sehen und zu sprechen, wenigstens für eine zeitlang, hatte er sich für den Übergang ausbedungen) ein Mißverstehen doch zugrunde.

M & S: Sie haben Ihren Männern viel zugemutet. Eifersucht sollte ihnen eher wesensfremd sein...

Lou Andreas-Salomé: Es konnte nicht gut anders ausfallen, als daß das Entschwinden Paul Reés meinem Mann normalerweise wohltat, wie zart er auch darüber schwieg. Und es konnte auch nicht anders ausfallen, als daß, über Jahre hinweg, auf mir der Gram liegenblieb um etwas, wovon ich wußte, daß es nie hätte geschehen dürfen. Wenn ich morgens unter einem Druck erwachte, hatte ein Traum daran gearbeitet, es ungeschehen zu machen. Einer der unheimlichsten war dieser: Ich befand mich in Gesellschaft unserer Freunde, die mir froh entgegenriefen, Paul Reé sei unter ihnen. Da musterte ich sie, und als ich ihn nicht herausfand, wandte ich mich zum Garderobenraum, wo sie ihre Mäntel hingehängt hatten. Mein Blick fiel auf einen fremden Dickwanst, der hinter den Mänteln ruhig, mit zusammengelegten Händen, dasaß. Kaum noch erkennbar war sein Gesicht vor überquellendem Fett, das die Augen fast zudrückte und wie eine fleischerne Totenmaske über die Züge gelegt war. »Nicht wahr«, sagte er zufrieden, »*so* findet mich niemand.«

Mit Lou Andreas-Salomé im Seilgarten

M & S: Unter dieser Trennung haben Sie also sehr gelitten. Haben Sie Herrn Reé je wiedergesehen?

Lou Andreas-Salomé: In den Bergen um Celerina verunglückte Paul Reé tödlich durch Absturz.

M & S: Ihren – ungerecht verkürzenden, das Wesentliche übersehenden – Ruf als Künstlermuse haben Sie insbesondere durch Ihre Verbindung mit Rainer Maria Rilke. Wie würden Sie seine Persönlichkeit als Schriftsteller beschreiben?

Lou Andreas-Salomé: Was man mit den Worten »männliche Anmut« bezeichnet, war (...) in hohem Grade Rainer damals zu eigen, in aller Zartheit unkompliziert, und unverwüstlich im Zusammenklang aller Wesensäußerungen; er konnte damals noch lachen, konnte sich noch vom Leben harm- und arglos in dessen Freude aufgenommen wissen.

Gedenkt man von da aus des späteren, des schon zielnahen, in seiner Kunst sich vollendenden Dichters, so wird es überaus klar, warum ihn dies die Harmonie der Persönlichkeit kosten mußte. Ohne Zweifel steckt ja, zutiefst gesehen, in *allem* Kunstvorgang ein Stück solcher Gefahr, solcher Nebenbuhlerschaft zum Leben.

M & S: Und doch ist seine Dichtung von der Art, daß sie dem Leben reichlich spendet und zurückgibt. Glauben Sie denn, daß wir Dichtung auch pädagogisch oder therapeutisch einsetzen können?

Lou Andreas-Salomé: Dichtung ist etwas zwischen dem Traum und seiner Deutung.

M & S: Sie haben auch eine zeitlang gemeinsam mit Rilke und Ihrem Mann gelebt...

Lou Andreas-Salomé: Rainer teilte ganz unsere bescheidene Existenz am Schmargendorfer Waldrande bei Berlin, wo in wenigen Minuten der Wald in die Richtung von Paulsborn führte, vorbei an zutraulichen Rehen, die uns in die Manteltaschen schnupperten, während wir uns barfuß ergingen – was mein Mann uns gelehrt hatte. In der kleinen Wohnung, wo die Küche den einzigen wohnzimmerlichen Raum, außer meines Mannes Bibliothek darstellte, assistierte Rainer mir nicht selten beim Kochen, insbesondere wenn es sein Leibgericht, russische Topfgrütze, oder auch Borschtsch gab; er verlor alles Verwöhnerische, das ihn früher an geringsten Beschränkungen hatte leiden und seinen geringen Monatswechsel beklagen lassen.

M & S: Wenn wir ehrlich sind, wissen wir eigentlich nicht, wieso Sie, um die so viele der ersten Köpfe Ihrer Zeit gebuhlt haben, sich ausgerechnet mit Herrn Andreas verheiratet haben. Was machte seine Persönlichkeit für Sie so anziehend?

Mit Lou Andreas-Salomé im Seilgarten

Lou Andreas-Salomé: In seinem hohen Alter habe ich manchmal denken müssen: wenn einer nicht gelebt hätte wie er, so unbefangen außerordentlichem zugewendet, sondern als Unhold und Übeltäter und Prasser, wäre aber nach so langem Leben so lebensvoll geblieben, so froh-sicheren Herzens, so des Zornigsten wie des Zartesten fähig – wahrlich, er wäre gerechtfertigt und den Menschen ein Wohlgefallen.

M &S: Er muß ein außergewöhnlicher Lehrer gewesen sein, wenngleich es ihm immer widerstrebte zu veröffentlichen.

Lou Andreas-Salomé: Seine Schüler waren ihm Äcker, in die er seinen Reichtum säte – so genau und so rückhaltlos, wie es ihm allein entsprach.

M &S: Wie sagte einmal einer seiner Schüler...?

Lou Andreas-Salomé: «Was am wenigsten Bücherwissen war, was sogar in Aufzeichnungen nicht festzuhalten gewesen war, indem Andreas lehrend stets neu suchte und mit den Lernenden gemeinsam aufs neue fand: dies lebendig Erlebte war völlig unversehrt und rundete sich von da aus wieder ins Weite.

M &S: Ein außergewöhnlicher Pädagoge. Und dennoch, Sie beide waren grundverschieden...

Lou Andreas-Salomé: Noch als wir längst ganz alte Leute waren, kam ich mit manchem, was mich wesentlich und täglich beschäftigte, so selten zu meinem Mann, wie wenn ich dazu erst von Japan oder Australien hätte heranreisen müssen – und kam, wenn es geschah, damit in für mich noch um vieles entferntere Weltteile, die ich wie zum allerersten Mal betrat.

M &S: Gab es eigentlich etwas echt Verbindendes zwischen Ihnen?

Lou Andreas-Salomé: (...) ein Gebiet gab es, auf dem wir uns sofort fanden und das uns die gleichen Tore offen hielt: die *Tierwelt*. Diese Welt des Noch-nicht-Menschlichen, an der so tief ergreift, zu spüren, daß sie unser Menschliches der Grundlage nach unverschütteter aufschließt, als wir es in all unseren Komplikationen wiederfinden. Unserer beider Einstellung dem einzelnen *Tier*geschöpf gegenüber war ebenso gleichgerichtet, wie sie dem einzelnen *Menschen* gegenüber zwischen uns meist verschieden blieb.

M &S: Sie waren doch immer dagegen, eine Ehe zu schließen!

Lou Andreas-Salomé: Was den Zwang bewirkte, war die Gewalt des *Unwiderstehlichen*, der mein Mann selbst erlag. Unwiderstehlich, weil es sich nicht erst mit triebmäßiger Wunschgewalt vollzog, sondern sogleich als unabänderlich *gegebene* Tatsache dastand.

M &S: Was bedeutet Ehe eigentlich für Sie?

Lou Andreas-Salomé: Hineingestelltsein in unlösbar Verantwortliches.

Mit Lou Andreas-Salomé im Seilgarten

M&S: Und doch waren Sie für lange Zeit getrennt.

Lou Andreas-Salomé: Nach Monaten schmerzvoller Gemeinsamkeit und dazwischen hinlaufenden Trennungen, die das Alleinsein zu zweien vermeiden halfen, war der neue Standpunkt festgelegt. Nach außen hin veränderte sich nichts: nach innen zu alles. In all den Jahren erfolgten viele Reisen.

Einmal, in einer herzbewegenden Stunde, hatte ich an meinen Mann die Frage gerichtet: »Darf ich Dir sagen, was mir inzwischen geschah?« Rasch, ohne zu zögern oder einer Sekunde Raum für einen weiteren Laut zu lassen, hatte er geantwortet: »Nein.«

M&S: Ein junger Mann, erst 19 Jahre alt, hat sich in einem kleinen fränkischen Dorf vor den Zug geworfen, weil seine Freundin ihn verlassen hatte. Uns erschüttert das, weil etwas von Ihrer persönlichen Kraft und inneren Stärke, das aus Ihren Umgang mit solch schwierigen intimen Beziehungen spürbar wird, diesen jungen Mann wohl am Leben erhalten hätte.

Wir haben Sie dazu gebracht, von Vergangenem zu erzählen, sich an geliebte Tote zu erinnern. Hoffentlich traten wir Ihnen nicht zu nahe.

Lou Andreas-Salomé: So erfuhr ich mein Gedenken an Dich nicht wie ein Vergangenes, sondern wie ein zugleich Entgegengehendes. Es war nicht eine Totenfeier, es ward eine Lebenserfahrung.

M&S: Oh, sehen Sie, da kommen schon die ersten von der Orientierungstour zurück. Wollen Sie uns noch einen abschließenden Satz schenken?

Lou Andreas-Salomé: Der Wille zum Geistreichen führt nie bis zum letzten einer Einsicht, das tut nur der Wille zum Simplen.

M&S: Frau Andreas-Salomé, wir danken Ihnen sehr, daß Sie sich für uns Zeit genommen haben.

Alle Zitate aus:

Lou Andreas-Salomé: Lebensrückblick. Grundriß einiger Lebenserinnerungen. Frankfurt a. M. 21968
dies.: Fenitschka. Eine Ausschweifung. Stuttgart 1898
dies.: Friedrich Nietzsche in seinen Werken. Wien, 21911
dies.: In der Schule bei Freud. Tagebuch eines Jahres 1912 / 1913. Zürich 1958
Rilke, Rainer Maria und Andreas-Salomé, Lou: Briefwechsel. Zürich 1952

Großer Bär, komm herab, zottige Nacht

Eine Einladung von Ingeborg Bachmann nach Rom

Ingeborg Bachmann
* 25.6.1926 Klagenfurt
† 17.10.1973 Rom
Philosophin, Lyrikerin, Erzählerin, Radioreporterin und Hörspielautorin

Eine Einladung von Ingeborg Bachmann nach Rom

Ingeborg Bachmann war die älteste Tochter eines Klagenfurter Schuldirektors. Sie studierte seit 1946 an den Universitäten von Graz, Innsbruck und Wien. Ihre Hauptfächer waren Philosophie und Psychologie, Germanistik und Staatswissenschaften ihre Nebenfächer. Ihr Denken und Dichten wurde von den verschiedenen philosophischen und psychologischen Richtungen – christliche Geschichtsphilosophie, Existentialismus, Sprachskepsis Ludwig Wittgensteins –, mit denen sie sich im Lauf ihres Studiums auseinandersetzte, mit geprägt. Sie promovierte 1950 über »Die kritische Aufnahme der Existenzphilosophie Martin Heideggers«. Ihren Durchbruch als Schriftstellerin erzielte Ingeborg Bachmann 1953, als sie den Preis der Gruppe 47 entgegennehmen konnte. Anschließend siedelte sie nach Süditalien, 1954 dann nach Rom über, wo sie unter dem Pseudonym Ruth Keller u. a. für Radio RAI und als politische Korrespondentin der »Westdeutschen Allgemeinen Zeitung« arbeitete. Auf besonders breite Aufnahme stießen ihre Gedichtzyklen »Die gestundete Zeit« (Frankfurt a. M. 1953) und »Anrufung des Großen Bären« (München 1956). Ingeborg Bachmanns Lyrik vereint dabei radikale Sprachskepsis mit einer eindringlichen poetischen Bildsprache von großer Intensität und Schönheit. 1957 erhielt sie den Literaturpreis der Stadt Bremen, bis 1958 arbeitete sie als Dramaturgin beim Bayerischen Fernsehen in München. Von 1953 bis 1963 währt ihre Beziehung mit dem Schriftsteller Max Frisch. Nach der Trennung von ihm läßt sie sich in Berlin nieder. In ihrem Spätwerk widmet sie sich zunehmend der Prosa. Der große Roman »Malina« wurde aus dem geplanten Romanzyklus »Todesarten« herausgelöst und steht so in einem größeren Zusammenhang. Ins Zentrum ihres Interesses rücken nun Frauen, deren individueller Lebensplan durch die systematischen Verhinderungsmechanismen der Männer in Selbstaufgabe oder Tod mündet. Ingeborg Bachmanns Schreiben durchziehen bei aller Vielfalt der Gattungen und der stilistischen Mittel wiederkehrende Motive: eine negative Geschichtsdiagnose, drohendes oder faktisches persönliches Scheitern und das »Prinzip Hoffnung« (Ernst Bloch), das das Aufrechterhalten und Verfolgen einer positiven Utopie zum persönlichen ethischen Auftrag für den Einzelnen sowohl, als auch für die Literatur macht.

M&S: Liebe Ingeborg, sehr gern folgten wir Deiner Einladung und kamen nach Rom. Hier, gut geschützt vor der römischen Hitze läßt es sich angenehm plaudern…

Ingeborg Bachmann: Während wir uns so mühelos zurechtfinden miteinander, geht dieses Gemetzel in der Stadt weiter, unerträgliche Bemerkungen, Kommentare und Gerüchtfetzen zirkulieren in den Restaurants, auf den Parties, in den Wohnungen, bei den Jordans, den Altenwyls, den Wantschuras, oder sie werden den Ärmeren beigebracht durch die Illustrierten, die Zeitungen, im Kino und durch die Bücher, in denen von Dingen auf eine Weise die Rede geht, daß die

Eine Einladung von Ingeborg Bachmann nach Rom

Dinge sich empfehlen und zurückziehen zu sich selber und zu uns, und nackt will jeder dastehn, die anderen bis auf die Haut ausziehen, verschwinden soll jedes Geheimnis, erbrochen werden wie eine verschlossene Lade, aber wo kein Geheimnis war, wird nie etwas zu finden sein, und die Ratlosigkeit nach den Einbrüchen, den Perlustrierungen und Visitationen nimmt zu, kein Dornbusch brennt, kein kleinstes Licht geht auf, nicht in den Räuschen und in keiner fanatischen Ernüchterung, und das Gesetz der Welt liegt unverstandener denn je auf allen.

M&S: In der Tat hat man hier den Eindruck, vor solchen Bedrängnissen und Machenschaften abgeschirmt zu sein. Aber, auch wenn wir die Jordans und Altenwyls nicht kennen, das sind wohl die unausrottbaren Gesetze der menschlichen Gesellschaft.

Ingeborg Bachmann: Die Gesellschaft ist der allergrößte Mordschauplatz. In der leichtesten Art sind in ihr seit jeher die Keime zu den unglaublichsten Verbrechen gelegt worden, die den Gerichten dieser Welt für immer unbekannt bleiben.

M&S: Doch wie soll man sich vorsehen?

Ingeborg Bachmann:
Laß dich von listigen Raben, von klebriger Spinnenhand
und der Feder im Strauch nicht betrügen,
iß und trink auch nicht im Schlaraffenland,
es schäumt Schein in den Pfannen und Krügen.

M&S: Du hast dennoch immer in Städten gelebt. Hältst Du das Leben auf dem Land auch nicht für authentischer?

Ingeborg Bachmann:
Untätig steht der Fluß, die Weiden baden,
die Königskerzen leuchten bis ins Haus,
das schwere Essen ist schon aufgetragen,
und alle Sprüche gehn auf Amen aus.

Die Zöpfe lösen sich, die Schattenpaare
im Nebel auf, vom nahen Hügel rollt
der unfruchtbare Mond, besetzt die Äcker
und nimmt das Land für eine Nacht in Sold.

Was kümmern uns die ländlich blinden Fenster,
das Lämmerzeug, der Schorf, das Altenteil?
Nach Unverwandtem trachten Mund und Augen.
Uns wird die bleibende Figur zuteil.

M&S: Düstere Bilder, die keine Verlockung bergen. Ist denn alles entzaubert, gibt es keine Heilung? Welches ist die bleibende Figur?

Eine Einladung von Ingeborg Bachmann nach Rom

Ingeborg Bachmann:
Nur wer an der goldenen Brücke für die Karfunkelfee
das Wort noch weiß, hat gewonnen.
Ich muß dir sagen, es ist mit dem letzten Schnee
im Garten zerronnen.

M & S: Wir Pädagogen und Pädagoginnen sind letztlich heilsgläubige Optimisten. Sind wir naiv, wenn wir glauben, gemeinsam ein Floß zu bauen und damit den Fluß zu bezwingen, das könnte unsere inneren Krankheiten heilen?

Ingeborg Bachmann:
Mein lieber Bruder, wann bauen wir uns ein Floß
und fahren den Himmel hinunter?
Mein lieber Bruder, bald ist die Fracht zu groß
und wir gehen unter.

M & S: Vielleicht ist sie wirklich zu groß, die Fracht, die manche mit sich herumtragen. Oft scheitern wir daran, für so jemand das rechte Wort, den richtigen Satz zu finden.

Ingeborg Bachmann: Genügt ein Satz denn, jemand zu versichern, um den es geschehen ist? Es müßte eine Versicherung geben, die nicht von dieser Welt ist.

M & S: Da magst Du recht haben. Deshalb ziehen wir es in solchen Fällen oft vor, jemand auf große Fahrt zu schicken.

Ingeborg Bachmann:
Von einem, der das Fürchten lernen wollte
und fortging aus dem Land, von Fluß und Seen,
zähl ich die Spuren und des Atems Wolken,
denn, so Gott will, wird der Wind sie verwehn!

Zähl und halt ein – und sie werden vielen gleichen.
Die Lose ähneln sich, die Odysseen.
Doch er erfuhr, daß wo die Lämmer weiden,
schon Wölfe mit den Fixsternblicken stehn.

Er fühlte seine Welle ausgeschrieben,
eh sie ihn wegtrug und ihm Leid geschah;
sie sprang im See auf und sie schwang die Wiege,
in die sein Sternbild durch die Schleier sah.

M & S: Ja, das mag wohl so sein, daß jemand, der sich auf solche Fahrt begibt, zu seinen Ursprüngen zurückkommt, seine Bestimmung und seine Determinanten entdeckt. Und es sind immer die gleichen archetypischen Motive, die uns aus diesen Odysseen, wie Du das nennst, anblicken. Wer könnte den Ausgang einer solchen Reise bestimmen.

Eine Einladung von Ingeborg Bachmann nach Rom

Ingeborg Bachmann:
Wenn einer fortgeht, muß er den Hut
mit den Muscheln, die er sommerüber
gesammelt hat, ins Meer werfen
und fahren mit wehendem Haar,
er muß den Tisch, den er seiner Liebe
deckte, ins Meer stürzen,
er muß den Rest des Weins,
der im Glas blieb, ins Meer schütten,
er muß den Fischen sein Brot geben
und einen Tropfen Blut ins Meer mischen,
er muß sein Messer gut in die Wellen treiben
und seinen Schuh versenken,
Herz, Anker und Kreuz,
und fahren mit wehendem Haar!
Dann wird er wiederkommen.
Wann?
      Frag nicht.

M &S: Viel zu selten wohl fragen wir uns, wozu dieser Weg wohl gut ist, auf den wir uns anvertraute Menschen schicken.

Ingeborg Bachmann: Der Weg ist zu nichts gut, er ist da für jeden, es muß ihn aber nicht jeder gehen. Man sollte aber eines Tages hin- und herwechseln können, zwischen dem wiedergefundenen Ich und einem künftigen, das nicht mehr das alte Ich sein kann. Ohne Anstrengung, ohne Krankheit, ohne Bedauern.

M &S: Doch was ist es, das ich dabei gelernt habe?

Ingeborg Bachmann: Nichts natürlich. Du hast erlernt, was schon in dir war, was du schon gewußt hast. Ist dir das zu wenig?

M &S: Wir sind uns nicht sicher. Vielleicht ist das auch eine Frage des Lebensalters, in dem man sich befindet.

Ingeborg Bachmann:
Wach im Zigeunerlager und wach im Wüstenzelt,
es rinnt uns der Sand aus den Haaren,
dein und mein Alter und das Alter der Welt
mißt man nicht mit den Jahren.

M &S: Manchmal sind wir gar so idealistisch zu glauben, das, worin einer wächst, käme auch den anderen, die ihn begleiten, zugute. Als könnte man Wasser in Wein und Steine in Brot verwandeln!

Ingeborg Bachmann:
Doch sieben Steine wurden sieben Brote,

als er im Zweifel durch die Nacht entwich;
er tauchte durch den Duft und streute Krumen
im Gehn für den Verlornen hinter sich.

M & S: Oft scheint es uns, als hätten einzig die Stunden der Nacht noch poetische Kraft, die uns verwandeln kann. Was denkst Du von den Mächten der Nacht?

Ingeborg Bachmann:
Sie schlägt den Erdplan auf, verschweigt die Ziele;
sie trägt die Zeit als eine Eiszeit ein,
die Schotterstege über die Moränen,
den Weg zu Grauwack und zu Kreidestein.

Ins Schwemmland führt die Nacht. Es schwemmt uns wieder
ins Kellerland der kalten neuen Zeit.
So such im Höhlenbild den Traum vom Menschen!
Die Schneehuhnfeder steck dir an das Kleid.

In andren Hüllen gingen wir vorzeiten,
du gingst im Fuchspelz, ich im Iltiskleid;
noch früher waren wir die Marmelblumen,
in einer tiefen Tibetschlucht verschneit.

Wir standen zeitlos, lichtlos in Kristallen
und schmolzen in der ersten Stunde hin,
uns überrann der Schauer alles Lebens,
wir blühten auf, bestäubt vom ersten Sinn.

Wir wanderten im Wunder und wir streiften
die alten Kleider ab und neue an.
Wir sogen Kraft aus jedem neuen Boden
und hielten nie mehr unsren Atem an.

M & S: Wer einmal eine einsame Nacht unter freiem Himmel verbracht hat, mag etwas von diesem mythischen Urgrund deiner Poesie verspürt haben, dem werden deine Worte nicht fremd sein. Überhaupt – Worte: haben sie nicht ihre eigene Magie, die wir oft nur der Natur zuerkennen wollen?

Ingeborg Bachmann:
Wo ist Gesetz, wo Ordnung? Wo erscheinen
uns ganz begreiflich Blatt und Baum und Stein?
Zugegen sind sie in der schönen Sprache,
im reinen Sein...

M & S: Wir aber sind nicht von dieser Art, daß uns der Aufenthalt im reinen Sein gestattet wäre. Die Worte und die Dinge, sie müssen für uns aufeinanderweisen!

Eine Einladung von Ingeborg Bachmann nach Rom

Ingeborg Bachmann:
Seit uns die Namen in die Dinge wiegen,
wir Zeichen geben, uns ein Zeichen kommt,
ist Schnee nicht nur die weiße Fracht von oben,
ist Schnee auch Stille, die uns überkommt.

M &S: Und doch sind es oft die einfachsten Gesten, die am meisten sagen. Woran liegt das?

Ingeborg Bachmann: Denn wenn wir aufhören zu reden und übergehen zu den Gesten, die uns immer gelingen, setzt für mich, an Stelle der Gefühle, ein Ritual ein, kein leerer Ablauf, keine belanglose Wiederholung, sondern als neu erfüllter Inbegriff feierlicher Formeln, mit der einzigen Andacht, deren ich wirklich fähig bin.

M &S: Ist es nicht reine Illusion, wenn wir glauben, wir könnten mit Jugendlichen »in die Natur« gehen? Ist die nicht längst so verwaltet und entzaubert, daß sie uns schon entglitten ist, noch bevor wir sie zu fassen versuchen? Hätte ein Gott uns etwas zu sagen...

Ingeborg Bachmann:
Hab ich sie nicht erfunden, diese Seen
und diesen Fluß! Und kennt noch wer den Berg?
Geht einer durch ein Land mit Riesenschritten,
verläßt sich einer auf den guten Zwerg?
Die Himmelsrichtung? Und die Wendekreise?
Du fragst noch?! Nimm dein feurigstes Gespann,
fahr diesen Erdball ab, roll mit den Tränen
die Welt entlang! Dort kommst du niemals an.

M &S: Und doch bleibt und verbindet uns diese tiefe Sehnsucht nach etwas unvordenklich Heilem.

Ingeborg Bachmann:
Im Land der tiefen Seen und der Libellen,
den Mund erschöpft ans Urgestein gepreßt,
ruft einer nach dem Geist der ersten Helle,
eh er für immer dieses Land verläßt.

M &S: Das Land verlassen, das hat schon manchen gereizt. Kommt es nicht vielmehr darauf an, Grenzen zu überwinden und Versöhnung zwischen die Völker zu tragen?

Ingeborg Bachmann:
Wo anders sinkt der Schlagbaum auf den Pässen;
hier wird ein Gruß getauscht, ein Brot geteilt.

Eine Einladung von Ingeborg Bachmann nach Rom

Die Handvoll Himmel und ein Tuch voll Erde
bringt jeder mit, damit die Grenze heilt.
Daß uns nichts trennt, muß jeder Trennung fühlen;
in gleicher Luft spürt er den gleichen Schnitt.
Nur grüne Grenzen und der Lüfte Grenzen
vernarben unter jedem Nachtwindschritt.

M & S: Ja, wir sind schon überzeugt, daß unsere Arbeit auch dafür Sinn macht. Und in diesem Sinn wird sie immer notwendiger, wenn man sich vergegenwärtigt, wieviele Fronten heute die Welt zerteilen.
Gehört es heute, wo alles möglich und damit wirklich ist, nicht zum Schwierigsten überhaupt, zu erkennen, was wahr ist?

Ingeborg Bachmann:
Was wahr ist, streut nicht Sand in deine Augen,
was wahr ist, bittet Schlaf und Tod dir ab
als eingefleischt, von jedem Schmerz beraten,
was wahr ist, rückt den Stein von deinem Grab.

Du haftest in der Welt, beschwert von Ketten,
doch treibt, was wahr ist, Sprünge in die Wand.
Du wachst und siehst im Dunkeln nach dem Rechten,
dem unbekannten Ausgang zugewandt.

M & S: Allzugern lassen wir uns von den sogenannten globalen Krisen herunterziehen. Viele sind darüber ständig deprimiert...

Ingeborg Bachmann: (...) und immer leiden sie gleich für die ganze Menschheit und ihre Scherereien und denken an die Kriege und stellen sich schon neue vor, aber wenn du mit mir Kaffee trinkst oder wenn wir Wein trinken und Schach spielen, wo ist dann der Krieg und wo ist die hungernde, sterbende Menschheit, und tut dir dann wirklich alles leid, oder tut es dir nur leid, weil du die Partie verlierst, oder weil ich gleich einen Riesenhunger haben werde, und warum lachst du denn jetzt, hat die Menschheit vielleicht viel zu lachen in diesem Augenblick?

M & S: Wenn sie sich jetzt mit Dir unterhalten könnte, vielleicht schon. Aber zurück zu dem, was man die Pathologie des Individuums und der Gesellschaft nennen könnte. Zunehmend scheint es, als glitten uns im Zeitalter der Echtzeit die raumzeitlichen Ordnungskoordinaten aus den Händen. Muß man sich beeilen, um noch einen Zipfel der möglichen Gesundung zu erhaschen?

Ingeborg Bachmann: Keine Stunde habe ich versäumt, denn dieses Geschehen, von dem man vorher nichts wissen kann, nie gewußt hat, von dem man nie etwas gehört oder gelesen hat, braucht eine äußere Beschleunigung, damit es zustande kommen kann. Eine Kleinigkeit könnte es im Beginn ersticken, abwürgen, es im

Eine Einladung von Ingeborg Bachmann nach Rom

Anlauf zum Stillstand bringen, so empfindlich sind Anfang und Entstehen dieser stärksten Macht in der Welt, weil die Welt eben krank ist und sie, die gesunde Macht, nicht aufkommen lassen will.

M&S: Wir vertrauen in unseren pädagogischen und therapeutischen Programmen auf die Wirksamkeit des Hier und Jetzt, dessen was heute geschieht und Folgen nach sich zieht.

Ingeborg Bachmann: Heute ist ein Wort, das nur Selbstmörder verwenden dürften, für alle anderen hat es schlechterdings keinen Sinn, »heute« ist bloß die Bezeichnung eines beliebigen Tages für sie, eben für heute, ihnen ist klar, daß sie wieder nur acht Stunden zu arbeiten haben oder sich freinehmen, ein paar Wege machen werden, etwas einkaufen müssen, eine Morgen- und eine Abendzeitung lesen, einen Kaffee trinken, etwas vergessen haben, verabredet sind, jemand anrufen müssen, ein Tag also, an dem etwas zu geschehen hat oder besser doch nicht zu viel geschieht. (...)

Nur ich fürchte, es ist »heute«, das für mich zu erregend ist, zu maßlos, zu ergreifend, und in dieser pathologischen Erregung wird bis zum letzten Augenblick für mich »heute« sein.

M&S: Vielleicht hoffen wir, diese »Heutigkeit« mit der Qualität aufzuladen, die sie für den Selbstmörder hat, nur ohne dessen endgültige und unwiderruflich tödliche Folgen.

Ingeborg Bachmann: Wer je einen schrecklich flehentlichen Brief geschrieben hat, um ihn dann doch zu zerreißen und zu verwerfen, weiß noch am ehesten, was hier unter »Heute« gemeint ist.

M&S: Solche Briefe, die nie ankommen, schreiben meist Frauen an Männer. Glaubst du, daß sich tatsächlich die Frauen mehr um all das sorgen, was mit den Beziehungen zwischen Männern und Frauen zu tun hat?

Ingeborg Bachmann: Das Denken daran nimmt tatsächlich den größten Teil der Zeit jeder Frau in Anspruch. Sie muß aber daran denken, weil sie sonst buchstäblich, ohne ihr nie erlahmendes Gefühlstreiben, Gefühls-antreiben, es niemals mit einem Mann aushalten könnte, der ja ein Kranker ist und sich kaum mit ihr beschäftigt. Für ihn ist es ja leicht, wenig an die Frauen zu denken, denn sein krankes System ist unfehlbar, er wiederholt, er hat sich wiederholt, er wird sich wiederholen. Wenn er gerne die Füße küßt, wird er noch fünfzig Frauen die Füße küssen, warum soll er sich also beschäftigen in Gedanken, bedenklich wegen eines Geschöpfs, das sich zur Zeit gern von ihm die Füße küssen läßt, so meint er jedenfalls. Eine Frau muß aber damit fertig werden, daß jetzt ausgerechnet ihre Füße an der Reihe sind, sie muß sich unglaubliche Gefühle erfinden und den ganzen Tag ihre wirklichen Gefühle in den erfundenen unterbringen, einmal damit sie das mit den Füßen aushält, dann vor allem, damit sie den größeren fehl-

Eine Einladung von Ingeborg Bachmann nach Rom

enden Rest aushält, denn jemand, der so an Füßen hängt, vernachlässigt sehr viel anderes. Überdies gibt es noch die ruckartigen Umstellungen, von einem Mann zum anderen muß sich ein Frauenkörper alles abgewöhnen und wieder an etwas ganz Neues gewöhnen. Aber ein Mann zieht mit seinen Gewohnheiten friedlich weiter, manchmal hat er eben Glück damit, meistens keines.

M & S: Eine interessante Position. Und dennoch fühlen sich immer noch Frauen zu Männern hingezogen, wenngleich uns heutigen das ganze Spektrum der erotischen Sensationen offen steht. Glaubst du, daß die Frauen in einer künftigen Zeit rehabilitiert werden und etwas von ihrer Würde zurückerlangen?

Ingeborg Bachmann: Ein Tag wird kommen, an dem die Frauen rotgoldene Augen haben, rotgoldenes Haar, und die Poesie ihres Geschlechts wird wiedererschaffen werden.

M & S: Uns scheint, daß es oft die für uns Städter außergewöhnlichen Nächte in der Natur sind, die besonders empfänglich machen für erotische Stimmungen.

Ingeborg Bachmann:
Unterrichtet in der Liebe
durch zehntausend Bücher,
belehrt durch die Weitergabe
wenig veränderbarer Gesten
und törichter Schwüre –

eingeweiht in die Liebe
aber erst hier –
als die Lava herabfuhr
und ihr Hauch uns traf
am Fuß des Berges,
als zuletzt der erschöpfte Krater
den Schlüssel preisgab
für diese verschlossenen Körper –

Wir traten ein in verwunschene Räume
und leuchteten das Dunkel aus
mit den Fingerspitzen.

M & S: Und so gibt es letztlich doch Daseinsfreude...

Ingeborg Bachmann: Nichts Schönres unter der Sonne als unter der Sonne zu sein...

M & S: Unser Unglück rührt wohl einzig daher, daß wir uns andauernd für zu wichtig nehmen.

Ingeborg Bachmann:
Die Liebe hat einen Triumph und der Tod hat einen,

Eine Einladung von Ingeborg Bachmann nach Rom

die Zeit und die Zeit danach.
Wir haben keinen.
Nur sinken um uns von Gestirnen. Abglanz und Schweigen.
Doch das Lied überm Staub danach
wird uns übersteigen.

M &S: Und da hilft uns keine noch so sehnsüchtige Anverwandlung an die Natur.

Ingeborg Bachmann:
Dem Tier beikommen wird nicht, wer den Tierlaut nachahmt.

Wer seines Betts Geheimnis preisgibt, verwirkt sich alle Liebe.

Des Wortes Bastard dient dem Witz, um einem Törichten zu opfern.

M &S: Manche Hardcore-Erlebnispädagogen stehen auf dem Standpunkt, ein Wildnisaufenthalt, in dem sich die Teilnehmer nicht dazu überwunden haben, ein Tier zu töten, um es zu verzehren, sei nicht ernst zu nehmen.

Ingeborg Bachmann:
Und einen Blutsturz später: Wangenflecken –
die erste Scham, weil Schmerz und Schuld bestehn
und Eingeweide ausgenommner Tiere
in Zeichen erster Zukunft übergehn;

weil süßem Fleisch und markgefüllten Knochen
ein Atem ausbleibt, wo der deine geht.
Den Ahnenrock am abgestellten Rocken
hat unversehens Spinnweb überweht.

M &S: Dürfen wir uns, bevor wir gehen, etwas wünschen? Würdest Du für uns den großen Bären anrufen?

Ingeborg Bachmann:
Großer Bär, komm herab, zottige Nacht,
Wolkenpelztier mit den alten Augen,
Sternenaugen,
durch das Dickicht brechen schimmernd
deine Pfoten mit den Krallen,
Sternenkrallen,
wachsam halten wir die Herden,
doch gebannt von dir, und mißtrauen
deinen müden Flanken und den scharfen
halbentblößten Zähnen,
alter Bär.

Eine Einladung von Ingeborg Bachmann nach Rom

Ein Zapfen: eure Welt.
Ihr: die Schuppen dran.
Ich treib sie, roll sie
von den Tannen im Anfang
zu den Tannen am Ende,
schnaub sie an, prüf sie im Maul
und pack zu mit den Tatzen.
Fürchtet euch oder fürchtet euch nicht!
Zahlt in den Klingelbeutel und gebt
den blinden Mann ein gutes Wort,
daß er den Bären an der Leine hält.
Und würzt die Lämmer gut.
s' könnt sein, daß dieser Bär
sich losreißt, nicht mehr droht
und alle Zapfen jagt, die von den Tannen
gefallen sind, den großen, geflügelten, die aus dem Paradiese stürzten.

M &S: Liebe Ingeborg, wir danken Dir für das Gespräch und Deine Rezitationen.

Alle Zitate aus:

Ingeborg Bachmann: Gesammelte Werke. 4 Bände, München ^{4}1993

Handle, aber handle auf deine eigene Gefahr

Ein Interview mit John Dewey

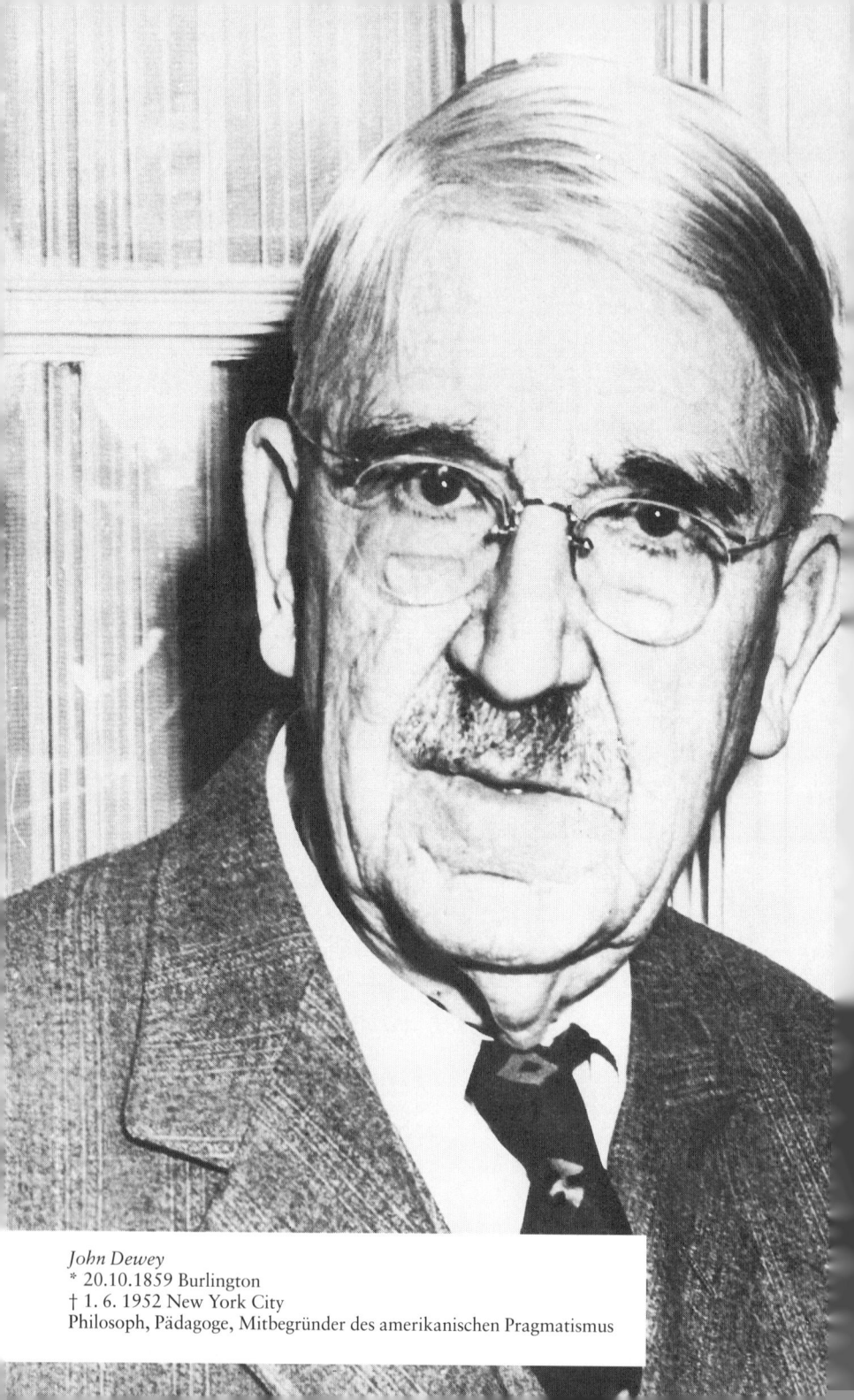

John Dewey
* 20.10.1859 Burlington
† 1. 6. 1952 New York City
Philosoph, Pädagoge, Mitbegründer des amerikanischen Pragmatismus

Ein Interview mit John Dewey

John Dewey wuchs in der idyllischen Kleinstadt Burlington auf, die am Ufer des Champlain-Sees im amerikanischen Bundesstaat Vermont unweit der kanadischen Grenze liegt. Er wurde am 20.10.1859 als dritter Sohn von Archibald und Lucina Dewey geboren, die einen Lebensmittelhandel führten.

Deweys kleinstädtisches und mittelständisches Lebensumfeld prägten nachhaltig seine Auffassungen von Leben und Lernen: die Verhältnisse sind überschaubar und die Wirkungen des eigenen Tuns und Unterlassens werden unmittelbar einsichtig. Lernen findet in direktem Bezug zu lebenspraktischen Anwendungsbereichen statt.

Leicht hätte John nach dem Willen seines Vaters Mechaniker werden können. Doch im puritanisch geprägten Neuengland konnte sich Burlington, wie andere vergleichbare Kleinstädte, einer eigenen Universität rühmen – die wissenschaftliche Tätigkeit galt als gottgefällig. Der vormals mittelmäßige Schüler John Dewey absolvierte 1879 das Studium als Klassenbester. Er war damit zur Ausübung des Lehramts berechtigt.

Dewey begann seine Laufbahn als Lehrer in South Oil City, einer Stadt, die von aufkommenden Ölboom geprägt war. 1859 waren in Pennsylvania riesige Öllager entdeckt worden. J.D. Rockefeller, der damit zum Multimillionär wurde, sollte später einmal Deweys Laborschule in Chicago finanziell unterstützen. Nach zwei Unterrichtsjahren an der dortigen Highschool kehrte er in seine Heimat zurück und versuchte sich als Elementarschullehrer. Nebenbei studierte er Philosophie und beschäftigte sich intensiv mit metaphysischen Spekulationen. Die Beziehung zwischen Philosophie, Schul- und Erziehungsproblematik würde sein ganzes späteres Werk prägen. Dabei versuchte er stets, seine theoretischen Überzeugungen in eine innovative Schulpraxis zu übertragen und daran zu überprüfen. 1884 promovierte er schließlich an der Universität von Baltimore, Maryland über die Psychologie Immanuel Kants. Dewey war von Hegelianismus geprägt, studierte jedoch gleichzeitig bei Charles S. Pierce, dem Begründer des Pragmatismus.

John Deweys universitäre Laufbahn nahm ihren Anfang. Er wurde Philosophiedozent in Michigan, 1888 Professor in Minnesota und 1894 Leiter der Abteilung für Philosophie, Psychologie und Pädagogik an der neu gegründeten Universität von Chicago.

Die zehn Jahre im Mittleren Wesen brachten auch private Neuorientierungen. 1886 heiratete John Dewey Alice Chipman, die ihm nicht nur sechs Kinder schenkte, von denen allerdings die beiden Söhne im Kleinkindalter starben, sondern ihn in seinen beruflichen Unternehmungen tatkräftig unterstützte. Die Deweys freundeten sich mit der Familie des Philosophiekollegen George M. Mead an und zogen gemeinsam in ein Haus.

Die Jahre in Chicago hatten nichts mehr mit ländlich-kontemplativer Lebenshaltung zu tun. Dewey engagierte sich in verschiedenen sozialreformerischen Initiativgruppen und widmete sich der praktischen Umsetzung seiner Philoso-

Ein Interview mit John Dewey

phie. 1896 gründete er die Dewey School, eine Laborschule, die aus dem Geist wechselseitiger Befruchtung von Theorie und Praxis leben sollte. Um sie zu finanzieren, nahm er am ausgeprägten amerikanischen Vortragswesen teil und stellte Interessierten seine Theorien über Schule und kindliche Entwicklung dar. Nachhaltigen Einfluß auf seine Vorstellungen hatte der Rektor der Normal School in Cook County, F.W. Parker, der bei seinem Studium in Berlin die Ideen der Reformpädagogen Pestalozzi und Fröbel kennengelernt hatte. Als sich an der Chicago University konservative Kräfte durchsetzten, kündigte Dewey und wurde für die kommenden 26 Jahre Professor an der philosophisch-psychologischen Fakultät der Universität von New York. Zugleich unterrichtete Dewey an der Pädagogischen Hochschule von New York City, die unter seinem Einfluß die Ideen der »Progressiven Erziehung« zum Standard für die Lehrerausbildung machte. Hier wurde das Schema der Projektmethode (Vorschlagen, Planen, Ausführen, Urteilen) und die Maxime des »Learning by Doing« entwickelt. 1926 wird Dewey Ehrenpräsident der »Progressive Education Association«, der er bis zu seinem Tod vorstand.

John Dewey schrieb, lehrte und dachte nicht nur, er reiste auch viel. Von 1919 bis 1921 nahm er eine Gastprofessur in Nanking und Peking an, die er zum intensiven Studium von Land und Leuten nutzte. 1924 reiste er als Berater in schulischen Angelegenheiten in die Türkei. 1928 besuchte er die Sowjetunion und wurde dort radikal in seinen Auffassungen über die praktische Seite des Marxismus desillusioniert.

Dewey starb 93-jährig in New York City, 25 Jahre nach seiner Frau Alice und sechs Jahre nachdem er Roberta L. Grant geheiratet hatte. Nachdem seine Schriften und sein Werk in der Zeit des Kalten Kriegs dem ideologischen Verdikt anheimfielen, wird John Dewey zunehmend auch in Deutschland wiederentdeckt. Von seinen zahlreichen Werken liegen jedoch erst wenige in deutscher Übersetzung vor.

M&S: Sehr verehrter Herr Dewey, schön, daß Sie sich für uns Zeit genommen haben. Als Ehrenpräsident der »Progressive Education Association« sind Sie hier auf unserem Internationalen Kongreß »erleben und lernen« natürlich die Hauptperson, die mit der größten Spannung erwartet wird. Wir hoffen, daß Sie manch veraltete Vorstellung ausräumen und viele unserer Fragen zum Verhältnis zwischen dem Lernen und der Erfahrung beantworten und lösen werden.

John Dewey: Alte Vorstellungen geben langsam Raum; denn sie sind mehr als nur abstrakte logische Formeln und Kategorien. Sie sind Gewohnheiten, Prädispositionen, tief eingegrabene Haltungen von Abwendung und Hinneigung. Hinzu kommt die weiter herrschende Überzeugung – die von der Geschichte längst als Halluzination erwiesen worden ist –, daß all die Fragen, die der menschliche

Ein Interview mit John Dewey

Geist gestellt hat, Fragen sind, die entsprechend der Alternativen beantwortet werden können, die von den Fragen vorgestellt werden. Aber der geistige Fortschritt geschieht in der Regel einfach durch das Fallenlassen von Fragen mitsamt den von ihnen unterstellten Alternativen (...) Wir lösen Fragen nicht: Wir lassen sie hinter uns. Alte Fragen werden dadurch gelöst, daß sie verschwinden, sich selbst auflösen, während neue Fragen, die mit der veränderten Haltung bezüglich Anstrengung und Neigung zusammengehen, ihre Stelle einnehmen.

M&S: Als führender Vertreter des Pragmatismus hat man Ihnen oft vorgeworfen, Ihre Erziehung sei unethisch und diffus, weil sie sich keine konkreten Ziele setze.

John Dewey: Es ist gut, wenn wir uns daran erinnern, daß Erziehung als solche keine »Ziele« hat. Nur Menschen, Eltern, Lehrer usw. haben Ziele, nicht ein abstrakter Begriff wie Erziehung, infolgedessen sind ihre Ziele von unendlicher Mannigfaltigkeit, verschieden bei verschiedenen Kindern, wandelbar mit dem Heranwachsen der Kinder und mit der wachsenden Erfahrung dessen, der erzieht. Selbst die wertvollsten Ziele, die in Worte gefaßt werden können, werden als Worte mehr schaden als nützen, wenn nicht erkannt wird, daß sie in Wirklichkeit nicht Ziele sind, sondern Winke für den Erzieher...

M&S: Schön, aber dennoch: gibt es nichts Konkretes, was ihnen wert erscheint, gelehrt zu werden?

John Dewey: Die wichtigste Einstellung, die gelehrt werden kann, ist das Bedürfnis nach weiterem Lernen.

M&S: Doch darüber hinaus: Wie würden sie gute Erziehungsziele kennzeichnen?

John Dewey: 1. Ein Erziehungsziel muß in den wesentlichen Betätigungen und Bedürfnissen (einschließlich der ursprünglichen Instinkte und der erworbenen Verhaltensweisen) des zu erziehenden Menschen begründet sein.(...)

2. Ein Erziehungsziel muß sich in eine Methode des Zusammenwirkens mit den Betätigungen der zu Erziehenden umsetzen lassen. Es muß nahelegen, daß eine Umgebung geschaffen wird, wie sie für die Befreiung und Ordnung der Fähigkeiten des zu Erziehenden notwendig ist. (...)

3. Die Erzieher müssen auf der Hut sein gegenüber allen Zielen, die sich als »allgemeine« oder »höchste« ausgeben. (...) Daß Erziehung wörtlich und stets ihren Lohn in sich trägt, bedeutet, daß kein Studium oder Lehrfach bildend wirkt, wenn nicht die unmittelbare Beschäftigung damit an sich wertvoll ist.

M&S: Sie bauen dabei ganz auf die unmittelbare Erfahrung, nicht auf abstraktes Lernen...

Ein Interview mit John Dewey

John Dewey: Ehe das Kind in die Schule geht, lernt es mit Hand, Auge und Ohr, weil sie die Werkzeuge sind, mit denen etwas getan wird, aus dem immer neue Bedeutungen erwachsen. Der Knabe, der einen Drachen steigen läßt, muß ihn im Auge behalten, muß die wechselnde Stärke des Zuges beachten, den die Schnur auf seine Hand ausübt. Seine Sinne sind Wege zur Erkenntnis nicht deswegen, weil durch sie hindurch irgendwelche äußeren Tatsachen dem Geiste zugeführt werden, sondern weil sie bei der Ausführung einer zweckvollen Tätigkeit gebraucht werden.

M&S: Das Schlagwort des ganzheitlichen Lernens... Aber bloß Erfahrungen anbieten ist doch noch nicht erziehen, oder?

John Dewey: Erfahrung und Erziehung können nicht einfach einander gleichgesetzt werden; denn es gibt Erfahrungen, die erziehlich negativ sind.

M&S: Schön, daß Sie das sagen. Wir überlegen auch intensiv, wie es überhaupt möglich ist, aus einer besonderen Lernerfahrung zu einem tatsächlichen inneren Wachstumsprozeß zu gelangen.

John Dewey: Eine Entwicklung entspricht nur dann dem Kriterium der Erziehung als Wachstum, wenn sie zu fortgesetztem weiteren Wachstum anregt.

M&S: Wie aber sollen wir einen solchen fortlaufenden Prozeß erkennen und von verschiedenen Stadien der Beliebigkeit unterscheiden?

John Dewey: Der Wind streicht über den Wüstensand dahin; die Sandkörner werden an eine andere Stelle getrieben. Das ist ein *Ergebnis* des Vorganges, aber nicht sein *End*ergebnis: in der Umlagerung des Sandes liegt kein Abschluß, keine Erfüllung des Vorhergegangenen; es ist nichts weiter eingetreten als eine räumliche Veränderung. Der spätere Zustand der Dinge ist nicht besser als der frühere. Es fehlt daher jede Grundlage, um etwa einen früheren Zustand der Dinge als Anfang, einen späteren als Ende und die dazwischenliegenden Vorgänge als solche der Umgestaltung oder der Verwirklichung von irgend etwas anzusehen.

M&S: Ja, solch beliebig scheinende Zustandsänderungen treten ja auch in den Entwicklungsprozessen von Kindern und Jugendlichen gelegentlich auf. Sie treiben zufallsbestimmt dahin wie Wüstensand...

John Dewey: Wenn die Bienen Blütenstaub sammeln, Wachs herstellen und Zellen bauen, so bereitet jeder Schritt den nächsten vor. Sind die Zellen gebaut, so legt die Königin Eier hinein; dann werden die Zellen verschlossen, die Bienen brüten sie aus, sorgen für die Temperatur, die sie zu ihrer Entwicklung nötig haben. Wenn die jungen Bienen geschlüpft sind, werden sie von den alten gefüttert, bis sie selbst für sich sorgen können.

Ein Interview mit John Dewey

M &S: Eine Entwicklung, in der die einzelnen Stadien zusammenhängen und aufeinander aufbauen. Wie kommt der Erzieher dazu, einen solchen ergebnisorientierten Prozeß in Gang zu bringen?

John Dewey: Genau wie der Farmer hat der Erzieher gewisse Dinge zu tun, wobei ihm gewisse Hilfsmittel zur Verfügung, gewisse Hindernisse entgegen stehen. (...) Der Same keimt, der Regen fällt, die Sonne scheint, die Insekten fressen, der Mehltau kommt, die Jahreszeiten folgen einander. Seine Aufgabe ist einfach, diese Bedingungen auszunützen, die in ihnen wirkenden Kräfte möglichst mit den seinigen zusammen, anstatt beide gegeneinander wirken zu lassen. Es wäre sinnlos, einen Farmbetrieb aufzunehmen ohne irgendwelche Rücksicht auf die Bedingungen des Bodens, des Klimas, des Pflanzenwuchses usf. (...)

Das gleiche gilt für den Erzieher, für Eltern sowohl wie für Lehrer. Es ist für sie besonders sinnlos, für die Entwicklung ihrer Kinder ihre eigenen Ziele aufzustellen, wie es für den Farmer sinnlos wäre, ein Ideal des landwirtschaftlichen Betriebes ohne Rücksicht auf die gegebene Sachlage zu verfolgen.

M &S: Sie nehmen ihre Metaphern aus der Natur. Ist das Zufall, oder weisen Sie damit auf tiefere Gemeinsamkeiten hin?

John Dewey: Die Welt ist ein Gegenstand der Erkenntnis, weil sich der Geist *in* jener Welt entwickelt hat; ein Körper-Geist, dessen Strukturen sich den Strukturen der Welt gemäß entwickelt haben, in der er existiert, wird naturgemäß finden, daß einige seiner Strukturen in Übereinstimmung und Sympathie mit der Natur sind und einige Aspekte der Natur mit ihm. Die letzteren sind schön und passend, und andere häßlich und unpassend. Da der Geist sich nicht entwickeln kann außer dort, wo es einen organisierten Prozeß gibt, in dem die Erfüllungen der Vergangenheit aufbewahrt und angewendet werden, ist es nicht überraschend, daß der Geist, wenn er sich entwickelt, Vergangenheit und Zukunft beachtet und daß er die Strukturen, die biologische Anpassungen von Organismus und Umgebung sind, als seine eigenen und einzigen Organe nutzt. Letzten Endes gleicht das Mysterium, daß der Geist einen Körper benutzt oder daß ein Körper einen Geist hat, dem Mysterium, daß ein Mann, der Pflanzen kultiviert, den Boden benutzt;

M &S: Platon, Kant, Hegel, sie alle sprechen vom reinen oder absoluten Geist...

John Dewey: Jeder »Geist«, mit dem wir empirisch bekannt sind, findet sich in Verbindung mit einem organisierten Körper. Jeder solche Körper existiert in einer natürlichen Umwelt, an die er auf eine bestimmte Art angepaßt ist: Pflanzen an Luft, Wasser, Sonne, und Tiere sowohl an diese Dinge, wie auch an Pflanzen. Ohne solche Verbindungen sterben Tiere; der »reinste« Geist hätte ohne sie keinen Bestand.

Ein Interview mit John Dewey

M & S: Die Trennung der klassischen Philosophie, ja des ganzen abendländischen Denkens zwischen dem Geistigen und dem Physischen kommt Ihnen künstlich vor...

John Dewey: Die einzige Entschuldigung für die Erinnerung an diese Selbstverständlichkeiten ist die, daß traditionelle Theorien das Leben von der Natur, den Geist vom organischen Leben getrennt und dadurch Mysterien geschaffen haben. Man stelle die Verbindungen wieder her, und das Problem, wie ein Geist eine äußerliche Welt erkennen oder auch nur wissen kann, daß es so etwas gibt, gleicht dem Problem, wie ein Tier ein Ding essen kann, das ihm äußerlich ist; es ist eine Art Problem, die nur entstehen kann, wenn man annimmt, daß ein Bär im Winterschlaf, der von seiner eigenen gespeicherten Substanz lebt, den Normalfall darstellt, und man obendrein die Frage ignoriert, woher der Bär sein gespeichertes Material genommen hat.

M & S: Hübscher Vergleich...Sie haben ein Buch mit dem Titel »Erfahrung und Natur« geschrieben, wo es darum geht, daß die klassische Philosophie diese Verhältnisse nicht richtig erfaßt.

John Dewey: Würde ich *Erfahrung und Natur* heute schreiben (oder neu schreiben) müssen, würde ich das Buch *Kultur und Natur* nennen und die Behandlung spezifischer Gegenstände dementsprechend modifizieren. Ich würde den Terminus »Erfahrung« aufgeben, weil ich zunehmend erkenne, daß die historischen Hindernisse, die einem Verständnis meines Gebrauchs von »Erfahrung« im Wege stehen, praktisch unüberwindlich sind. Ich würde ihn durch den Ausdruck »Kultur« ersetzen, dessen heute üblicher Sinn meine Philosophie der Erfahrung voll und frei tragen kann.

Ich bin nicht davon überzeugt, daß die Aufgabe, die ich mir vorgenommen hatte, gänzlich fehlgeleitet war. Ich glaube immer noch, daß aus theoretischen, im Unterschied zu historischen, Gründen sich vieles zugunsten des Gebrauchs von »Erfahrung« sagen läßt, um den umfassenden Gegenstandsbereich zu bezeichnen, den die moderne (nachmittelalterliche) Philosophie charakteristischerweise in die Dualismen von Subjekt und Objekt, Geist und Welt, psychologisch und physikalisch zerbricht. Wenn »Erfahrung« den umfassenden Gegenstandsbereich bezeichnen soll, muß sie beides bezeichnen, das, was erfahren wird, und die Weise, wie es erfahren wird.

M & S: Was machte den Begriff der Erfahrung, der unseren pädagogischen Vorstellungen so nahezuliegen scheint, für ihr philosophisches Projekt ungeeignet?

John Dewey: Die historischen Hindernisse sind jetzt so augenfällig, daß ich mich manchmal nur wundern kann, wie ich sie übersehen konnte. Es gab eine Periode in der modernen Philosophie, als der Rückgriff auf »Erfahrung« ein heilsamer Appell war, die Philosophie von vertrockneten Abstraktionen zu befreien. Aber ich habe übersehen, daß spätere Entwicklungen innerhalb und außerhalb der

Philosophie die Heilsamkeit des Appells verdorben und zerstört haben – daß »Erfahrung« tatsächlich mit »Erlebnis« in einem psychologischen Sinn identifiziert worden war und unter dem Psychologischen das intrinsisch Psychische, Mentale, Private verstanden wurde. Mein Insistieren darauf, daß »Erfahrung« auch bezeichnet, *was* erfahren wird, blieb ein bloßer ideologischer Donner im Stichwortverzeichnis, denn es ignorierte die ironische Wendung, die diesen Gebrauch von »Erfahrung« seltsam und unverständlich machte.

M & S: Es sind wohl genau die von Ihnen genannten Verkürzungen, die den Erlebnisbegriff so fatal für eine Pädagogik gleichen Namens machen.

John Dewey: Der massierte Aufstau von so vielen Eindrücken als möglich wird als »Leben« gedacht, wenngleich keiner von diesen mehr bedeutet als ein Vorüberhuschen und Nippen. (...) Entschlossenes Handeln wird benötigt, um Kontakt mit der Wirklichkeit der Welt zu gewinnen, und um Eindrücke so mit Tatsachen in Beziehung zu setzen, daß ihr Wert prüfbar und organisierbar wird.

M & S: Dürfen wir nochmals auf die Verbindung zwischen Veränderungen und Prozessen im Menschen und in der Natur zurückkommen?

John Dewey: (...) wenn die Veränderung etwas Echtes ist, wenn die Rechnungen noch offen und in Gang sind, wenn objektive Unsicherheit der Sporn zu Reflexion ist, dann hat die Abwandlung im Handeln, die Neuheit, das Experiment einen wirklichen Sinn. (...) Empirisch betrachtet, scheint das Leben des Menschen, in dieser Hinsicht wie in anderen, den Ausdruck einer Aufgipfelung von Tatsachen in der Natur zu bedeuten. Unwissenheit und Unsicherheit im Menschen zugestehen, während man sie der Natur abspricht, das schließt doch einen merkwürdigen Dualismus in sich. Veränderlichkeit, Initiative, Neuerung, Loslösung von der Routine, Experimentieren, das sind empirisch gesehen Kundgebungen eines echten Strebens in der Natur der Dinge.

M & S: Nun gibt es ja Menschen, die behaupten, solche Entwicklungen und Prozesse hätten überhaupt keinen Sinn, wenn sie nicht schlußendlich in die Realisation eines Ideals mündeten.

John Dewey: Wenn die Geschichte einen Fortschritt aufweist, so kann man ihn kaum irgendwo anders finden als in der reicheren Gestaltung und Ausweitung des Sinns innerhalb der Erfahrung. Es ist klar, daß es für diesen Fortschritt kein Endstadium gibt, keine Garantie wegen weiterer Verlegenheiten und Verwirrungen. Wollten wir diese Verallgemeinerung in einen kategorischen Imperativ verwandeln, so müßten wir sagen: »Handle so, daß du den Sinn des gegenwärtigen Erlebens mehrst.« Aber selbst dann müßten wir, um uns über das konkrete Wesen dieses gemehrten Sinns klar zu werden, das Gesetz verlassen und uns an die Erforschung der Bedürfnisse und der zur Wahl sich darbietenden Möglichkeiten machen, die in einer einzigartigen, auf einen Ort und eine Zeit beschränkten Sachlage liegen. Der Imperativ ist wie alles Absolute leer. Ehe man das Suchen

Ein Interview mit John Dewey

nach einer allgemeinen Formel für den Fortschritt aufgibt, wird man nie erkennen, wo man nach ihm ausschauen muß, um ihn zu finden.

M&S: Dennoch ist die Sehnsucht nach ethischen Werten, je unverbindlicher sie werden, beinahe allgemein. Wie soll man sich ihre Konstituierung bei einem solch prozeßorientierten und ergebnisoffenen Vorgang, wie ihn Ihre Erziehung darstellt, denken?

John Dewey: Der Sinn für neue Werte, die absichtsvoll verfolgt werden, erscheint zuerst in verschwommener und ungewisser Form. In dem Maße, wie diese Werte durchgearbeitet und durch Handlung ausgeführt werden, gewinnen sie Bestimmtheit und Kohärenz. Die Interaktion zwischen der Zielvorstellung und den bestehenden Bedingungen verbessert und prüft das Ideal; gleichzeitig werden die Bedingungen verändert. Die Ziele ändern sich, indem sie auf bestehende Bedingungen bezogen werden.

M&S: Der Vorwurf des Nihilismus trifft Sie also zu unrecht...Und die Gretchenfrage – wie halten Sie's mit der Religion?

John Dewey: Die ihrem Wesen nach unreligiöse Haltung ist diejenige, welche Fortschritt und Sinn menschlicher Existenz dem Menschen isoliert von der Welt der physischen Natur und seinen Mitkreaturen zuspricht. Unsere Erfolge sind von der Kooperation mit der Natur abhängig. (...) Solche Frömmigkeit ist nicht notwendigerweise ein fatalistisches Sich-Bescheiden mit den natürlichen Gegebenheiten, oder eine romantische Idealisierung der Welt, sie möchte auf einem gerechten Sinn von der Natur als Ganzem beruhen, dessen Teile wir sind, die durch Intelligenz und Zielstrebigkeit bezeichnet sind, so daß wir über das Vermögen verfügen, unter ihrer Zuhilfenahme die Bedingungen in bessere Übereinstimmung mit dem von uns aus betrachtet Wünschbaren zu bringen.

M&S: Ihre Auffassung von Religiosität ist eher nicht an die kultischen Praktiken der Religionen gebunden. Solche »Seinsfrömmigkeit« als Lebenshaltung beseelt auch viele Pädagogen, die mit ihren Jugendlichen in der Natur arbeiten. Was halten Sie eigentlich davon, ein unvertrautes Umfeld als Lernort anzubieten?

John Dewey: Es ist höchst langweilig, die Nase in das Vertraute, Alltägliche, Automatische zu stecken, nur um es bewußt zu machen. Nichts ist so uninteressant als der Zwang, bewußt bei dem Gewohnten zu verweilen. Lehrmethoden, die diese Tendenz haben, zerstören vorsätzlich das Interesse.

M&S: Aber der bloße Kitzel des Neuen, ist das nicht etwas wenig?

John Dewey: Lehrer, die gehört haben, daß sie Dinge, die abseits von der Erfahrung des Schülers liegen, vermeiden sollen, sind nicht selten über das lebhafte Interesse überrascht, das Problemen zuteil wird, die über den Gesichtskreis des jungen Menschen hinausgehen, während sie sich dem Vertrauten gegenüber teilnahmslos verhalten. Im Geographieunterricht zeigt sich das Kind der Ebene wi-

Ein Interview mit John Dewey

der Erwarten unempfänglich für die geistigen Werte der vertrauten Landschaft, aber es wird durch alles gefesselt, was mit dem Meer und den Bergen zusammenhängt. Lehrer, die vergeblich versucht hatten, von ihren Schülern ausführliche Beschreibungen über wohlbekannte Dinge zu erhalten, finden sie oft mit Eifer bereit, über etwas Erhabenes oder Erdachtes zu schreiben. Eine gebildete Frau, die ihre Erlebnisse als Fabrikarbeiterin niederschrieb, machte den Versuch, einigen jungen Arbeiterinnen »Little Woman« in ihrer Freizeit zu erzählen. Sie fanden wenig Gefallen an der Geschichte. »Das Leben dieser Mädchen« – war ihr Einwand – »ist nicht interessanter als unser eigenes«, und sie wollten von Millionären und führenden Persönlichkeiten der Gesellschaft hören. Ein Mann, der die geistigen Verhältnisse der Arbeiter studierte, die mechanische Arbeit zu verrichten haben, fragte eine junge schottische Arbeiterin in einer Baumwollspinnerei, an was sie während des Tages dächte. Sie antwortete, daß, sobald sie die Maschine in Gang gesetzt habe, sie in Gedanken einen Herzog heirate, und für den Rest des Tages male sie dann ihr Schicksal aus.

Solche Bespiele werden hier nicht angeführt, um zu einer Lehrmethode zu ermutigen, die dem Bedürfnis nach Sensation entgegenkommt, nach dem Außergewöhnlichen oder Unverständlichen. Sie wollen nur darauf hinweisen, daß das Vertraute und das Nahe das Denken nicht anregen oder Freude an der geistigen Tätigkeit hervorrufen, sondern nur dann, wenn sie dazu dienen, etwas Fremdartiges, Entferntes zu meistern.

M&S: Ihre Orientierung an der Tätigkeit im Lernprozeß – birgt sie nicht die Gefahr, Kinder zu früh und ausschließlich in Arbeitsprozessen aufzureiben?

John Dewey: Ausschließliches Interesse an dem Resultat macht Arbeit knechtisch. Darunter verstehen wir eine Tätigkeit, bei der das Interesse an dem Ergebnis nicht die Mittel durchdringt, die dazu führen sollen, das Ergebnis zu errеichen. Dort, wo wir Fronarbeit begegnen, verliert der Prozeß für den Ausführenden jeden Wert. Es handelt sich für ihn einzig und allein um den Lohn, der ihn erwartet. Die Arbeit selbst, die Betätigung seiner Kräfte ist ihm verhaßt und nur ein notwendiges Übel, dessen er sich bedienen muß. Nun ist es ja ein Gemeinplatz, daß auf dieser Welt viele Dinge gemacht werden müssen, deren Ausführung an und für sich nicht interessant ist. Trotzdem geht man fehl zu glauben, es sei gut, Kinder zu unliebsamer Arbeit anzuhalten, unter der Motivierung, daß sie auf diese Weise unangenehme Pflichten erfüllen lernen. Dieser Zwang führt nicht zu treuer Pflichterfüllung, sondern zum Flüchten, Ausweichen, Drücken. Die Bereitwilligkeit, wenig zusagende Mittel zur Erreichung eines Zieles zu verwenden, kann am besten erlangt werden, wenn man den Wert des angestrebten Zieles so steigert, daß auch auf die Mittel zu seiner Verwirklichung ein Teil des Wertes übergeht.

M&S: Liegt hier nicht ein echtes Problem für den Transfer – wenn wir nur anhand des Fremdartigen gern lernen?

43

Ein Interview mit John Dewey

John Dewey: Das Entfernte liefert den Stimulus, das Motiv – das Nahe den Zugang und die verfügbaren Hilfsmittel. Dieses Prinzip kann auch in die folgende Form gekleidet werden: Das beste Denken kommt zustande, wenn das Leichte und das Schwere im richtigen Verhältnis stehen.

M&S: Wie kann der Lehrer das bewerkstelligen?

John Dewey: Manchem Lehrer gelingt es, Begeisterung zu erzeugen, große Ideen zu vermitteln, Energien zu wecken. Aber das allein genügt nicht. Seine Künstlerschaft ist erst bewiesen, wenn der Ansporn zu größeren Dingen, den er so gegeben hat, sich in Kräfte umsetzen läßt, welche die Herrschaft der Mittel zur Ausführung gewährleisten, in Aufmerksamkeit für die Einzelheiten. Gelingt das nicht, so verebbt der Eifer, das Interesse stirbt ab, die Idee wird gestaltlos, verschwommen. Oft werden manuelle Fertigkeiten, technisches Können entwickelt. Aber auch das ist nicht alles. Wenn diese Schulung nicht mit einer Erweiterung des geistigen Blickfeldes Hand in Hand geht und mit der Fähigkeit, die endgültigen Werte besser zu erkennen, und mit einem Verständnis für Ideen, für Prinzipien – dann wird das Ergebnis nur eine Form der Geschicklichkeit sein, die man wahllos für jeden Zweck verwendet.(...) Zu Zielen inspirieren und sie mit den Mitteln, die zu ihrer Erreichung dienen, in Einklang zu bringen, das ist die schwere, aber lohnende Aufgabe des Lehrers.

M&S: Trotzdem wollen Kinder oft nur spielen und Unfug treiben...

John Dewey: Bei Kindern und auch bei Tieren finden wir einen eingeborenen Hang zum Unsinn. Diese Neigung ist nicht ausschließlich von Übel, denn sie bewahrt zumindest davor, die ausgetretenen Wege zu gehen; aber dort, wo sie wuchert, führt sie zur Zersplitterung und wirkt zersetzend. Das einzige Mittel, diese Gefahr zu vermeiden, ist, selbst in das freieste Spiel irgendeine Zielsetzung einzuführen.

M&S: Für Friedrich Schiller war der Mensch nur da ganz Mensch, wo er spielt...

John Dewey: Es ist aber möglich, spielerische und ernsthafte Haltung zu verbinden, ja, dies ist sogar die ideale geistige Haltung. Im freien Spiel der Gedanken über irgendein Thema manifestiert sich die geistige Neugierde, bewegliches und vorurteilsloses Denken. Diese Erkenntnis soll jedoch nicht zum Tändeln mit Gedanken ermutigen, sondern Interesse an der geistigen Tätigkeit um ihrer selbst willen entwickeln und das Denken von den Fesseln der Gewohnheit und der vorgefaßten Meinungen befreien.

M&S: Gewohnheiten, da sind wir uns sicher einig, sind aber doch notwendig zum puren Überleben, wir können und dürfen nicht immer nur »kreativ« sein.

John Dewey: Das Denken muß für Neues aufgespart werden, für das, was unsicher, unentschieden, problematisch ist.

M &S: Ja, aber sind Gewohnheiten dann nur Leerläufe des Lebens, purer Stillstand?

John Dewey: Nun wächst bei einem Lebewesen, das zur Gewohnheitsbildung neigt, die Anzahl der Bedürfnisse und der neuen Beziehungen zu der Welt um es herum. Jede Gewohnheit verlangt angemessene Bedingungen für ihre Ausübung, und wenn Gewohnheiten zahlreich und komplex sind, wie beim menschlichen Organismus, bedarf es der Suche und des Experiments, um diese Bedingungen herauszufinden; der Organismus ist gezwungen, Variationen durchzuspielen, und setzt sich Irrtum und Enttäuschung aus. Es scheint paradox, daß die gewachsene Fähigkeit, Gewohnheiten zu bilden, auch gewachsene Beeindruckbarkeit, Empfindlichkeit und Reaktionsbereitschaft bedeutet. Daher bezeichnet die Fähigkeit, viele und verschiedene Routinen zu beherrschen, eine hohe Sensitivität, eine Explosionsfähigkeit, selbst wenn wir Gewohnheiten für nichts anderes als erstarrte Routinen halten. Dadurch steht eine alte Gewohnheit, ein starres ausgefahrenes Gleis, wenn man übertreiben will, dem Prozeß, eine neue Gewohnheit zu bilden, entgegen, während die Tendenz, eine neue zu bilden, eine alte Gewohnheit unterbricht. Das führt zu Instabilität, zu Neuheit, zur Emergenz unerwarteter und unvoraussagbarer Kombinationen. Je mehr ein Organismus lernt – das heißt, je mehr die früheren Endpunkte historischer Prozesse beibehalten und in die gegenwärtige Phase integriert werden –, desto mehr hat er zu lernen, um sich selbst beweglich zu halten; andernfalls drohen Tod und Katastrophe.

M &S: Ein sehr interessanter, ungewöhnlicher Aspekt. Das klingt wie Chaosforschung im psychosozialen Feld. Wenn sich aber eine Pädagogik dem Hier und Jetzt verschreibt und jeder prozessuale Verlauf solchen Unwägbarkeiten ausgesetzt ist, woher nehmen wir dann noch Maßstäbe für Fortschritt und Rückschritt?

John Dewey: Die Gegenwart ist etwas Verwickeltes und enthält eine Menge von Verhaltensformen und Trieben in sich. Sie dauert, ist ein Handlungsverlauf, ein Prozeß, der vieles einschließt, Erinnern, Beobachten, Vorausschauen, einen Drang nach vorwärts, einen Blick rückwärts. Ein Schauen auswärts. Sie ist von moralischer Bedeutung, weil sie einen Übergang bezeichnet, entweder in der Richtung nach einem umfassenderen und klareren Handeln oder nach der des Nichtssagenden und Verworrenen. Der Fortschritt ist ein in der Gegenwart sich vollziehender Neuaufbau mit einem Mehr von Fülle und Gliederung des Sinns. Rückschritt ist eine sich in der Gegenwart vollziehende Minderung von Sinn, Bestimmtheit und Sicherheit.

M &S: Diese Unbestimmbarkeit unterscheidet das, was Kant praktische und theoretische Vernunft nennt.

John Dewey: Die charakteristische Eigenart praktischen Handelns, die ihm derart innewohnt, daß sie nicht ausgrenzbar erscheint, liegt in der Unsicherheit, die es begleitet. Sie bewirkt, daß wir sagen müssen: Handle, aber handle auf deine eigene Gefahr.

M&S: Schon aus juristischen Gründen wird dieser Satz viele Pädagogen befremden.

John Dewey: Vollkommene Sicherheit ist der Wunsch des Menschen. Sie kann im praktischen Tun und Machen nicht gefunden werden; diese betreffen eine ungewisse Zukunft und schließen Gefahr, das Risiko des Scheiterns, des Mißerfolgs und Versagens ein.

M&S: Sie sprechen da mit den Punkten Sicherheit und Mißerfolg zwei für Erlebnispädagoginnen und -pädagogen besonders heikle Punkte an. Wichtige Theoretiker behaupten gar, Lernen geschehe zumeist unbewußt und sei nur über Erfolgserlebnisse zu vermitteln.

John Dewey: Es wird dem Denken genau so verhängnisvoll, wenn man es vermeidet, die stets wiederkehrenden Ursachen von Irrtümern und Mißerfolgen bewußt zu machen, wie es ein unnötiges Ans-Licht-zerren dessen ist, was von selbst reibungslos arbeitet. Es ist ebenso schädlich, zu sehr zu vereinfachen, das Neue um rascher Fertigkeiten willen auszuschalten, Hindernissen aus dem Weg zu gehen, nur um Fehler zu vermeiden, wie zu einem Fortschritt all dessen zu drängen, was der Schüler weiß, und jeden Schritt auf dem Weg zu einem Ergebnis ausdrücklich nennen zu lassen. Dort wo der Schuh drückt, ist analytisches Prüfen angezeigt. Wenn ein Problem endgültig zum Abschluß gebracht werden soll, um mit Hilfe dieser Kenntnisse weitere Probleme zu lösen, dann ist sorgfältiges Systematisieren und Zusammenfassen unerläßlich. Am Anfang darf bei der Behandlung des Stoffes ein großes Maß an freiem und unbewußtem Gedankenspiel gestattet werden, sogar wenn Gefahr besteht, daß einige planlose Experimente damit verbunden sind. In einem späteren Stadium soll man zu bewußter Formulierung und kritischem Zusammenfassen ermutigen. Planen soll mit Überlegen, Vorwärtsgehen mit Rückschau halten abwechseln. Das Unbewußte verleiht Spontaneität und Frische, das Bewußte gibt Gewißheit und übt eine Kontrolle über den Denkprozeß aus.

M&S: Sie plädieren für ein ausgeglichenes Verhältnis zwischen bewußten und unbewußten Anteilen im Lernen?

John Dewey: Bewußtes Denken vollzieht sich im Rahmen dessen, was stillschweigend vorausgesetzt wird. Aber die Tatsache, daß die Reflexion von einem Problem ausgeht, macht *an einem bestimmten Punkt* ein bewußtes Prüfen und Untersuchen des vertrauten Hintergrundes nötig. Wir müssen uns gewissen, unbewußten Voraussetzungen zuwenden und sie bewußt machen.

M&S: Helmut Schreier, der einige Ihrer Texte ins Deutsche übersetzt hat, damit Sie bei uns mehr gelesen würden, schrieb über Ihr Denken: »Wie bei einem Baum gibt es Stamm und Hauptäste und Verzweigungen, eine Kontinuität der Teile, bei der keines unverbunden bliebe, separat stünde – Wissenschaft und Moral und Ästhetik und Religion sind hier miteinander verbunden, aufeinander bezogen, aneinander reflektiert.« Sie haben sich auch ausführlich mit Staatstheorie und den Herausforderungen und Problemen der Demokratie befaßt. Natürlich interessieren uns Ihre Ansichten auch aus pädagogischer Perspektive, zumal den heutigen Jugendlichen vorgeworfen wird, unpolitisch und desinteressiert zu sein. Sie ziehen sich ins Private zurück...

John Dewey: Es besteht (...) keine notwendige Verbindung zwischen dem privaten Charakter einer Handlung und ihrem asozialen oder antisozialen Charakter. Überdies kann das Öffentliche nicht mit dem gesellschaftlich Nützlichen identifiziert werden.

M&S: Ist wohl alles schon politisch, weil der Mensch ein Gemeinschaftstier ist?

John Dewey: Den Ursprung des Staates damit zu erklären, daß man sagt, der Mensch ist ein politisches Tier, bedeutet, sich in einem verbalen Kreis zu bewegen. (...) Der Versuch, den Staat oder irgendeine gesellschaftliche Einrichtung aus streng »psychologischen« Werten abzuleiten, steht wirklich zur Diskussion. Die Berufung auf einen Herdeninstinkt, um soziale Arrangements zu erklären, ist das herausragendste Beispiel dieses faulen Trugschlusses. Menschen laufen aber nicht zusammen und vereinigen sich zu größeren Massen wie Quecksilbertropfen, und wenn doch, dann wäre das Ergebnis kein Staat noch irgendeine andere Form menschlicher Assoziation.

M&S: Damit mögen Sie recht haben. Wodurch aber wird nach Ihrer Auffassung eine private Handlung öffentlich?

John Dewey: Wenn A und B ein Gespräch miteinander führen, ist die Aktion eine Trans-Aktion. (...) Aber wahrscheinlich gehen die nützlichen oder schädlichen Folgen nicht über A und B hinaus, die Handlung liegt zwischen ihnen, sie ist privat. Wenn sich jedoch herausstellt, daß die Folgen der Unterhaltung über die zwei direkt Betroffenen hinausgehen, daß sie das Wohl vieler anderer beeinflussen, dann bekommt die Handlung einen öffentlichen Charakter, ob das Gespräch nun von einem König und seinem Premierminister oder von Catilina und einem Mitverschwörer geführt wird, oder von Kaufleuten, die die Monopolisierung eines Marktes planen.

M&S: Bedeutet das für den Staat nicht, daß er nie zu stabilen Verhältnissen kommt, wenn die Mitwirkungsmöglichkeiten nicht klar auf die staatlichen Gewalten und Organe begrenzt ist?

John Dewey: Ein Staat ist aber schon von Natur aus immer etwas, das geprüft, erforscht und nach dem gesucht werden muß. Beinahe sobald seine Form stabilisiert ist, muß er erneuert werden.

Ein Interview mit John Dewey

M & S: Sie haben die Konkurrenz der Systeme, die heute zugunsten der westlichen Welt entschieden scheint, ja unmittelbar miterlebt, Sie haben Rußland und China aufgesucht und mit ihrem eigenen, amerikanischen System verglichen. Welche ist die beste aller Staatsformen, Herr Dewey?

John Dewey: Nur formal können wir sagen, welcher der beste Staat wäre. Von den konkreten Tatsachen, von der wirklichen und konkreten Organisation und Struktur her, gibt es keine Staatsform, von der behauptet werden kann, daß sie die beste ist: zumindest nicht, bis die Geschichte zu Ende ist und man alle ihre mannigfaltigen Formen übersehen kann. Die Bildung von Staaten muß ein experimenteller Prozeß sein. Dieser Versuchsprozeß kann mit verschiedenen Graden von Blindheit und Zufall vonstatten gehen, und mit den Kosten ungeregelter Verfahren der Erprobung, des Umhertastens und Herumtappens, ohne Einsicht in das, worauf die Menschen hinauswollen, ohne klare Kenntnis dessen, was einen guten Staat ausmacht, selbst dann, wenn er erreicht ist. Oder er verläuft intelligenter, weil er vom Wissen über die Bedingungen, die erfüllt sein müssen, geleitet wird. Aber auch dann ist er noch immer experimentell.

M & S: Von Ihrer ganzen Geisteshaltung her sind Sie Demokrat. Wo liegen für Sie die Hauptschwierigkeiten der Demokratie?

John Dewey: Es ist keine leichte Angelegenheit, aus der für die Demokratie charakteristischen Forderung genug Autorität zum Handeln zu erhalten, derzufolge die Bedingungen derart beschaffen sein sollten, daß die Potenzen der menschlichen Natur befähigt werden, ein Stadium der Fruchtbarkeit zu erreichen. Weil dies nicht leicht ist, ist der demokratische Weg der schwerste. Er ist der Weg, bei dem der größten Zahl von Menschen die größte Last der Verantwortung auferlegt wird.

M & S: Demokratie wird heute gern mit schrankenlosem Kapitalismus verwechselt. Hängen beide Systeme denn notgedrungen zusammen?

John Dewey: Die Idee einer prästabilierten Harmonie zwischen dem bestehenden sog. kapitalistischen Regime und der Demokratie ist ein solch absurdes Stück metaphysischer Spekulation, wie es die menschliche Geschichte nur je hervorgebracht hat.

M & S: In den neuen Bundesländern herrscht oft großes Entsetzen über Eigentümer, die sich trotz schlechter Wirtschafts- und Lebensbedingungen in ihrem Umfeld bereichern. Schnell werden da Rufe nach Verstaatlichung laut.

John Dewey: Man hört oft von Sozialisten, die mit dem gegenwärtigen Wirtschaftsregime zu Recht unzufrieden sind, daß »die Industrie aus den Privathänden genommen gehört«. Man erkennt, was sie meinen: daß sie nicht mehr vom Verlangen nach privatem Profit gelenkt werden darf und zum Nutzen der Produzenten und Konsumenten arbeiten soll, anstatt zum Vorteil von Finanziers und

Aktionären abgezweigt zu werden. Aber man fragt sich verwundert, ob jene, die so schnell mit diesem Ausspruch dabei sind, sich gefragt haben, in welche Hände die Industrie denn gegeben werden soll? In die der Öffentlichkeit? Die Öffentlichkeit verfügt aber leider über keine anderen Hände als die einzelner menschlicher Wesen.

M &S: In Deutschland war viele Jahre die gleiche Regierung an der Macht. Die Menschen scheinen dem Pochen auf politische Beständigkeit vor jeder Veränderung den Vorzug zu geben.

John Dewey: Der Glaube an politische Beständigkeit, an die Heiligkeit einer durch die Anstrengungen unserer Väter gesegneten und durch Tradition geweihten Staatsform ist einer der Stolpersteine auf dem Weg zu einem geregelten und gerichteten Wandel; er ist eine Einladung zu Revolte und Revolution.

M &S: Selbst davon sind wir heute wohl weit entfernt. Breite gesellschaftliche Veränderungen haben sich ereignet, aber nirgends zeichnet sich eine echte innere Erneuerung ab. Man reagiert mit alten Strategien auf neue Anforderungen...

John Dewey: Die meisten Menschen wehren sich gegen eine Störung ihrer Gewohnheiten, der Gewohnheiten des Glaubens nicht weniger als des äußeren Handelns. Eine neue Idee *ist* eine Verunsicherung allgemein anerkannter Überzeugungen; anders wäre es keine neue Idee. Damit ist nur gesagt, daß die Erzeugung neuer Ideen eine ausgesprochen private Leistung darstellt. Ungefähr das Höchste, was man vom Staat verlangen kann – wenn man die bisherigen Staaten zum Maßstab nimmt – ist, daß er sich mit ihrer Hervorbringung ohne unzulässige Einmischung abfindet.

M &S: Halten Sie es denn eher mit einer Politik der freien Marktwirtschaft oder der staatlichen Regulierung?

John Dewey: Auch ihr Wert ist an ihren Folgen zu messen. Die Folgen wechseln mit den konkreten Bedingungen; deshalb kann zu einer Zeit an einem Ort ein hohes Maß an staatlicher Aktivität angezeigt sein und zu anderer Zeit eine Politik der Beruhigung und des *Laissez faire*.

M &S: Viel Politikverdrossenheit entsteht wohl auch durch die Langeweile und geistige Trägheit, die die Repräsentanten des Staates zumeist ausstrahlen...

John Dewey: Es ist jedoch absurd, von der Öffentlichkeit zu erwarten, weil sie, in welchem lobpreisenden Sinne auch immer, der Staat genannt wird, daß sie sich über das intellektuelle Niveau ihrer durchschnittlichen Wählerschaft erhebt.

M &S: Welche Rolle spielen da die Erziehungsinstanzen? Wie bereitet man auf verantwortliches Handeln in menschlicher Gemeinschaft vor?

John Dewey: Lernen, menschlich zu sein, bedeutet, durch das Geben und Nehmen der Kommunikation einen tatsächlichen Sinn dafür zu entwickeln, ein individuell unterschiedliches Mitglied einer Gemeinschaft zu sein; eines, das ihre Überzeugungen, Sehnsüchte und Methoden versteht und würdigt, und das zu einer weiteren Umwandlung organischer Kräfte in menschliche Mittel und Werte beiträgt. Aber diese Übersetzung wird nie beendet sein. Der alte Adam, das unverbesserliche Element der menschlichen Natur, bleibt bestehen.

M &S: Auch die zunehmende Erforschung der menschlichen Psyche und Sozialisationsformen können da nicht weiterhelfen?

John Dewey: Natürlich hat sich die Menge des Wissens, über das die Menschheit verfügt, ungeheuer vermehrt, aber die Wissensvermehrung kann sich wahrscheinlich nicht mit der Zunahme der zugleich verbreiteten Irrtümer und Halbwahrheiten messen. Besonders in sozialen und menschlichen Angelegenheiten hat die Entwicklung eines kritischen Sinns und von Methoden differenzierten Urteilens mit dem Anwachsen nachlässiger Berichte und von Motiven für wirkliche Fehldarstellungen nicht Schritt gehalten.

M &S: Sie glauben also auch nicht, daß eine verfeinerte Psychologie zu Entwicklung verbesserter Erziehungsmethoden beitragen könnte.

John Dewey: Denn das vermehrte Wissen über die menschliche Natur würde die Beschaffenheit der menschlichen Natur direkt und auf unvorhersehbare Weise verändern und zur Notwendigkeit neuer Regulierungsmethoden führen, und so fort in alle Ewigkeit.

M &S: Ganz wie in der Heisenbergschen Unschärferelation: der Beobachtende beeinflußt das Ergebnis der Beobachtung. Kommen wir noch einmal zurück auf Ihren Erfahrungsbegriff. Ist er nicht eine ebenso leere Abstraktion wie alle philosophischen Begriffe? Was gibt er uns für die Praxis?

John Dewey: Philosophen, Erfahrungs-Philosophen sogar, haben meistens über die Erfahrung in einem generellen Sinn gesprochen. Die Umgangssprache dagegen meint Erfahrungen, von denen jede singulär ist, mit einem eigenen Anfang und Ende. Denn das Leben ist kein einförmiger Gang und Fluß. Es ist eine Angelegenheit, die aus Geschichten besteht, von denen jede ihre eigene Dramaturgie aufweist, für sich eigens anhebt und auf einen Abschluß hinausläuft, in einer besonderen rhythmischen Bewegung.

M &S: Wie aber teilen sich solche Erfahrungen mit? Haben wir empirische Instrumente dafür?

John Dewey: Zwei Männer treffen aufeinander; der eine bewirbt sich um eine berufliche Stellung, und der andere besitzt die Verfügungsgewalt über diese Stelle. Das Vorstellungsgespräch möge mechanisch verlaufen, aus vorgegebenen Fragen mit Antworten bestehen, die den Bewerbungsfall schematisch entscheiden. Es ist dies dann keine Erfahrung, innerhalb derer die beiden einander begegnen würden, – nichts geschieht, das nicht eine Wiederholung wäre, nach dem Muster der Annahme und Ablehnung, die Wiederholung einer dutzendfach geschehenen Sache (...) Und doch mag sich dabei ein Wechselspiel ereignen, innerhalb dessen sich eine neue Erfahrung entwickelt. Wo sollen wir nach dem Bericht über eine solche Erfahrung suchen? Nicht in Kontenbüchern und auch nicht in Abhandlungen über Ökonomie und Soziologie oder Betriebspsychologie, sondern in der Dramen- und Romanliteratur. Die Art und Bedeutung derartiger Erfahrungen läßt sich nur mit den Mitteln der Kunst erfassen, weil ihr eine Einheitlichkeit zugrundeliegt, die selbst nur in Gestalt einer Erfahrung auszudrücken ist.

M&S: Wir wußten gar nicht, daß Sie der Ästhetik so hohen Wert beimessen. Aber spielt das für uns Pädagogen eine Rolle? Wir haben es doch eher mit moralischen als mit ästhetischen Frage zu tun.

John Dewey: Die griechische Gleichsetzung guten Verhaltens mit einem Verhalten voll Form und Stil, Gefälligkeit und Harmonie, *kalon-agathon*, liefert ein naheliegendes Beispiel für die deutliche ästhetische Qualität moralischen Handelns. Ein großer Fehler dessen, was als moralisches Handeln gemeinhin gilt, liegt in seinem Verzicht auf einen ästhetischen Anspruch.

M&S: Ihre Philosophie zielt auf Erziehung als durchdachte Erfahrung. Im ureigensten Sinn sind Sie dabei Philosoph geblieben, trotz allen Engagements für pädagogische Fragen nicht zum Pädagogen geworden. Wollen Sie auch zum Denken selbst erziehen?

John Dewey: Wie alles Kostbare und Seltene ist sie (die Wissenschaft) künstlich geschützt worden; und durch diesen Schutz ist sie enthumanisiert und zum Eigentum einer Klasse gemacht worden. Wie kostbare Juwelen von Jade und Perlen nur wenigen gehören, so ist es mit den Juwelen der Wissenschaft. Die philosophischen Theorien, die die Wissenschaft auf einen Altar in einen Tempel gelegt haben, der fern von den Künsten des Lebens ist, dem man sich nur unter eigentümlichen Riten annähern darf, sind ein Teil der Technik, sich ein abgeschlossenes Monopol des Glaubens und der intellektuellen Autorität zu bewahren.

M&S: Worin besteht für Sie der besondere Wert des Denkens?

John Dewey: Denken ist eine Kunst *par excellence*; Wissen und Aussagen, die Produkte des Denkens sind, sind Kunstwerke, genauso wie Statuen und Symphonien. Jede der aufeinanderfolgenden Stufen des Denkens ist eine Konklusion, in der sich die Bedeutung dessen, was zu ihr geführt hat, verdichtet; und sobald sie formuliert ist, gleicht sie einem Licht, das auf andere Dinge ausstrahlt – wenn sie nicht ein Nebel ist, der sie verdunkelt.

M&S: Und demgegenüber der Künstler?

John Dewey: Ja, da sich mit Wörtern auf mechanische Weise leicht manipulieren läßt, erfordert die Herstellung eines echten Kunstwerks wahrscheinlich mehr Intelligenz als das meiste von dem, was unter denen als Denken bezeichnet zu werden pflegt, die sich etwas darauf zugute halten, daß sie »Intellektuelle« seien.

M & S: Ihre Worte bestärken uns darin, der Ästhetik ein größeres Gewicht in der Erziehung einzuräumen. Sie ist nicht bloßes Beiwerk. Aber unsere Leser werden noch mehr als das wissen wollen, was für Sie die Grundlage jeder funktionierenden Gemeinschaft darstellt.

John Dewey: In ihrem tiefsten und reichsten Sinn muß eine Gemeinschaft immer eine Sache des Verkehrs von Angesicht zu Angesicht bleiben. Das ist der Grund, weshalb die Familie und die Nachbarschaft, bei all ihren Fehlern , immer die Hauptkräfte der Erziehung geblieben sind –, die Mittel, durch die Anlagen ausgeprägt und Ideen erworben werden, welche Wurzeln im Charakter schlagen.

M & S: Und das heißt für die demokratische Gesellschaft…

John Dewey: Die Demokratie muß zu Hause beginnen, und ihr Zuhause ist die nachbarliche Gemeinschaft.

M & S: Man spürt, daß Sie aus einer ländlichen Gemeinschaft stammen, in der diese Ideale reifen konnten. Trotzdem war es sicher für einen kulturell und geistig interessierten Menschen wie Sie nicht leicht, auf dem Land zu leben.

John Dewey: Bevor wir die Bewohner der Landregionen in den Tagen vor der Erfindung moderner Kommunikationsmittel zu sehr bedauern, sollten wir uns daran erinnern, daß sie über die Dinge, die ihr eigenes Leben betrafen, mehr wußten, als der Stadtbewohner von heute über die Ursachen seiner Angelegenheiten wissen kann. Sie verfügten über nicht annähernd so viele Informationsdaten, aber sie waren auch gezwungen, die Bedingungen zu kennen, im Sinne von Verstehen, die sich auf den Gang ihres Tuns auswirkten. Heute sind die Einflüsse, die sich auf die Handlungen von Individuen auswirken, so weit entfernt, daß man sie nicht kennt. Wir sind Ereignissen ausgeliefert, die uns auf unvorhergesehene, plötzlich und gewaltsame Weise überfallen.

M & S: - Oh, in einer viertel Stunde beginnt Ihr Vortrag! Wir hätten Sie nicht so lange aufhalten sollen! Haben Sie trotzdem noch ein Schlußwort für uns, Herr Dewey?

John Dewey: Jenes Glück, das voller Zufriedenheit und Ruhe ist, findet sich nur in dauerhaften Verbindungen mit anderen, die so tief reichen, daß sie unter die Oberfläche der bewußten Erfahrung gehen, um deren unerschütterliches Fundament zu bilden. Keiner weiß, wie viel von der schäumenden Aufgeregtheit des Lebens, der Bewegungsmanie, von der mürrischen Unzufriedenheit, dem Verlangen nach künstlichen Reizen der Ausdruck einer wilden Suche nach etwas ist, das die Leere füllen soll, welche durch die Lockerung der Bande verursacht wurde, die Menschen in der unmittelbaren Gemeinschaft der Erfahrung zusammenhalten.

Ein Interview mit John Dewey

M &S: Herr Dewey, herzlichen Dank für das Gespräch und alles Gute für Ihren Vortrag bei unserer Tagung!

Alle Zitate nach:

John Dewey: Erziehung durch und für Erfahrung. Eingel., ausgewählt und kommentiert von Helmut Schreier. Stuttgart 1986
Ders.: Erfahrung und Natur. Frankfurt a.M. 1995
Ders.: Die Öffentlichkeit und ihre Probleme. Bodenheim 1996

Daß der Mensch »glücklich« sei, ist im Plan der »Schöpfung« nicht enthalten.

Mit Sigmund Freud auf der Couch

Sigmund Freud
* 6. 5. 1856 Freiberg / Mähren
† 23. 9. 1939 London
Arzt, Begründer der Psychoanalyse, Kulturtheoretiker

Mit Sigmund Freud auf der Couch

Pädagogik, Gesellschaftswissenschaft, Politologie, Literaturwissenschaft, Ethnologie, Philosophie – sie alle sind in ihrer heutigen Form nicht denkbar ohne die revolutionäre Kulturleistung, die Sigmund Freud mit der Begründung der Psychoanalyse vollbrachte. Mit biografischen Informationen ging Freud geizig um und schirmte sein äußerlich ereignisarmes Gelehrtenleben gegen Neugierige ab. Vieles erschloß sich jedoch aus seiner umfangreichen Korrespondenz.

Sigmund Freud war der Erstgeborene der dritten Ehe seines Vaters Kallamon Jacob, einem galizischen Tuchhändler, mit Amalie Nathanson. Zugleich war er jedoch jüngster Sproß dieser Familienzusammenführung, hatte einen Vater, der sein Großvater und Halbbrüder, die seine Väter hätten sein können. Beide Eltern waren jüdischen Glaubens. Zum Judentum sollte sich auch Sigmund Freud trotz seiner radikal antimetaphyischen und antireligiösen Einstellung zeitlebens bekennen.

Seit 1873 studierte Freud Medizin bei dem Physiologen Wilhelm von Brücke und dem Hirnanatomen Theodor Meynert in Wien, wohin die Familie schon 1859 gezogen war. Sechs Jahre lang, von 1876–1882, arbeitete er an Brückes Institut und anschließend bis 1885 am Wiener Allgemeinen Krankenhaus, wo er sich zum Neuropathologen spezialisierte und die Ernennung zum Privatdozenten für Nervenkrankheiten erhielt. Ein Stipendium erlaubte ihm, sich an der Pariser Salpêtrière bei dem berühmten Psychiater Jean-Martin Charcot weiterzubilden. Hier kam Freud erstmals in näheren Kontakt mit dem Krankheitsbild der Hysterie, die er jedoch, anders als Charcot, nicht rein medizinisch, sondern psychologisch auffassen sollte.

In den folgenden Jahren nach seiner Rückkehr mußte Freud eine lange Durststrecke wissenschaftlicher Isolation und allgemeiner Ablehnung durchstehen. 1986 eröffnete Freud eine Privatpraxis und verheiratete sich mit seiner langjährigen Verlobten Martha Bernays, die ihm sechs Kinder gebären sollte. Seine jüngste Tochter, Anna Freud, sollte als seine Schülerin später die Kinderpsychoanalyse zu einem wichtigen Instrumentarium der Pädagogik machen. Mit dem Arzt Josef Breuer publizierte er, ausgehend von der Fallstudie der »Anna O.«, die »Studien über Hysterie«, das Buch, mit dem der Anfangspunkt der Psychoanalyse markiert werden kann. Hier begründete Freud seine Auffassung vom sexuellen Ursprung der Neurosen, die ihn in Gegensatz zu Breuer brachte. Wichtig für die Dokumentation der Entwicklung von Freuds Denken und Forschen ist der Briefwechsel mit dem Berliner HNO-Arzt Wilhelm Fließ, indem sich die Grundzüge der Psychoanalyse, wie die Lehre vom Unbewußten, Verdrängung, Widerstand und die Bedeutung des Traumes für das Verständnis unbewußter Vorgänge ausbreiten. Die »Traumdeutung« setzte Freud in Gegensatz zu den physiologischen Auffassungen, die im Traum nur Reflexe und neurologische Reaktionen erkennen mochten, während Freud in ihm den Königsweg zum Unbewußten erblickte. Auch mit dieser Arbeit, von der sich Freud den Durchbruch erhofft hatte, blieb er noch isoliert. Dennoch arbeitete er, unterstützt von einer kleinen Schar Anhänger, an seiner neuen Wissenschaft unbeirrt weiter. Erst die kommenden Schriften »Zur Psychopathologie des Alltagslebens«, »Drei Abhandlungen zur Sexualtheorie« und »Der Witz und seine Beziehung zum Unbewußten« sollten den Durchbruch bringen. Freud gewann wichtige Anhänger, so seinen späteren Biografen Ernest Jones und C.G. Jung, den Ungarn Sándor Ferenczi und Otto Rank. Seit 1902 traf sich in Freuds Wohnung die »Psychologische Mittwochsgesellschaft«, zu der auch Lou Andreas-Salomé gehörte. 1908 fand in Salzburg der erste »Internationale Psychoanalytische Kongreß« statt, und ein Jahr später unternahm Freud mit Ferenczi und Jung eine Reise in die Vereinigten Staaten, die ein voller Erfolg wurde. Von 1910 bis 1914 leitete C.G. Jung die »Internationale Psychoanalytische Vereinigung«, bis Jung sich schließlich von Freuds Lehre abwandte und mit seiner antirationalistischen Archetypenlehre eine eigene Richtung begründete.

Die Phase der Etablierung der Psychoanalyse war auch Freuds schriftstellerisch produktivste Phase, in der nicht nur einige seiner bedeutendsten Arbeiten über Neurosen, sondern verschiedene kulturtheoretische Schriften entstanden, in denen er die psychoanalytischen Erkenntnisse auf bildende Kunst und Literatur anzuwenden suchte.

Der erste Weltkrieg, in dem drei seiner Söhne Militärdienst leisten mußten, führte zu einer Umverlagerung der Akzente in Freuds Denken. Er setzte sich intensiv mit dem Wesen der menschlichen Aggression auseinander und konstituierte neben den sexuellen Triebstrebungen und den Selbsterhaltungstrieben einen stets mitwebenden Todestrieb, der darauf abziele, alles Lebende in anorganischen Zustand zurückzuversetzen. (»Jenseits des Lustprinzips«)

In Freuds religions- und kulturkritischem Spätwerk wird seine Hinwendung von der streng naturwissenschaftlichen Medizin und Psychologie zu Philosophie und Kulturtheorie deutlich. (»Der Mann Moses und die monotheistische Religion«)

1933 wurde Freuds Werk von den Nazis öffentlich verbrannt. Nach dem Anschluß Österreichs an das Deutsche Reich 1938 wurde Freuds Familie nach London in die Emigration gezwungen, wo Freud ein Jahr später an Krebs starb. Seine Tochter Anna, die ihm in den letzten Lebensjahren als Assistentin und Krankenpflegerin zur Seite gestanden war, eröffnete dort 1941 ein Kriegskinderheim.

Mit Sigmund Freud auf der Couch

M &S: Sehr geehrter Herr Freud, wir danken Ihnen, daß sie sich heute die Zeit genommen haben, um uns aus Ihrer Sicht das Problem darzulegen, welche Rolle die Psychoanalyse in einer der derzeit avanciertesten und zugleich strittigsten Erziehungsmethoden spielen kann: in der Erlebnispädagogik. Dabei wollen wir besonders das therapeutische Feld, worin die Erlebnispädagogik als Erlebnistherapie eine immer größere Rolle spielt, in den Blick nehmen.

Worin sehen Sie denn das Hauptproblem für den Erlebnistherapeuten, der ja oft genug in erster Linie vom Berufsbild des Bergführers herkommt?

Sigmund Freud: Das Merkwürdigste ist, daß der Patient nicht dabei bleibt, den Analytiker im Lichte der Realität zu betrachten als den Helfer und Berater, den man überdies für seine Mühewaltung entlohnt und der sich selbst gern mit der Rolle etwa eines Bergführers auf einer schwierigen Gebirgstour begnügen würde, sondern daß er in ihm eine Wiederkehr – Reinkarnation – einer wichtigen Person aus seiner Kindheit, Vergangenheit erblickt und darum Gefühle und Reaktionen auf ihn überträgt, die sicherlich diesem Vorbild gegolten haben.

M &S: Welche Schulung würde Sie denn therapeutisch arbeitenden Erziehern angedeihen lassen, um auf diesem Feld gerüstet zu sein?

Sigmund Freud: Überlegt man nun die schwierigen Aufgaben, die dem Erzieher gestellt sind, die konstitutionelle Eigenart des Kindes zu erkennen, aus kleinen Anzeichen zu erraten, was sich in seinem unfertigen Seelenleben abspielt, ihm das richtige Maß von Liebe zuzuteilen und doch ein wirksames Stück Autorität aufrechtzuerhalten, so sagt man sich, die einzig zweckmäßige Vorbereitung für den Beruf des Erziehers ist eine gründliche psychoanalytische Schulung. Am besten ist, wenn er selbst analysiert worden ist, denn ohne Erfahrung an der eigenen Person kann man sich die Analyse doch nicht zueigen machen.

M &S: Bevor wir uns genuin therapeutischen Fragen zuwenden, einiges zur Erziehung allgemein: Nach einer langen Phase antiautoritär geprägter Erziehungsformen zeichnet sich heute ein deutlicher Umschwung ab, für den auch die Erlebnispädagogik steht. Man traut sich wieder wertorientierte Erziehung zu. Wie stehen Sie zu dieser Wertorientierung und dem damit einhergehenden Systemkonformismus?

Sigmund Freud: Es ist – und gewiß mit Recht – gesagt worden, jede Erziehung sei eine parteiisch gerichtete, strebe an, daß sich das Kind der bestehenden Gesellschaftsordnung einordne, ohne Rücksicht darauf, wie wertvoll oder wie haltbar diese an sich sei. Wenn man von den Mängeln unserer gegenwärtigen sozialen Einrichtungen überzeugt ist, kann man es nicht rechtfertigen, die psychoanalytisch gerichtete Erziehung noch in ihren Dienst zu stellen. Man muß ihr ein anderes, höheres Ziel setzen, das sich von den herrschenden sozialen Anforderungen frei gemacht hat. Ich meine aber, dies Argument ist hier nicht am Platz. Die Forderung geht über die Funktionsberechtigung der Analyse hinaus. (...) Die psychoanalytische Erziehung hat das ihre getan, wenn sie ihn möglichst gesund und leistungsfähig entläßt. In ihr selbst sind genug revolutionäre Momente enthalten, um zu versichern, daß der von ihr Erzogene im späteren Leben sich nicht auf die Seite des Rückschritts und der Unterdrückung stellen wird. Ich meine sogar, revolutionäre Kinder sind in keiner Weise wünschenswert.

M&S: Erlebnispädagogik orientiert sich an humanistischen Bildungsidealen. Welche Orientierung geben Sie, Herr Freud?

Sigmund Freud: Die Erziehung hat also ihren Weg zu suchen zwischen der Scylla des Gewährenlassens und der Charybdis des Versagens. Wenn die Aufgabe nicht überhaupt unlösbar ist, muß ein Optimum für die Erziehung aufzufinden sein, wie sie am meisten leisten und am wenigsten schaden kann. Es wird sich darum handeln zu entscheiden, wieviel man verbieten darf, zu welchen Zeiten und mit welchen Mitteln. Und dann hat man noch in Rechnung zusetzen, daß die Objekte der erziehlichen Beeinflussung sehr verschiedene konstitutionelle Veranlagungen mitbringen, so daß das nämliche Vorgehen des Erziehers unmöglich für alle Kinder gleich gut sein kann.

M&S: Oft sind es gar nicht im eigentlichen Sinn Erzieher oder Lehrer, die Kinder und Jugendliche lehren. Die Erlebnispädagogik bedient sich nicht zuletzt der »Lehrmeisterin Natur«, die richtiges Verhalten belohnt, falsches bestraft. Wie schätzen Sie ihren Einfluß auf die Erziehung ein?

Sigmund Freud: Es ist wiederum die Versagung der Realität, oder wenn wir ihr den richtigen großen Namen geben, die *Not* des Lebens: die ananke. Sie ist eine strenge Erzieherin gewesen und hat viel aus uns gemacht. (...) Nun ist es sehr beachtenswert, daß Sexualtriebe und Selbsterhaltungstriebe sich nicht in gleicher Weise gegen die reale Not benehmen. Die Selbsterhaltungstriebe und alles, was mit ihnen zusammenhängt, sind leichter zu erziehen; sie lernen es frühzeitig, sich der Not zu fügen und ihre Entwicklungen nach den Weisungen der Realität einzurichten. (...) Die Sexualtriebe sind schwerer erziehbar, denn sie kennen zu Anfang die Objektnot nicht. Da sie sich gleichsam schmarotzend an die anderen Körperfunktionen anlehnen und am eigenen Körper autoerotisch befriedigen, sind sie dem erziehlichen Einfluß der realen Not zunächst entzogen, und sie behaupten diesen Charakter der Eigenwilligkeit, Unbeeinflußbarkeit, das, was wir »Unverständigkeit« nennen, bei den meisten Menschen in irgendeiner Hinsicht durchs ganze Leben. Auch hat die Erziehbarkeit einer jugendlichen Person in der Regel ein Ende, wenn ihre Sexualbedürfnisse in endgültiger Stärke erwachen. Das wissen die Erzieher und handeln danach; aber vielleicht lassen sie sich durch die Ergebnisse der Psychoanalyse noch dazu bewegen, den Hauptnachdruck der Erziehung auf die ersten Kinderjahre, vom Säuglingsalter an, zu verlegen. Der kleine Mensch ist oft mit dem vierten oder fünfte Jahr schon fertig und bringt nur allmählich zum Vorschein, was bereits in ihm steckt.

Mit Sigmund Freud auf der Couch

M &S: Gerade ist in der Erlebnispädagogik wird es jedoch schwierig sein, in diese frühen Lebensjahre zurückzugehen, da das kleine Kind noch nicht mit den objektiven Gefahren der Natur umzugehen weiß. Wie beurteilen Sie das Problem?

Sigmund Freud: Von richtiger Realangst scheint das Kind wenig mitzubringen. In allen Situationen, die später die Bedingungen von Phobien werden können, auf Höhen, schmalen Stegen über dem Wasser, auf der Eisenbahnfahrt und im Schiff, zeigt das Kind keine Angst, und zwar um so weniger, je unwissender es ist. Es wäre wünschenswert, wenn es mehr von solchen lebensschützenden Instinkten mitbekommen hätte; die Aufgabe der Überwachung, die es daran verhindern muß, sich einer Gefahr nach der anderen auszusetzen, wäre dadurch sehr erleichtert. In Wirklichkeit überschätzt das Kind anfänglich seine Kräfte und benimmt sich angstfrei, weil es die Gefahren nicht kennt. Es wird an den Rand des Wassers laufen, auf die Fensterbrüstung steigen, mit scharfen Gegenständen und mit dem Feuer spielen, kurz alles tun, was ihm Schaden bringen und seinen Pflegern Sorge bereiten muß. Es ist durchaus das Werk der Erziehung, wenn endlich die Realangst bei ihm erwacht, da man ihm nicht erlauben kann, die belehrende Erfahrung selbst zu machen.

M &S: Wir müssen also in der Erlebnispädagogik zu einem späteren Zeitpunkt ansetzen. Sehen Sie Parallelen zur Psychoanalyse?

Sigmund Freud: Die Aufdeckung und Übersetzung des Unbewußten geht unter beständigem *Widerstand* von Seiten des Kranken von sich. Das Auftauchen dieses Unbewußten ist mit Unlust verbunden, und wegen dieser Unlust wurde es immer wieder zurückgewiesen. In diesen Konflikt im Seelenleben des Kranken greifen Sie nun ein; gelingt es ihnen, den Kranken dazu zu bringen, daß er aus Motiven besserer Einsicht etwas akzeptiert, was er zufolge der automatischen Unlustregulierung bisher zurückgewiesen (verdrängt) hat, so haben Sie ein Stück Erziehungsarbeit an ihm geleistet. Es ist ja schon Erziehung, wenn Sie einen Menschen, der nicht gern frühmorgens das Bett verläßt, dazu bewegen, es doch zu tun. Als eine solche *Nacherziehung zur Überwindung innerer Widerstände* können Sie nun die psychoanalytische Behandlung ganz allgemein auffassen.

M &S: In der Erlebnistherapie wird zunehmend mit Metaphern gearbeitet, die prägende Erinnerungen aufrufen sollen, um so zu Verhaltensänderungen zu gelangen. Sehen Sie nicht die Gefahr, daß Therapeuten allzu leichtfertig den Klienten ihre Konstruktionen überstülpen könnten?

Sigmund Freud: Der Weg, der von der Konstruktion des Analytikers ausgeht, sollte in der Erinnerung des Analysierten enden; er führt nicht immer so weit. Oft genug gelingt es nicht, den Patienten zur Erinnerung des Verdrängten zu bringen. Anstatt dessen erreicht man bei ihm durch korrekte Ausführung der Analyse eine sichere Überzeugung von der Wahrheit der Konstruktion, die therapeutisch dasselbe leistet, wie eine wiedergewonnene Erinnerung.

Mit Sigmund Freud auf der Couch

M & S: Der Erlebnispädagogik ergeht es ähnlich wie der Psychoanalyse in ihren Konsolidierungsjahren: von den Anhängern hochgeschätzt, von den Gegnern verteufelt. Hat der Mangel an Anerkennung Ihrer Meinung nach Auswirkungen auf den therapeutischen Erfolg?

Sigmund Freud: Um die Vermehrung unserer therapeutischen Chancen zu ermessen, wenn sich das allgemeine Vertrauen uns zuwendet, denken sie an die Stellung des Frauenarztes in der Türkei und im Abendlande. Alles, was dort der Frauenarzt tun darf, ist, an dem Arm, der ihm durch ein Loch in der Wand entgegengestreckt wird, den Puls zu fühlen. Einer solchen Unzugänglichkeit des Objektes entspricht auch die ärztliche Leistung.

M & S: Bei den Jugendlichen, die unsere Programme durchlaufen, stellen wir häufig eine tiefgreifende Lebensunzufriedenheit fest. Worin liegt dies aus psychoanalytischer Sicht begründet?

Sigmund Freud: Es ist, wie man merkt, einfach das Programm des Lustprizips, das den Lebenszweck setzt. Dies Prinzip beherrscht die Leistung des seelischen Apparates von Anfang an; an seiner Zweckdienlichkeit kann kein Zweifel sein, und doch ist sein Programm im Hader mit der ganzen Welt, mit dem Makrokosmos ebensowohl wie mit dem Mikrokosmos. Es ist überhaupt nicht durchführbar, alle Einrichtungen des Alls widerstreben ihm; man möchte sagen, die Absicht, daß der Mensch »glücklich« sei, ist im Plan der »Schöpfung« nicht enthalten.

M & S: Kann es – jenseits dieser generellen Faktoren – nicht auch sein, daß die Erziehung an den Jugendlichen in entscheidender Weise versagt hat?

Sigmund Freud: Daß sie dem jungen Menschen verheimlicht, welche Rolle die Sexualität in seinem Leben spielen wird, ist nicht der einzige Vorwurf, den man gegen die heutige Erziehung erheben muß. Sie sündigt außerdem darin, daß sie ihn nicht auf die Aggression vorbereitet, deren Objekt er zu werden bestimmt ist. Indem sie die Jugend mit so unrichtiger psychologischer Orientierung entläßt, benimmt sich die Erziehung nicht anders, als wenn man Leute, die auf eine Polarexpedition gehen, mit Sommerkleidern und Karten der oberitalienischen Seen ausrüsten würde.

M & S: Ein Hauptproblem, mit dem wir immer wieder konfrontiert sind, ist die hemmungslose Aggressivität, die sich oft schon im Kindesalter in erschreckender Weise zeigt. Wie entsteht solches Verhalten?

Sigmund Freud: Der »übermäßig weiche und nachsichtige« Vater wird beim Kinde Anlaß zur Bildung eines überstrengen Über-Ichs werden, weil diesem Kind unter dem Eindruck der Liebe, die es empfängt, kein anderer Ausweg für seine Aggression bleibt als die Wendung nach innen. Beim Verwahrlosten, der ohne

Liebe erzogen wurde, entfällt die Spannung zwischen Ich und Über-Ich, seine ganze Aggression kann sich nach außen richten.

M &S: Hat hier das kulturleitende, christliche Ideal der Nächstenliebe versagt?

Sigmund Freud: Das Gebot »Liebe deinen Nächsten wie dich selbst« ist die stärkste Abwehr der menschlichen Aggression und ein ausgezeichnetes Beispiel für das unpsychologische Vorgehen des Kultur-Über-Ichs. Das Gebot ist undurchführbar; eine so großartige Inflation der Liebe kann nur deren Wert herabsetzen, nicht die Not beseitigen.

M &S: Viele Menschen, vor allem junge Menschen, sehen sich heute von Arbeitslosigkeit bedroht. Entsteht hier neben dem sozialen nicht auch ein immenses psychologisches Problem?

Sigmund Freud: Es ist nicht möglich, die Bedeutung der Arbeit für die Libidoökonomie im Rahmen einer knappen Übersicht ausreichend zu würdigen. Keine andere Technik der Lebensführung bindet den einzelnen so fest an die Realität als die Betonung der Arbeit, die ihn wenigstens in ein Stück der Realität, in die menschliche Gemeinschaft sicher einfügt. Die Möglichkeit, ein starkes Ausmaß libidinöser Komponenten, narzißtische, aggressive und selbst erotische, auf die Berufsarbeit und auf die mit ihr verknüpften menschlichen Beziehungen zu verschieben, leiht ihr einen Wert, der hinter ihrer Unerläßlichkeit zur Behauptung und Rechtfertigung der Existenz in der Gesellschaft nicht zurücksteht. Besondere Befriedigung gewährt die Berufsarbeit, wenn sie eine frei gewählte ist, also bestehende Neigungen, fortgeführte oder konstitutionell verstärkte Triebregungen durch Sublimierung nutzbar zu machen gestattet.

M &S: Kurt Hahn, erlebnispädagogischer Urvater, ging von einer kulturkritischen und -pessimistischen Haltung aus, um die Erlebnispädagogik als Therapeutikum zu installieren. Hat dieser moderne Rousseauismus seine Berechtigung?

Sigmund Freud: Auf welchem Weg sind wohl so viele Menschen zu diesem Standpunkt befremdlicher Kulturfeindlichkeit gekommen? Ich meine, eine tiefe Unzufriedenheit mit dem jeweiligen Kulturzustand stellte den Boden her, auf dem sich dann bei bestimmten historischen Anlässen eine Verurteilung erhob. (...) Die vorletzte Veranlassung ergab sich, als man im Fortschritt der Entdeckungsreisen in Berührung mit primitiven Völkern und Stämmen kam. Bei ungenügender Beobachtung und mißverständlicher Auffassung ihrer Sitten und Gebräuche schienen sie den Europäern eine einfaches und bedürfnisarmes Leben zu führen, wie es den kulturell überlegenen Besuchern unerreichbar war. Die spätere Erfahrung hat manches Urteil dieser Art berichtigt.

Mit Sigmund Freud auf der Couch

M &S: Es existiert eine erlebnispädagogische Strömung, die sich den allgemeinen Hang der Menschen zu Mystik und Okkultismus zueigen macht und den Schamanismus in die Erlebnispädagogik einführen will. Wie ist Ihre Einschätzung?

Sigmund Freud: Einer meiner Freunde, den ein unstillbarer Wissensdrang zu den ungewöhnlichsten Experimenten getrieben und endlich zum Allwisser gemacht hat, versicherte mir, daß man in den Yogapraktiken durch Abwendung von der Außenwelt, durch Bindung der Aufmerksamkeit an körperliche Funktionen, durch besondere Weisen der Atmung tatsächlich neue Empfindungen und Allgemeingefühle in sich erwecken kann, die er als Regressionen zu uralten, längst überlagerten Zuständen des Seelenlebens auffassen will. Er sieht in ihnen sozusagen eine physiologische Begründung vieler Weisheiten der Mystik. Beziehungen zu manchen dunklen Modifikationen des Seelenlebens, wie Trance und Ekstase, lägen hier nahe. Allein, mich drängt es, auch einmal mit den Worten des Schillerschen Tauchers auszurufen: »Es freue sich, wer da atmet im rosigen Licht.«

M &S: Reihen Sie hier auch die Versuche ein, die in erlebnispädagogischen Programmen die religiösen und metaphysischen Bedürfnisse der Menschen zu stillen versuchen?

Sigmund Freud: Es wird behauptet, daß jeder von uns sich in irgendeinem Punkte wie der Paranoiker benimmt, eine ihm unleidliche Seite der Welt durch eine Wunschbildung korrigiert und diesen Wahn in die Realität einträgt. Eine besondere Bedeutung beansprucht der Fall, daß eine größere Anzahl von Menschen gemeinsam den Versuch unternimmt, sich Glücksversicherung und Leidensschutz durch wahnhafte Umbildung der Wirklichkeit zu schaffen. Als solchen Massenwahn müssen wir auch die Religionen der Menschheit kennzeichnen. Den Wahn erkennt natürlich niemand, der ihn selbst noch teilt.

M &S: Sie wiesen darauf hin, daß der ganze Kosmos dem Glücksstreben des Menschen zuwider sei. Ist diese pessimistische Haltung ihr letztes Wort?

Sigmund Freud: Das Glück in jenem ermäßigten Sinn, in dem es als möglich erkannt wird, ist ein Problem der individuellen Libidoökonomie. Es gibt hier keinen Rat, der für alle taugt; ein jeder muß selbst versuchen, auf welche besondere Fasson er selig werden kann.

M &S: Herr Freud, wir danken Ihnen für dieses Gespräch.

Alle Zitate aus:

Sigmund Freud, Studienausgabe: »Vorlesungen zur Einführung in die Psychoanalyse Und Neue Folge«, Bd. I, »Das Unbehagen in der Kultur«, Bd. IX, »Schriften zur Behandlungstechnik«, Ergänzungsband. Frankfurt a. M. 1971

Kurt Hahns Verheißung

Ein respektloses und nicht ganz ernst gemeintes Interview

Kurt Hahn
* 5. 6. 1886 Berlin
† 14. 12. 1974 Ravensburg
Reformpädagoge, »Vater der Erlebnispädagogik«, Schulgründer, Bildungspolitiker

Ein respektloses Interview mit Kurt Hahn

Trotz seines lebenslangen, einflußreichen pädagogischen Wirkens und politischen Engagements war Kurt Hahn weder studierter Pädagoge, noch je politischer Mandatsträger. In seinem Denken und Wirken machen sich jedoch die Einflüsse der britischen demokratischen Tradition geltend, da England für den gebürtigen Deutschen Hahn eine wichtige Rolle spielte. Er war ein enger Vertrauter der letzten deutschen Reichskanzlers Max von Baden, der nur 40 Tage im Amt war und zwei Jahre nach seinen Abdanken mit Unterstützung Hahns die Schule Schloß Salem am Bodensee gründete. Hahn wurde charismatischer Leiter der Schule, der sein Umfeld, Schüler und Kollegen, von seinen Zielen zu überzeugen verstand. Inspiriert durch Platons »Politeia« wollte Hahn den mündigen Bürger für den harmonischen Staat. Von seinem Ansatz kann man ihn als pädagogischen Pragmatiker beschreiben, der sich aus den unterschiedlichen Reformbestrebungen das herauspickte, was ihm geeignet und erprobt schien. Hahn argumentierte, man unterziehe sich ja auch keiner Operation, wenn der Chirurg mit der Neuheit und Ausgefallenheit der Operationsmethode werbe. Es ging ihm also nicht um eine originelles, kohärentes Konzept. Der charismatische Erzieher war letzte Instanz der Persönlichkeitsbildung. Neben Platon nahm Hahn Anregungen aus Goethes »Wilhelm Meister« auf, ebenso die Versuche der »pädagogischen Provinz«, die den überforderten Eltern die Erziehungsarbeit abnimmt und in ein Besseres ummünzt. (Pestalozzis Erziehungsanstalten und die Landerziehungsheime)

Auf ihn geht die Gründung der Outward Bound Bildungsstätten zurück. Mit ihren Berg- und Seenotrettungsübungen, Feuerwehreinsätzen und Hilfsdiensten bei den umliegenden Bauernhöfen beschreiten sie den Weg einer nach außen gewandten, zielgerichteten Pädagogik. Hahn bezeichnete sein Erziehungsmodell als »Erlebnistherapie« gegen die vier von ihm diagnostizierten Verfallserscheinungen »Mangel an menschlicher Anteilnahme, Mangel an Sorgsamkeit, Verfall der körperlichen Tauglichkeit, Mangel an Initiative und Spontaneität«. Dagegen sollten die heilenden Kräfte des einfachen Lebens in der Natur gesetzt werden.

Mit dem Reeder Laurence Holt gründete Hahn während der Nazizeit im britischen Exil die erste Kurzzeitbildungsstätte an der Westküste von Wales in Aberdovey. Den Namen »Outward Bound« steuerte Holt bei. Er wurde früher für ein zum Auslaufen bereites Schiff verwendet. Teilnehmer der vierwöchigen Kurse waren vor allem 16–20jährige Schüler aus Schulen und Firmen.

Was waren die vier Elemente der Erlebnistherapie? 1. Körperliches Training, 2. Expedition mit intensiver Planungs- und Vorbereitungsphase, 3. Projekt im Anschluß an die amerikanische Projektmethode des Pragmatismus und 4. Dienst am Nächsten, besonders in Form von Hilfs- und Rettungseinsätzen.

Hahn ist in seinem Wesen ein zur Differenzierung unfähiger Moralist, der eine scharfe Scheidung von Gut und Böse pädagogisch funktionalisiert. Das Thema Sexualität blieb in seiner Pädagogik mit der gleichen Konsequenz ausgeblendet, mit der Hahn versuchte, seine eigene Homosexualität zu verbergen.

Ein respektloses Interview mit Kurt Hahn

M & S: Lieber Herr Hahn, wir haben uns hier auf ihren Wunsch hin an diesem hübschen, kleinen See im Berliner Hinterland getroffen, das ja erfreulicherweise seit der Wiedervereinigung allen Erholungssuchenden zugänglich ist.

Kurt Hahn: Wer den Geistersee mit dem Gönnerblick des berliner Naturschwärmers streift, als wollte er sagen: »ganz nett« aber gar nichts gegen *Lago magjore*, dem ist er nicht gnädig. All sein Glanz sinkt auf den Grund, und seine schlechten Geister steigen herauf, mürrische Gesellen, die legen ihre Arme eiskalt um die Seele des Fremden. Wer aber seine Blicke willig und sanft in das graue Wasser versenkt, dem schlägt er tausend silberne Augen auf und blinkt ihm ins Herz hinein.

M & S: Ich muß zugeben, ich habe mich diesem scheinbar recht magischen Ort ohne die rechte Einstimmung genähert, denn ich kann mich noch nicht so ganz einfühlen. Aber ihr Eindruck sei ihnen unbenommen! Doch bei der Hitze lockt einen das kühle Naß zum erfrischenden Bad, finden Sie nicht?

Kurt Hahn: Man hat jenem armen See böse mitgespielt. Bei Mondschein fahren Motorboote mit krächzenden Grammophonen wie toll auf ihm herum, grüne und rote Scheinwerfer peitschen mit ihren grellen Lichtern seine Wasser, Kegelklubs poltern am Ufer – er hat alles still geduldet – nur wird er immer seichter und trüber und einmal im Jahre – im Monat August – rächt er sich durch einen fürchterlichen Gestank. Wehe dem, der dann in ihm badet, grün und schlammig steigt er heraus und riecht lange nach dem zürnenden Wasser.

M & S: Ein wahrer Geistersee, der solche Rache nimmt.

Kurt Hahn: Wenn im September die weißen Nebel von der Rehwiese heraufschweben und sich im Dorfe niederkauern, dann ist's, als rückten die grauen Häuser eng aneinander wie fröstelnde Kinder, und zagende Stimmen raunen von Haus zu Haus, alle hören sie, keiner versteht sie recht.

M & S: So, so, keiner versteht sie recht... Klingt ja ganz schön unheimlich. Dabei liegt dieses Dorf recht idyllisch hier am See. Bestimmt kommen viele Berliner Ausflügler hier her.

Kurt Hahn: Immer dichter schmiegen sich Dorf und See aneinander. Es ist wie ein schweigendes Bündnis gegen den Lichtschein Berlins, der so scharf durch ihre Nächte schneidet.

M & S: Ja, der Moloch der Stadt. Sie waren ja immer dagegen, daß Kinder in der Stadt aufwachsen. Warum?

Kurt Hahn: Wenn sie ihre Kindheit zu Hilfe rufen, dann soll es ihnen nicht vor den Augen kribbeln und krabbeln.

M & S: Dürfen wir uns einmal der Vergangenheit zuwenden. Wir interessieren uns natürlich für Ihr pädagogisches Wirken. Schließlich gelten Sie, der Gründer von Outward Bound, vielen als Übervater der Erlebnispädagogik. Waren Sie denn Ihren Schülern ein väterlicher Typ?

Kurt Hahn: Sie wollen mir ja beichten, aber das erste Wort, das ist so schwer und das mach ich ihnen leicht, und nachher geht es ihnen schon glatt von den Lippen, und weinend kommen sie zu mir, aber weinend gehen sie nicht weg, wenn ich es so will.

M &S: Das freut uns zu hören. Wo erzogen werden soll, gibt es augenscheinlich immer viel zu beichten. Aber entscheidend ist freilich das Vertrauensverhältnis und die Verständigung. Da sagt man Ihnen ja wahre Wunderdinge nach, sie hätte mit Tieren gesprochen wie einst der Heilige Franz! Stimmt das? War das schön?

Kurt Hahn: Ja, wunderschön, und wie Hektor und ich in dem Wetter beide so allein in der Nacht waren, da verstanden wir ordentlich, was wir zueinander sagten.

M &S: Es muß sich um ein heftiges Gewitter gehandelt haben, daß es Ihnen solche Ausnahmezustände bescherte. Können Sie sich denn noch an die genaueren Umstände erinnern?

Kurt Hahn: Es ist schon lange her, aber ich weiß noch alles, ob ich will oder nicht.

M &S: Erzählen Sie uns davon!

Kurt Hahn: Wenn's im Gebirge gewittert, dann mögen sich wohl trotzige Berge in die Wolken hineinrecken: »Tanzt nur, ihr Wetter, euren wilden Tanz, ihr tanzt ihn uns zu Ehren.«

Aber ein leises, hilfloses Jammern zieht durch das stille Havelland, wenn die bösen Wetter es schlagen.

M &S: Was hat Sie denn bei solchen heftigem Unwetter nach draußen getrieben?

Kurt Hahn: Die Sonne war hinter dem Wald versunken, schon tauchten die kupfernen Stämme in das grüne Dunkel, als wollten sie schlafen gehen, und lockten noch müde: »Komm mit uns in den schwarzen Wald hinein.«

M &S: Ja, wer den Verlockungen der Natur zu sehr vertraut...

Kurt Hahn: Der See weinte leise in den Wald hinein: »Mir ist bange wie dir, du kleines Menschenkind.«

M &S: Aber da Ihnen der Aufenthalt im Wald so vertraut war, überwanden Sie ihre Angst, nicht wahr?

Kurt Hahn: Denn die Kiefern hielten treue, strenge Wacht.

M &S: Hier gibt es ja jetzt eine Reihe von Ausflugslokalen. Wie sah es denn an diesem See früher aus?

Ein respektloses Interview mit Kurt Hahn

Kurt Hahn: Zu seiner Rechten, am Rande, streckten sich lange Reihen dürrer Kiefern hin, unlustig in Farbe und Wuchs, so nahe die Bäume standen, sie wollten nichts voneinander wissen und konnten sich nicht zu einem Wald zusammenfinden. Aber am fernen Ende der Heide, da wuchs ein mächtiger, breiter Forst in schwacher, gleichmäßiger Steigung; wie ausgebreitete Riesenarme senkte es sich von der Höhe und umspannte viel Tausende starker Kiefern, die legten ihre Köpfe sanft aneinander.

Der Himmel strahlte in klarem Gelb. Lange blaue und blutrote Wolkenschlangen glitten über ihn. Zwei einsame Kiefern ragten trotzig und wild in ihn hinein, unter ihnen aber dehnte sich der Wald in langem, friedlichem Zuge.

M &S: Der Dichter Oskar Loerke schrieb einst: »Was hörst Du in der Wurzeln Kammern? / Es greint? – Das ist Dein eignes Jammern.« Ihnen ist die ganze Natur scheinbar ein sprechendes Buch. Gut, daß sich dieser heftige Wind etwas gelegt hat. Man verstand ja sein eigenes Wort kaum.

Kurt Hahn: Da war dem Wind der Atem ausgegangen wie einem Kind, das ulkend und lachend in die Kirche läuft, plötzlich fühlt, wo es ist, und erschrocken verstummt, – so schwieg der Wind.

M &S: Nun ja, man könnte es sicher auch prosaischer ausdrücken, aber wenn Sie so wollen... Kommen wir auf Ihre Kurzschulen zu sprechen. Was brachte Sie denn dazu, sich von der hergebrachten Schulpädagogik abzuwenden? Für den Gelehrten alter Prägung hatten Sie nicht viel übrig, wie uns scheint.

Kurt Hahn: Seine Glieder hatten verlernt, seinen Wallungen gerecht zu werden, aber bewegen mußte er sie doch, geradeso wie der Unmusikalische singt oder pfeift, wenn er innerlich erregt ist.

M &S: Wir erinnern uns – die körperliche Ertüchtigung der Jugend lag Ihnen am Herzen. Wenn Sie sich einmal den jungen Kurt Hahn: vergegenwärtigen: aus welcher Intuition speiste er sein pädagogisches Konzept?

Kurt Hahn: Am liebsten sah er sich durchgehenden Pferden in den Weg stürzen. Krach brachen seine Rippen entzwei, mit dem Leben kam er noch immer grad davon, und wenn die geretteten Menschen ihm dankten, würde er immer nur sagen: »Ich habe meine Pflicht getan«.

M &S: Zu Pferden hatten Sie schon immer ein besonderes Verhältnis...

Kurt Hahn:(...) du hast es schon vergessen, aber ich spüre es noch, was es heißt, so ein starkes Tier zwischen den Beinen zu haben und dann ohne Steigbügel über die Wiesen zu hetzen, daß der Wind durch Roß und Reiters Mähnen pfeift und Roß und Reiter um die Wette jauchzen.

M &S: Bemerkenswert! Da stellt sich uns doch die Frage, worin sehen Sie heute den Ursprung des Dienstideals, das seither die Outward Bound Schulen in aller Welt prägt? Was haben Sie sich damals gedacht?

Kurt Hahn: Lieber Gott, laß morgen einen ins Wasser fallen und mich dabei sein, damit ich ihn retten kann.

M &S: Klingt ja alles ganz schön martialisch...

Kurt Hahn: Du darfst die keimende Männlichkeit nicht künstlich zurückdrängen.

M &S: Oh, das liegt mir fern. Sie sagten einmal »The destiny of character is shaped outside the classroom.« Welche Grundüberzeugung war denn mit ihrer Pädagogik verbunden, woran hat die Kurzschule glauben lassen?

Kurt Hahn: Doch ein anderer Glaube war mit ihr geboren und gewachsen, der Glaube an die Macht der Menschen, ihr Schicksal zu finden, wie ihr Wesen es fordert.

M &S: Ach ja, to serve, to strive and not to yield, oder so ähnlich... Trat die Outward Bound Schule denn selbstbewußt auf?

Kurt Hahn: Da strahlte ihr eine neue Verheißung entgegen, und sie fühlte, die Erfüllung stünde bei ihr und bei niemand sonst auf der Welt.

M &S: Bei allem Respekt, aber aus heutiger Sicht gibt es sicherlich gleichrangige Institute. War es damals schwierig, Schüler zu finden? Geben Sie doch ein typisches Akquisitionsgespräch wieder.

Kurt Hahn: «Wieviel hast du mit?«

»Fünf.«

»Alles Jungen.«

»Ja.«

»Rein damit«

M &S: Es zieht allmählich ein Wetter auf, Sie wissen schon, wie damals... Machen wir uns auf den Rückweg.

Kurt Hahn: Aber gerade von der Mitte des Stamms da läuft in breitem Winkel ein wuchtiger Ast bis dicht auf die Erde, als will er die Menschen heraufholen: »Heißa, ist das ein Kletterbaum.«

M &S: Also wenn Sie sich nicht beherrschen können, dann steigen Sie schon rauf!... Jetzt ist's aber genug, es fallen schon die ersten Tropfen! Na, wir können ja um die Wette laufen... Puh, ich bin ganz außer Atem... ich hätte nicht ge-

Ein respektloses Interview mit Kurt Hahn

dacht, daß Sie auf Ihre alten Tage noch so rennen können! Ich dachte, ich hänge Sie ab...

Kurt Hahn: ...aber dreißig Meter vor dem Ziel bin ich schneller gelaufen als ich kann...

M &S: Sagenhaft! Jetzt aber schnell ins Trockene! Ah, ein schönes Haus, in dem Sie hier wohnen.

Kurt Hahn: (...) die Halle aber war von dem vorigen Besitzer arg mißhandelt worden und hatte mit eingemauerten, vergoldeten Gipsamoretten, die sich wie getretene Würmer wandten, zur Zerstörung und eigener schaffender Arbeit aufgefordert. Als die Decke von grünlichem Stuckwerk gesäubert war, traten zwölf uralte, eichene Balken ans Licht, die die ganze Länge der Halle durchliefen.

M &S: Haben Sie in den Kurzschulen eigentlich auch Abenteuerspiele eingesetzt? Geben Sie uns doch ein Beispiel für unsere Sammlung!

Kurt Hahn: Jeden Abend zog eine Rotte von Jungen und Mädchen auf die Heide, sie stellten sich in einer Reihe auf und warteten, bis die Sonne hinter dem Wald versinken wollte, dann rannten sie los. Das nannten sie mit der Sonne Wette laufen. Wer allen voran in den Wald sprang, der war am nächsten Tage Häuptling.

M &S: Na, ob das zur Aufnahme in unsere Spielsammlung reicht... Darf ich einmal ganz offen zu ihnen sein? Als Pädagoge ist ihr Ruhm ja unumstritten, aber ihre Erzählung »Frau Elses Verheißung« ist einfach bodenlos...

Kurt Hahn: Ich will wissen, warum der Aufsatz schlecht ist, ich will es wissen.

M &S: Na, hängen Sie Ihr Herz nicht so dran! Geben Sie uns noch ein letztes Wort mit auf den Weg?

Kurt Hahn: Grinse nicht deinem Lachen nach und winsle nicht deinen Tränen nach.

Alle Zitate aus:

Kurt Hahn: Frau Elses Verheißung. München 1910

Vieles am Seienden vermag der Mensch nicht zu bewältigen

Mit Martin Heidegger im Gespräch

Martin Heidegger
* 26.9.1889 Meßkirch bei Sigmaringen
† 26.5.1976 Freiburg i. Br.
Philosoph

Mit Martin Heidegger im Gespräch

Martin Heidegger, ältester **Sohn** des katholischen Mesners von Meßkirch, war zum Theologen bestimmt. Nach vier Semestern Theologiestudium wechselte er jedoch zum Studium der Philosophie, der Mathematik und der Naturwissenschaften. Zunächst bekam er aushilfsweise eine Stelle in der philosophischen Lehre bei den Freiburger Theologen. 1919 gab er diese auf und wechselte als Privatdozent und Assistent zu dem führenden Vertreter der Phänomenologie, Edmund Husserl. Er lehrte in Marburg und zog mit seiner Lehre die führenden Köpfe seiner Zeit an.

Was die Radikalität der Fragestellung angeht, kann sich kein Philosoph des 20. Jahrhunderts mit Martin Heidegger messen. In einer grundsätzlichen Praxis der Lektüre und Auslegung durchforschte er die abendländische Philosophie nach ihren Antworten auf die Frage »was ist das Sein«. Diese abendländische Philosophie wurde ihm dabei grundlegend fragwürdig. Sein eigenes Denken verortete er in einer Zeit des Übergangs, die eben mehr Fragen als Antworten aufgebe. Sein unvollendetes Hauptwerk »Sein und Zeit«, das bereits 1927 erschien und seinem Lehrer Edmund Husserl gewidmet war, untersucht das Verhältnis zwischen dem Dasein, seiner Zeitlichkeit und dem Sein. Er wird damit zum führenden Kopf der phänomenologischen Bewegung und 1928 zum Nachfolger Husserls bestimmt.

Heidegger, dem alle sozialistischen und liberalistischen Tendenzen zutiefst zuwider waren, kompromittierte sich durch sein Engagement für den aus seiner Sicht Rang und Unterschied ins Recht setzenden Nationalsozialismus schwer. Als Rektor der Freiburger Universität setzte sich Heidegger für eine faschistische Revolution ein. Zwar brach er dieses direkte politische Engagement bald ab und kritisierte den Nazistaat als verfehlte Allmachtsbestrebung. Besonders in Frankreich, wo Heidegger nach dem Krieg viel stärker und positiver aufgenommen und diskutiert wurde als hierzulande, nahm sein Ansehen schweren Schaden, als in den 80er Jahren detailliert aufgedeckt wurde, wie tief Heidegger in die Machenschaften der Nazis verstrickt gewesen war. Eine »Heidegger-Kontroverse« spaltete die Zeitgenossen in jene, die überzeugt waren, auch sein Denken des Seins habe einen faschistoiden Grundzug, und jene, die hier grundsätzlich verschiedene Haltungen am Werk sahen und für eine Trennung von politischem und philosophischem Diskurs plädierten. Diese Kontroverse besteht in ihren Grundzügen bis heute fort und kann nicht als gelöst gelten.

In seinem Projekt der Destruktion der abendländischen Metaphysik schritt Heidegger zu einem Punkt fort, an dem das Denken, um weiter ins noch Ungedachte fortschreiten zu können, einer Verschwisterung mit dem Dichten und der Kunst bedarf. Sein Aufsatz über den »Ursprung des Kunstwerks« aus den 30er Jahren zeigt diese Wendung an. Wie Denken und Dichten zusammenhängen, faßt Heidegger in die Formel: »Der Denker sagt das Sein. Der Dichter nennt das Heilige«. Zur Quelle der Inspiration wurden ihm besonders die Hymnen Friedrich Hölderlins. Rilke, Trakl und den späten George versteht er als

Mit Martin Heidegger im Gespräch

zeitgemäßen Nachhall eines Dichtens in der Tradition dieses Bezeugens des Heiligen.

Heideggers Denken beeinflußte auch die Theologie tief. Seine Wendung, das Dasein sei Sein zum Tode, wurde vom Theologen Rudolf Bultmann, mit dem Heidegger in engem Kontakt stand, als existentiale Interpretation der christlichen Botschaft ausgedeutet. Die Existentialisten Sartres und Camus beriefen sich auf ihn, auch wenn er diese Vereinnahmung immer wieder als Mißverständnis bezeichnete. Innere Nähe zum Denken des Seins jenseits der abendländischen Dualismen entdeckte Heidegger in der Auseinandersetzung mit Laotse und ostasiatischen Denktraditionen.

Mit zwei Dichtern hatte Heidegger ein intensives, wenngleich gegensätzliches Verhältnis. Mit René Char, mit dem er die Leidenschaft für die Provence und Cézannes Mont Saint Victoire teilte, war er eng befreundet. Mit Paul Celan, dem jüdischen Dichter, der sich das Totengedächtnis und das Sagen des Unsagbaren angesichts des Grauens der Vernichtung des eigenen Volkes zur Aufgabe gemacht hatte, tauschte er mehr als zehn Jahre lang die Arbeiten aus, bevor Dichter und Denker sich begegnen sollten. Celans Gedicht »Todtnauberg«, das an dieses Ereignis erinnert, spricht aus einer unüberbrückbaren inneren Distanz.

Heideggers Analysen der philosophischen Klassiker sind bestechend und brillant. Mit Konsequenz deckt er die blinden Flecken der Überlieferung auf. Dennoch ist sein Stil oft esoterisch und dunkel, gerade weil er sich den herkömmlichen philosophischen Begriffskategorien verweigert, die Sprache der Dichter beschwört und Wörter aus ihrem etymologischen Ursprung heraus dem allgemeinen Sprachgebrauch zuwider versteht. Doch Heidegger ist überzeugt: »Das Befremdliche an diesem Denken des Seins ist das Einfache.«

M&S: Todtnauberg war sicher einmal weltabgeschieden und ein idealer Ort für einen Denker. Heute gibt es in Todtnauberg die erste permanente Downhillstrecke für Mountainbiker.

Martin Heidegger: Alle Arten der Steigerung der Geschwindigkeit, die wir heute mehr oder minder gezwungen mitmachen, drängen auf Überwindung der Entferntheit. Mit dem »Rundfunk« zum Beispiel vollzieht das Dasein heute eine in ihrem Daseinssinn noch nicht übersehbare Ent-fernung der »Welt« auf dem Wege einer Erweiterung und Zerstörung der alltäglichen Umwelt.

M&S: Wir hatten reichlich Scheu, Sie aufzusuchen, müssen wir zugeben. Nicht nur wegen der Aura, die Sie zweifellos umgibt, sondern auch, weil wir fürchten, daß Sie uns und unsere Leser mit der Tiefe ihres Denkens überfordern könnten. Wie würden Sie Ihre Philosophie charakterisieren?

Mit Martin Heidegger im Gespräch

Martin Heidegger: Sie ist die Wächterschaft, das heißt die Sorge für das Sein. Weil in diesem Denken etwas Einfaches zu denken ist, deshalb fällt es dem als Philosophie überlieferten Vorstellen so schwer. Allein das Schwierige besteht nicht darin, einem besonderen Tiefsinn nachzuhängen und verwickelte Begriffe zu bilden, sondern es verbirgt sich in dem Schritt-zurück, der das Denken in ein erfahrendes Fragen eingehen und das gewohnte Meinen der Philosophie fallen läßt.

M &S: Das klingt ja gar nicht so kompliziert und befremdlich.

Martin Heidegger: Das Befremdliche an diesem Denken des Seins ist das Einfache. Gerade dieses hält uns von ihm ab.

M &S: Herr Heidegger, für Sie ist die ureigenste Sache der Philosophie das Denken des Seins. Was können wir uns darunter vorstellen?

Martin Heidegger: Doch das Sein – was ist das Sein? Es ist es selbst. Dies zu erfahren und zu sagen, muß das künftige Denken lehren. Das »Sein« – das ist nicht Gott und nicht ein Weltgrund. Das Sein ist weiter denn alles Seiende und gleichwohl dem Menschen näher als jedes Seiende, sei dies ein Fels, ein Tier, ein Kunstwerk, eine Maschine, sei es ein Engel oder Gott. Das Sein ist das Nächste. Doch die Nähe bleibt dem Menschen am weitesten.

M &S: Aber über das Sein haben ja auch schon die alten Griechen nachgedacht. Macht denn die Philosophie gar keine Fortschritte?

Martin Heidegger: Daran läßt sich ermessen, wie es mit dem Fortschritt der Philosophie steht. Sie schreitet, wenn sie ihr Wesen achtet, überhaupt nicht fort. Sie tritt auf der Stelle, um stets das Selbe zu denken. Das Fortschreiten, nämlich fort von dieser Stelle, ist ein Irrtum, der dem Denken folgt als der Schatten, den es selbst wirft.

M &S: Sie wissen ja, daß wir uns besonderes für handlungsorientiertes Lernen interessieren.

Martin Heidegger: Wir bedenken das Wesen des Handelns noch lange nicht entschieden genug. Man kennt das Handeln nur als das Bewirken einer Wirkung. Deren Wirklichkeit wird geschätzt nach ihrem Nutzen. Aber das Wesen des Handelns ist das Vollbringen. Vollbringen heißt: etwas in die Fülle seines Wesens entfalten, in dieses Hervorgeleiten.

M &S: Das trifft vielleicht einen wesentlichen Punkt des pädagogischen Bemühens: nicht etwas erzwingen und bewirken, sondern Fähigkeiten und Möglichkeiten ans Licht bringen. Doch können wir etwas dafür tun, daß uns dieses Sein, das ja irgendwie verborgen ist, erscheint? Und was nützt uns das?

Mit Martin Heidegger im Gespräch

Martin Heidegger: Ob und wie es erscheint, ob und wie der Gott und die Götter, die Geschichte und die Natur in die Lichtung des Seins hereinkommen, an- und abwesen, entscheidet nicht der Mensch.

M &S: Ja, was hat dieses Denken dann für eine Bedeutung für uns, hängt es denn überhaupt mit dem Handeln zusammen?

Martin Heidegger: In welcher Beziehung steht nun das Denken des Seins zum theoretischen und praktischen Verhalten? Es übertrifft alles Betrachten, weil es sich um das Licht sorgt, in dem erst ein Sehen als Theoria sich aufhalten und bewegen kann. Das Denken achtet auf die Lichtung des Seins, indem es sein Sagen vom Sein als Behausung der Eksistenz einlegt. So ist das Denken ein Tun. Aber ein Tun, das zugleich alle Praxis übertrifft. Das Denken durchragt das Handeln und Herstellen nicht durch die Größe seines Leistens und nicht durch die Folgen eines Wirkens, sondern durch das Geringe seines erfolglosen Vollbringens.

M &S: Wo aber bleibt da die Aktion?

Martin Heidegger: Das Denken wird nicht erst dadurch zur Aktion, daß von ihm eine Wirkung ausgeht oder daß es angewendet wird. Das Denken handelt, indem es denkt.

M &S: Wenn Sie vom Sein sprechen, kommen immer wieder »die Götter« oder gar »Engel« vor. Ist das nicht reichlich irrational?

Martin Heidegger: Man beurteilt das Denken nach einem ihm unangemessenen Maß. Diese Beurteilung gleicht dem Verfahren, das versucht, das Wesen und Vermögen des Fisches danach abzuschätzen, wieweit er imstande ist, auf dem Trokkenen des Landes zu leben. Schon lange, allzu lang sitzt das Denken auf dem Trockenen. Kann man nun das Bemühen, das Denken wieder in sein Element zu bringen, Irrationalismus nennen?

M &S: Wohin ist dieses Denken dann unterwegs?

Martin Heidegger: Das Denken sammelt die Sprache in das einfache Sagen. Die Sprache ist so die Sprache des Seins, wie die Wolken die Wolken des Himmels sind. Das Denken legt mit seinem Sagen unscheinbare Furchen in die Sprache. Sie sind noch unscheinbarer als die Furchen, die der Landmann langsamen Schrittes durchs Feld zieht.

M &S: Ein poetisches Bild.

Martin Heidegger: Man kennt wohl manches über das Verhältnis der Philosophie und der Poesie. Wir wissen aber nichts von der Zwiesprache der Dichter und Denker, die »nahe wohnen auf getrenntesten Bergen«.

M & S: Hat ihre Philosophie dann auch ein besonderes Verhältnis zur Sprache, wenn sie die Dichtung so hoch schätzt?

Martin Heidegger: Die Sprache ist das Haus des Seins. In ihrer Behausung wohnt der Mensch.

M & S: Wie meinen Sie das?

Martin Heidegger: Die Sprache ist in ihrem Wesen nicht Äußerung eines Organismus, auch nicht Ausdruck eines Lebewesens. Sie läßt sich daher auch nie vom Zeichencharakter her, vielleicht nicht einmal aus dem Bedeutungscharakter wesensgerecht denken. Sprache ist lichtend-verbergende Ankunft des Seins selbst.

M & S: Ihre Worte haben etwas Eindringliches, das uns überzeugt, aber sie kommen uns auch recht fremd vor. Wir Pädagogen müssen uns immer um Verständlichkeit bemühen.

Martin Heidegger: Darum gerät die Sprache in den Dienst des Vermittelns der Verkehrswege, auf denen sich die Vergegenständlichung als die gleichförmige Zugänglichkeit von Allem für Alle unter Mißachtung jeder Grenze ausbreitet. So kommt die Sprache unter die Diktatur der Öffentlichkeit. Diese entscheidet im voraus, was verständlich ist und was als unverständlich verworfen werden muß.

M & S: Steht die Öffentlichkeit dem Denken im Weg? Interessiert sie sich überhaupt dafür?

Martin Heidegger: Sie regelt zunächst alle Welt- und Daseinsauslegungen und behält in allem Recht. Und das nicht aufgrund eines ausgezeichneten und primären Seinsverhältnisses zu den »Dingen«, nicht weil sie über eine ausdrücklich zugeeignete Durchsichtigkeit des Daseins verfügt, sondern aufgrund eines Nichteingehens »auf die Sachen«, weil sie unempfindlich ist gegen alle Unterschiede des Niveaus und der Echtheit. Die Öffentlichkeit verdunkelt alles und gibt das so Verdeckte als das Bekannte und jedem Zugängliche aus.

M & S: Wollen Sie uns einen Rückzug ins Private nahelegen?

Martin Heidegger: Soll aber der Mensch noch einmal die Nähe des Seins finden, dann muß er zuvor lernen, im Namenlosen zu existieren. Er muß in gleicher Weise sowohl die Verführung durch die Öffentlichkeit als auch die Ohnmacht des Privaten erkennen. Der Mensch muß, bevor er spricht, erst vom Sein sich wieder ansprechen lassen auf die Gefahr, daß er unter diesem Anspruch wenig oder selten etwas zu sagen hat.

M & S: Wie sollen wir das verstehen?

Martin Heidegger: Vielleicht verlangt dann die Sprache weit weniger das überstürzte Aussprechen als vielmehr das rechte Schweigen. Doch wer von uns Heutigen möchte sich einbilden, seine Versuche zu denken, seien auf den Pfaden des Schweigens heimisch?

M & S: Kommen wir zu einem anderen Thema: Die heutige Pädagogik beruft sich vielfach auf den Humanismus oder die humanistische Psychologie. Aber angesichts aller Greuel, die uns tagtäglich über die Medien ins Gesicht schreien, fragen wir uns, ob es überhaupt möglich ist, dem Wort Humanismus einen Sinn zurückzugeben.

Martin Heidegger: Ich frage mich, ob das nötig ist. Oder ist das Unheil, das alle Titel dieser Art anrichten, noch nicht offenkundig genug? Man mißtraut zwar schon lange den »-ismen«. Aber der Markt des öffentlichen Meinens verlangt stets neue.

M & S: Mag sein, aber beim Humanismus geht es doch ganz besonders um das Wesen des Menschen, das ist doch nicht nur irgendein -ismus! Und außerdem gibt es doch ganz verschiedene Formen des Humanismus!

Martin Heidegger: So verschieden diese Arten des Humanismus nach Ziel und Grund, nach der Art und den Mitteln der jeweiligen Verwirklichung, nach der Form seiner Lehre sein mögen, sie kommen doch darin überein, daß die humanitas des homo humanus aus dem Hinblick auf eine schon feststehende Auslegung der Natur, der Geschichte, der Welt, des Weltgrundes, das heißt des Seienden im Ganzen bestimmt wird.

M & S: Das kann aber doch nicht heißen, daß Sie einem Antihumanismus das Wort reden, das würde ja die Kritiker ihrer Person ins Recht setzen, die Sie immer schon – verzeihen Sie die deutliche Sprache – für einen verkappten Faschisten gehalten hatten!

Martin Heidegger: Durch diese Wesensbestimmung des Menschen werden die humanistischen Auslegungen des Menschen als animal rationale, als »Person«, als geistig-seelisch-leibliches Wesen nicht für falsch erklärt und nicht verworfen. Vielmehr ist der einzige Gedanke der, daß die höchsten humanistischen Bestimmungen des Wesens des Menschen die eigentliche Würde des Menschen noch nicht erfahren. Insofern ist das Denken in »Sein und Zeit« gegen den Humanismus. Aber dieser Gegensatz bedeutet nicht, daß sich solches Denken auf die Gegenseite des Humanen schlüge und das Inhumane befürworte, die Unmenschlichkeit verteidige und die Würde des Menschen herabsetze. Gegen den Humanismus wird gedacht, weil er die Humanitas des Menschen nicht hoch genug ansetzt.

M & S: Legen wir in der Pädagogik nicht immer schon ein bestimmtes Menschenbild zugrunde, auch wenn wir nicht darüber nachdenken? Kann uns die Anthropologie Klarheit verschaffen?

Mit Martin Heidegger im Gespräch

Martin Heidegger: Anthropologie ist jene Deutung des Menschen, die im Grunde schon weiß, was der Mensch ist und daher nie fragen kann, wer er sei. Denn mit dieser Frage müßte sie sich selbst als erschüttert und überwunden bekennen.

M&S: Aber müssen wir nicht, um das Wesen des Menschen zu erfassen, diesen erst mal von allem anderen Existierenden deutlich unterscheiden?

Martin Heidegger: Sind wir überhaupt auf dem rechten Wege zum Wesen des Menschen, wenn wir den Menschen und solange wir den Menschen als ein Lebewesen unter anderen gegen Pflanze, Tier und Gott abgrenzen? Man kann so vorgehen, man kann in solcher Weise den Menschen innerhalb des Seienden als ein Seiendes unter anderen ansetzen. Man wird dabei stets Richtiges über den Menschen aussagen können. Aber man muß sich auch darüber klar sein, daß der Mensch dadurch endgültig in den Wesensbereich der Animalitas verstoßen bleibt, auch dann, wenn man ihn nicht dem Tier gleichsetzt, sondern ihm eine spezifische Differenz zuspricht.

M&S: Die modernen Wissenschaften haben den Menschen ja so zergliedert und untersucht; kann man da überhaupt noch neue Erkenntnisse erwarten?

Martin Heidegger: Daß die Physiologie und die physiologische Chemie den Menschen als Organismus naturwissenschaftlich untersuchen kann, ist kein Beweis dafür, daß in diesem »Organischen«, das heißt in dem wissenschaftlich erklärten Leib, das Wesen des Menschen ruht. Dies gilt so wenig wie die Meinung, in der Atomenergie sei das Wesen der Natur beschlossen. Es könnte doch sein, daß die Natur in der Seite, die sie der technischen Bemächtigung durch den Menschen zukehrt, ihr Wesen gerade verbirgt.

M&S: Ist das nicht ein großes Problem, daß sich die Wissenschaften und die Technik alles aneignen und unterwerfen wollen?

Martin Heidegger: Der Mensch ist nicht der Herr des Seienden. Der Mensch ist der Hirt des Seins.

M&S: Ja, gibt es denn keine wissenschaftlichen Erkenntnisse, an die wir uns halten können? Wenn wir vielleicht empirische Untersuchungen...

Martin Heidegger: Mit dem Hinweis auf das Fehlen einer eindeutigen, ontologisch zureichend begründeten Antwort auf die Frage nach der *Seinsart* dieses Seienden, das wir selbst sind, in der Anthropologie, Psychologie und Biologie, ist über die positive Arbeit dieser Disziplinen kein Urteil gefällt. Andererseits muß aber immer wieder zum Bewußtsein gebracht werden, daß diese ontologischen Fundamente nie nachträglich aus dem empirischen Material hypothetisch erschlossen werden können, daß sie auch dann immer schon »da« sind, wenn empirisches Material auch nur *gesammelt* wird.

M&S: Das hatten wir, offen gestanden, schon vermutet.

Aber jetzt müssen wir nochmals grundsätzlicher fragen. Sie sprechen immer vom Sein und dem Seienden. Gibt es da denn einen Unterschied? Sind das nicht einfach die Dinge, so wie sie jedem Nichtphilosophen klar sind?

Martin Heidegger: Der Stein am Weg ist ein Ding und die Erdscholle auf dem Akker. Der Krug ist ein Ding und der Brunnen am Weg. Wie steht es aber mit der Milch im Krug und mit dem Wasser des Brunnens? Auch dies sind Dinge, wenn die Wolke am Himmel und die Distel auf dem Feld, wenn das Blatt im Herbstwind und der Habicht über dem Wald namensgerecht Dinge heißen. All dieses muß in der Tat ein Ding genannt werden, wenn man sogar auch jenes mit dem Namen Ding belegt, was sich nicht wie das soeben aufgezählte zeigt, d.h. was nicht erscheint. Ein solches Ding, das nicht selbst erscheint, ein »Ding an sich« nämlich, ist nach Kant z.B. das Ganze der Welt, ein solches Ding ist sogar Gott selbst. Dinge an sich und Dinge, die erscheinen, alles Seiende, das überhaupt ist, heißt in der Sprache der Philosophie ein Ding.

M&S: Also, auch ohne besonders religiös zu sein: wir würden uns scheuen, Gott ein Ding zu nennen.

Martin Heidegger: Überdies scheuen wir uns auch wieder, Gott ein Ding zu heißen. Wir scheuen uns ebenso, den Bauer auf dem Feld, den Heizer vor dem Kessel, den Lehrer in der Schule für ein Ding zu nehmen. Der Mensch ist kein Ding. Wir heißen zwar ein junges Mädchen, das an eine übermäßige Aufgabe gerät, ein noch zu junges Ding, aber nur deshalb, weil wir hier das Menschsein in gewisser Weise vermissen und eher das zu finden meinen, was das Dinghafte der Dinge ausmacht. Wir zögern sogar, das Reh in der Waldlichtung, den Käfer im Gras, den Grashalm ein Ding zu nennen. Eher ist uns der Hammer ein Ding und der Schuh, das Beil und die Uhr. Aber ein bloßes Ding sind auch sie nicht. Als solches gilt uns nur der Stein, die Erdscholle, ein Stück Holz. Das Leblose der Natur und des Gebrauches. Die Natur- und Gebrauchsdinge sind die gewöhnlich so genannten Dinge.

M&S: Die Feministinnen unter unseren Leserinnen werden sich ihren Teil denken! Geben Sie uns doch ein Beispiel von einem nichtweiblichen Ding!

Martin Heidegger: Ein bloßes Ding ist zum Beispiel dieser Granitblock. Er ist hart, schwer, ausgedehnt, massig, unförmig, rauh, farbig, teils matt, teils glänzend. (...) In dem, was der Gesichts-, Gehör – und Tastsinn beibringen, in den Empfindungen des Farbigen, Tönenden, Rauhen, Harten rücken uns die Dinge auf den Leib.

M&S: Ja, gut. Schauen wir uns doch zum Beispiel mal diesen Hammer genauer an...

Martin Heidegger: Die Griechen hatten einen angemessenen Terminus für die »Dinge«: *pragmata*, d.i. das, womit man es im besorgenden Umgang (*praxis*) zu tun hat. (...) Wir nennen das im Besorgen begegnende Seiende das *Zeug*. Im Umgang sind vorfindlich *Schreibzeug, Nähzeug, Werk-, Fahr-, Meßzeug. (...)* je weniger das Hammerding nur begafft wird, je zugreifender es gebraucht wird, um so ursprünglicher wird das Verhältnis zu ihm, um so unverhüllter begegnet es als das, was es ist, als Zeug.

M &S: Wenn wir zum Klettern gehen, brauchen wir auch jede Menge »Zeug«: Sitzgurte, Seile, Karabiner... Da interessiert uns eigentlich keine Theorie des Zeugs, sondern, ob wir alles eingepackt haben und nichts beschädigt ist!

Martin Heidegger: Der nur »theoretisch« hinsehende Blick auf Dinge entbehrt des Verstehens von Zuhandenheit. Der gebrauchend-hantierende Umgang ist aber nicht blind, er hat seine eigene Sichtart, die das Hantieren führt und ihm seine spezifische Sicherheit verleiht. Der Umgang mit Zeug unterstellt sich der Verweisungsmannigfaltigkeit des »Um-zu«. Die Sicht eines solchen Sichfügens ist die *Umsicht*.

M &S: Umsicht, das ist ein wesentlicher Punkt! Das beste »Zeug«, scheint uns, ist das, das man gar nicht merkt!

Martin Heidegger: Werkzeug stellt sich als beschädigt heraus, das Material als ungeeignet. (...) In solchem Entdecken der Unverwendbarkeit fällt das Zeug auf. (...) Der besorgende Umgang stößt aber nicht nur auf Unverwendbares *innerhalb* des je schon Zuhandenen, es findet auch solches, das fehlt, was nicht nur nicht »handlich«, sondern überhaupt nicht »zur Hand ist«. (...) je dringlicher das Fehlende gebraucht wird, je eigentlicher es in seiner Unzuhandenheit begegnet, um so aufdringlicher wird das Zuhandene (...)

M &S: Sie unterscheiden also diese Zeugdinge und die Naturdinge. Aber dieser Hammerstiel da ist doch schließlich aus Holz, aus einem Naturprodukt.

Martin Heidegger: Im Werk liegt zugleich die Verweisung auf »Materialien«. Es ist angewiesen auf Leder, Faden, Nägel u. dgl. Leder wiederum ist hergestellt aus Häuten. Diese sind Tieren abgenommen, die von anderen gezüchtet werden. Tiere kommen innerhalb der Welt auch ohne Züchtung vor, und auch bei dieser stellt sich das Seiende in gewisser Weise selbst her. (...) Hammer, Zange, Nagel verweisen an ihnen selbst auf – sie bestehen aus – Stahl, Eisen, Erz, Gestein, Holz. Im gebrauchten Zeug ist durch den Gebrauch die »Natur« mitentdeckt, die »Natur« im Lichte der Naturprodukte.

M &S: Als Leute, die viel in der Natur unterwegs sind, erscheint es uns etwas dürftig, die Natur auf ihre Produkte reduziert zu sehen.

Martin Heidegger: Natur darf aber hier nicht als das nur noch Vorhandene verstanden werden – auch nicht als *Naturmacht*. Der Wald ist Forst, der Berg Steinbruch, der Fluß Wasserkraft, der Wind ist Wind »in den Segeln«. (...) Diesem Naturentdecken bleibt aber auch die Natur als das, was »webt und strebt«, uns überfällt, als Landschaft gefangen nimmt, verborgen. Die Pflanzen des Botanikers sind nicht Blumen am Rain, das geographisch fixierte »Entspringen« eines Flusses ist nicht die »Quelle im Grund«.

M&S: Das sehen wir genauso. Manchmal bauen wir mit unseren Teilnehmern steinerne Bögen, durch die die aufgehende Sonne ihre Strahlen schickt und plötzlich bekommt man einen ganz neuen Blick auf die Natur.

Martin Heidegger: Ein Bauwerk, ein griechischer Tempel, bildet nichts ab. Er steht einfach da inmitten des zerklüfteten Felsentales. (...) Dastehend ruht das Bauwerk auf dem Felsgrund. Dies Aufruhen des Werkes holt aus dem Fels das Dunkle seines ungefügten und doch zu nichts gedrängten Tragens heraus. Dastehend hält das Bauwerk dem über es wegrasenden Sturm stand und zeigt so erst den Sturm selbst in seiner Gewalt. Der Glanz und das Leuchten des Gesteins, anscheinend selbst nur von Gnaden der Sonne, bringt doch erst das Lichte des Tages, die Weite des Himmels, die Finsternis der Nacht zum Vor-schein. Das sichere Ragen macht den unsichtbaren Raum der Luft sichtbar. Das Unerschütterliche des Werkes steht ab gegen das Wogen der Meeresflut und läßt aus seiner Ruhe deren Toben erscheinen. Der Baum und das Gras, der Adler und der Stier, die Schlange und die Grille gehen erst in ihre abgehobene Gestalt ein und kommen so als das zum Vorschein, was sie sind.

M&S: Da ist wirklich was dran! Aber ist unsere Natur nicht schon so erschlossen, daß schon kaum mehr etwas von ihr übrig ist?

Martin Heidegger: In den Wegen, Straßen, Brücken und Gebäuden ist durch das Besorgen die Natur in bestimmter Richtung entdeckt. Ein gedeckter Bahnsteig trägt dem Unwetter Rechnung, die öffentlichen Beleuchtungsanlagen der Dunkelheit, d. h. dem spezifischen Wechsel der An- und Abwesenheit der Tageshelle, dem »Stand der Sonne«. In den Uhren ist je einer bestimmten Konstellation im Weltsystem Rechnung getragen. Wenn wir auf die Uhr sehen, machen wir ausdrücklich Gebrauch vom »Stand der Sonne«, danach die amtliche astronomische Regelung der Zeitmessung ausgeführt wird. Im Gebrauch des zunächst und unauffällig zuhandenen Uhrzeugs ist die Umweltnatur mitzuhanden.

M&S: Sie meinen, Natur und Kultur seien gar keine sich ausschließenden Gegensätze?

Martin Heidegger: So hat die Sonne, deren Licht und Wärme im alltäglichen Gebrauch steht, aus der wechselseitigen Verwendbarkeit dessen, was sie spendet, ihre umsichtig entdeckten, ausgezeichneten Plätze: Aufgang, Mittag, Niedergang, Mitternacht. (...) Das Haus hat seine Sonnen- und Wetterseite; auf sie ist die Verteilung der »Räume« orientiert und innerhalb dieser wieder die »Einrichtung« je nach ihrem Zeugcharakter. Kirchen und Gräber zum Beispiel sind nach Aufgang und Niedergang der Sonne angelegt, die Gegenden von Leben und Tod, aus denen her das Dasein selbst hinsichtlich seiner eigensten Seinsmöglichkeiten

Mit Martin Heidegger im Gespräch

in der Welt bestimmt ist. Das Besorgen des Daseins, dem es in seinem Sein um dieses Sein selbst geht, entdeckt vorgängig die Gegenden, bei denen es je ein entscheidendes Bewenden hat.

M &S: Wenn wir mit Gruppen Jugendlicher unterwegs sind, fällt uns immer wieder auf, daß sie sich schwer damit tun, sich umeinander zu kümmern und aufeinander Rücksicht zu nehmen.

Martin Heidegger: Das Für-, Wider-, Ohne-einandersein, das Aneinandervorbeigehen, das Einander-nichts-angehen sind mögliche Weisen der Fürsorge. Und gerade die zuletzt genannte Modi der Defizienz und Indifferenz charakterisieren das alltägliche und durchschnittliche Miteinandersein.

M &S: Gibt es denn aus Ihrer Sicht keine positiven Formen der Fürsorge, wie Sie das nennen?

Martin Heidegger: Die Fürsorge hat hinsichtlich ihrer positiven Modi zwei extreme Möglichkeiten. Sie kann dem Anderen die »Sorge« gleichsam abnehmen und im Besorgen sich an seine Stelle setzen, für ihn *einspringen*. Diese Fürsorge übernimmt das, was zu besorgen ist, für den Anderen. Dieser wird dabei aus seiner Stelle geworfen, er tritt zurück, um nachträglich das Besorgte als fertig Verfügbares zu übernehmen, bzw. sich ganz davon zu entlasten. In solcher Fürsorge kann der Andere zum Abhängigen und Beherrschten werden, mag diese Herrschaft auch eine stillschweigende sein und dem Beherrschten verborgen bleiben.

M &S: Genau das finden wir auch problematisch!

Martin Heidegger: Ihr gegenüber besteht die Möglichkeit einer Fürsorge, die für den Anderen nicht so sehr einspringt, als daß sie ihm in seinem existenziellen Seinkönnen *vorausspringt*, nicht um ihm die »Sorge« abzunehmen, sondern erst eigentlich als solche zurückzugeben. Diese Fürsorge(...) verhilft dem Anderen dazu, *in* seiner Sorge sich durchsichtig und *für* sie *frei* zu werden.

M &S: Oft ist es für die Kursleiter schwer, sich mit ihrer Sorge zurückzuhalten. Die Sorge scheint ganz unmittelbar zu unserer menschlichen Existenz zu gehören.

Martin Heidegger: «Als einst die »Sorge« über einen Fluß ging, sah sie tonhaltiges Erdreich: sinnend nahm sie davon ein Stück und begann es zu formen. Während sie bei sich darüber nachdenkt, was sie geschaffen, tritt Jupiter hinzu. Ihn bittet die »Sorge«, daß er dem geformten Stück Ton Geist verleihe. Das gewährt ihr Jupiter gern. Als sie aber ihrem Gebilde nun ihren Namen beilegen wollte, verbot das Jupiter und verlangte, daß ihm sein Name gegeben werden müsse. Während über den Namen die »Sorge« und Jupiter stritten, erhob sich auch die Erde (Tellus) und begehrte, daß dem Gebilde ihr Name beigelegt werde, da sie ja doch ihm ein Stück ihres Leibes dargeboten habe. Die Streitenden nahmen Saturn zum Richter. Und ihnen erteilte Saturn folgende, anscheinend gerechte Entscheidung: »Du, Jupiter, weil du den Geist gegeben hast, sollst bei seinem Tode den Geist, du, Erde, weil Du den Körper geschenkt hast, sollst den Körper empfangen. Weil aber die »Sorge« dieses Wesen zuerst gebildet, so möge, solange es lebt, die »Sorge« es besitzen. Weil aber über den Namen Streit besteht, so möge es »homo« heißen, da es aus Humus gemacht ist.«

M&S: Die Mythen wissen oft mehr über uns als wir Heutigen selbst! Manche Teilnehmer sind überängstlich, andere haben scheinbar überhaupt keinen Sinn für die Gefahr, in die sie sich begeben.

Martin Heidegger: Wir fürchten *für* den Anderen gerade dann am meisten, wenn *er* sich *nicht* fürchtet und tollkühn dem Drohenden sich entgegenstürzt.

M&S: Jedenfalls kommt man sich beim Unterwegssein gegenseitig näher.

Martin Heidegger: Im Dasein liegt eine wesenhafte Tendenz auf Nähe.

M&S: Mit der Gruppe unterwegs – da bekommt man ganz neue Empfindungen von Zeit und Raum, die scheinbar überhaupt nichts mit meßbaren Größen zu tun haben.

Martin Heidegger: Wir sagen: bis dort ist es ein Spaziergang, ein Katzensprung, »eine Pfeife lang«. Diese Maße drücken aus, daß sie nicht nur nicht »messen« wollen, sondern daß die abgeschätzte Entferntheit einem Seienden zugehört, zu dem man besorgend umsichtig hingeht.

M&S: Trotzdem gibt es immer Leute, die beim Wandern oder beim Mountainbiken Kilometer fressen wollen.

Martin Heidegger: Auf seinen Wegen durchmißt das Dasein nicht als vorhandenes Körperding eine Raumstrecke, es »frißt nicht Kilometer«, die Näherung und Ent-fernung ist je besorgendes Sein zum Genäherten und Ent-fernten. Ein »objektiv« langer Weg kann kürzer sein als ein »objektiv« sehr kurzer, der vielleicht ein »schwerer Gang« ist und einem unendlich lang vorkommt. *In solchem »Vorkommen« aber ist die jeweilige Welt erst eigentlich zuhanden.*

M&S: Schön, daß Sie das sagen. So ein Hetzen durch die Natur kommt uns ziemlich entfremdet vor.

Martin Heidegger: Die aufgezeigten Phänomene der Versuchung, Beruhigung, der Entfremdung und des Sichverfangens (das Verfängnis) charakterisieren die spezifische Seinsart des Verfallens. Wir nennen diese »Bewegtheit« des Daseins in seinem eigenen Sein den *Absturz*. Das Dasein stürzt aus ihm selbst in es selbst, in die Bodenlosigkeit und Nichtigkeit der uneigentlichen Alltäglichkeit. Dieser Sturz aber bleibt ihm durch die öffentliche Ausgelegtheit verborgen, so zwar, daß er ausgelegt wird als »Aufstieg« und »konkretes Leben«.

Mit Martin Heidegger im Gespräch

M&S: Manchmal zeigt sich der mangelnde Bezug zu den Dingen an äußerlichen Symptomen, wie zum Beispiel einer Rechts-Links-Schwäche, die sich bei der Orientierung in der Natur äußert.

Martin Heidegger: Angenommen, ich trete in ein bekanntes, aber dunkles Zimmer, das während meiner Abwesenheit so umgeräumt wurde, daß alles, was rechts stand, nunmehr links steht. Soll ich mich orientieren, dann hilft das »bloße Gefühl des Unterschieds« meiner zwei Seiten gar nichts, solange nicht ein bestimmter Gegenstand erfaßt ist (...) »dessen Stelle ich im Gedächtnis habe«. Was bedeutet das aber anderes als: ich orientiere mich notwendig in und aus einem je schon Sein in einer »bekannten« Welt. Der Zeugzusammenhang einer Welt muß dem Dasein schon vorgegeben sein.

M&S: Wenn man nun mit Jugendlichen in eine Höhle geht, dann treten oft heftige Gemütsbewegungen und Stimmungsschwankungen auf. Sind das Dinge, die Sie interessieren, oder gehört das ins Fach der Psychologie?

Martin Heidegger: Der ungestörte Gleichmut ebenso wie der gehemmte Mißmut des alltäglichen Besorgens, das Übergleiten von jenem in diesen und umgekehrt, das Ausgleiten in Verstimmungen sind ontologisch nicht nichts, mögen diese Phänomene als das scheinbar Gleichgültigste und Flüchtigste im Dasein unbeachtet bleiben. Daß Stimmungen verdorben werden und umschlagen können, sagt nur, daß Dasein je immer schon gestimmt ist.

M&S: Schön. Uns hätte nämlich schon lange interessiert, was es damit auf sich hat, daß man manchmal plötzlich, scheinbar grundlos, in abgrundtiefe Angst verfällt.

Martin Heidegger: In der Angst – sagen wir – »ist es einem unheimlich«. Was heißt das »es« und das »einem«? Wir können nicht sagen, wovor einem unheimlich ist. Im Ganzen ist einem so. Alle Dinge und wir selbst versinken in Gleichgültigkeit. Dies ist jedoch nicht im Sinne eines bloßen Verschwindens, sondern in ihrem Wegrücken als solchem kehren sie sich uns zu. Dieses Wegrücken des Seienden im Ganzen, das uns in der Angst umdrängt, bedrängt uns. Es bleibt kein Halt. (...) Die Angst offenbart das Nichts.

M&S: Wenn wir in Höhlen gehen, machen wir oft mit unseren Teilnehmern ein Experiment der Stille. Solange, bis es irgend jemand nicht mehr aushält, wird geschwiegen.

Martin Heidegger: Daß wir in der Unheimlichkeit der Angst oft die leere Stille gerade durch ein wahlloses Reden zu brechen suchen, ist nur der Beweis für die Gegenwart des Nichts. Daß die Angst das Nichts enthüllt, bestätigt der Mensch selbst unmittelbar dann, wenn die Angst gewichen ist. In der Helle des Blicks, den die frische Erinnerung trägt, müssen wir sagen: Wovor und worum wir uns ängsteten, war »eigentlich« – nichts. In der Tat: Das Nichts selbst – als solches – war da.

M&S: Solche Erfahrungen sind weit wesentlicher, als sich gegenseitig Mut und Tapferkeit zu beweisen.

Martin Heidegger: Was wäre alle Tapferkeit, wenn sie nicht in der Erfahrung der wesenhaften Angst ihren ständigen Gegenhalt fände?

M&S: Solche Angst macht sprach- und hilflos.

Martin Heidegger: Eine der Wesensstätten der Sprachlosigkeit ist die Angst im Sinne des Schreckens, in den der Abgrund des Nichts den Menschen stimmt. Das Nichts als das Andere zum Seienden ist der Schleier des Seins.

M&S: Kann es sein, daß in solchen existenziellen Stimmungen mehr Wahrheit liegt, als in manch logischer Überlegung?

Martin Heidegger: Vielleicht ist jedoch das, was wir hier und in ähnlichen Fällen Gefühl oder Stimmung nennen, vernünftiger, nämlich vernehmender, weil dem Sein offener als alle Vernunft, die, inzwischen zur ratio geworden, rational mißdeutet wurde. Dabei leistete das Schielen nach dem Ir-rationalen, als der Mißgeburt des ungedachten Rationalen, seltsame Dienste.

M&S: Sie haben da ein Bild von Van Gogh hängen. Warum diese Schuhe?

Martin Heidegger: Aus der dunklen Öffnung des ausgetretenen Inwendigen starrt die Mühsal der Arbeitsschritte. In der derbgediegenen Schwere des Schuhzeugs ist aufgestaut die Zähigkeit des langsamen Ganges durch die weithin gestreckten und immergleichen Furchen des Ackers, über dem ein rauher Wind steht. Auf dem Leder liegt das Feuchte und Satte des Bodens. Unter den Sohlen schiebt sich hin die Einsamkeit des Feldweges durch den sinkenden Abend. In dem Schuhzeug schwingt der verschwiegene Zuruf der Erde, ihr stilles Verschenken des reifen Korns und ihr unerklärliches Sichversagen in der öden Brache des winterlichen Feldes. Durch dieses Zeug zieht das klaglose Bangen um die Sicherheit des Brotes, die wortlose Freude des Wiederüberstehens der Not, das Beben in der Ankunft der Geburt und das Zittern in der Umdrohung des Todes. Zur Erde gehört dieses Zeug und in der Welt der Bäuerin ist es behütet.

M&S: In der Tat. So ein Bild zeigt einem erst, was so ein Paar alter Schuhe eigentlich sind. Auch in der Erlebnispädagogik gibt es zum Teil eine Wendung zur Ästhetik.

Martin Heidegger: Die Ästhetik nimmt das Kunstwerk als einen Gegenstand der *aisthesis*, des sinnlichen Vernehmens im weitesten Sinne. Heute nennt man dieses Vernehmen das Erleben. Die Art, wie der Mensch die Kunst erlebt, soll über ihr Wesen Aufschluß geben. Das Erlebnis ist nicht nur für den Kunstgenuß, sondern ebenso für das Kunstschaffen die maßgebende Quelle. Alles ist Erlebnis. Doch vielleicht ist das Erlebnis das Element, in dem die Kunst stirbt.

M & S: Das Erleben ist für Sie wohl keine positive Kategorie?

Martin Heidegger: Das Seiende gilt erst als Seiend, sofern es und soweit es in dieses Leben ein- und rückbezogen, d. h. er-lebt und Er-lebnis wird. (...) So notwendig und rechtmäßig dem neuzeitlichen Menschen alles zum Erlebnis werden muß, je uneingeschränkter er in die Gestaltung seines Wesens ausgreift, so gewiß konnten die Griechen bei der Festfeier in Olympia nie Erlebnisse haben.

M & S: Ist die Erlebnispädagogik denn auf dem Holzweg?

Martin Heidegger: Holz lautet ein alter Name für Wald. Im Holz sind Wege, die meist verwachsen jäh im Unbegangenen aufhören. Sie heißen Holzwege.

Jeder verläuft gesondert, aber im selben Wald. Oft scheint es, als gleiche einer dem anderen. Doch es scheint nur so. Holzmacher und Waldhüter kenne die Wege. Sie wissen, was es heißt, auf einem Holzweg zu sein.

M & S: Aber begegnet uns nicht alles über das Erleben?

Martin Heidegger: Man spricht so in jener Sprache, die es bei allen wesentlichen Dingen nicht genau nimmt, weil sie befürchtet, genau nehmen hieße am Ende: denken. Welche Angst ist heute größer als diejenige vor dem Denken?

M & S: In unseren Programmen versuchen wir, den Teilnehmern Grenzerfahrungen zu verschaffen, sie zu einer Auseinandersetzung mit existentiellen Fragen, wie dem Tod zu bringen, Fragen, die in unserer Gesellschaft ausgegrenzt werden.

Martin Heidegger: Das verdeckte Ausweichen vor dem Tode beherrscht die Alltäglichkeit so hartnäckig, daß im Miteinandersein die »Nächsten« gerade dem »Sterbenden« oft noch einreden, er werde dem Tod entgehen und demnächst wieder in die beruhigte Alltäglichkeit seiner besorgten Welt zurückkehren. Solche »Fürsorge« meint sogar, den »Sterbenden« dadurch zu »trösten«.

M & S: Und durch keine Flucht der Welt wird man sich diesem Tod entziehen.

Martin Heidegger: Der Tod als Ende des Daseins ist die eigenste, gewisse und als solche unbestimmbare, unüberholbare Möglichkeit des Daseins.

M & S: Solche existenziellen Erfahrungen werden leider in der Geschäftigkeit des Alltags wieder vergessen und verlieren ihre Kraft.

Martin Heidegger: Diese Durchschnittlichkeit in der Vorzeichnung dessen, was gewagt werden kann und darf, wacht über jede sich vordrängende Ausnahme. Jeder Vorrang wird geräuschlos niedergehalten. Alles Ursprüngliche ist über Nacht als längst bekannt geglättet. Alles Erkämpfte wird handlich. Jedes Geheimnis verliert seine Kraft.

Mit Martin Heidegger im Gespräch

M &S: Herr Heidegger, wir sind erschöpft, Sie haben es uns nicht leicht gemacht.

Martin Heidegger: Solche Besinnung ist weder für alle notwendig, noch von jedem zu vollziehen oder auch nur zu ertragen. Im Gegenteil.

M &S: Doch drücken wir unser Bedauern aus, daß es heute kaum Gelehrte ihres Formats mehr gibt.

Martin Heidegger: Der Gelehrte verschwindet. Er wird abgelöst durch den Forscher, der in Forschungsunternehmungen steht. Diese und nicht die Pflege einer Gelehrsamkeit geben seiner Arbeit die scharfe Luft. Der Forscher braucht zu Hause keine Bibliothek mehr. Er ist überdies ständig unterwegs. Er verhandelt auf Tagungen und unterrichtet sich auf Kongressen. Er bindet sich an Aufträge von Verlegern. Diese bestimmen jetzt mit, welche Bücher geschrieben werden müssen.

M &S: Hm, das kommt uns irgendwie bekannt vor...

Martin Heidegger: Die wachsende Bedeutung es Verlegerwesens hat ihren Grund nicht bloß darin, daß die Verleger (etwa auf dem Weg über den Buchhandel) das bessere Ohr für die Bedürfnisse der Öffentlichkeit haben oder daß sie das Geschäftliche besser beherrschen als die Autoren. Vielmehr hat ihre eigene Arbeit die Form eines planenden und sich einrichtenden Vorgehens im Hinblick darauf, wie durch das bestellte und geschlossene Herausbringen von Büchern und Schriften die Welt ins Bild der Öffentlichkeit gebracht und in ihr verfestigt werden muß. Das Vorherrschen der Sammelwerke, Buchreihen, der Schriftenfolgen und der Taschenbuchausgaben ist bereits die Folge dieser verlegerischen Arbeit, die sich wiederum mit den Absichten der Forscher trifft, da diese in einer Reihe und Sammlung nicht nur leichter und schneller bekannt und beachtet werden, sondern in einer breiteren Front sogleich zur gelenkten Wirkung kommen.

M &S: Damit mögen Sie recht haben, aber das ist ein anderes Thema. Manche in der Fachdiskussion befürchten, daß die Europäer immer weniger ihren eigenen Weg gehen und sich nur noch an amerikanischen Vorgaben orientieren. Wie stehen Sie zum Amerikanismus?

Martin Heidegger: Der Amerikanismus ist etwas Europäisches. Er ist die noch unverstandene Abart des noch losgebundenen und noch gar nicht aus dem vollen und gesammelten metaphysischen Wesen der Neuzeit entspringenden Riesenhaften.

M &S: Bevor wir uns von Ihnen verabschieden, möchten wir Sie noch um ein Schlußwort bitten!

Martin Heidegger: Die Dinge sind und die Menschen, Geschenke und Opfer sind, Tier und Pflanze sind, Zeug und Werk sind. Das Seiende steht im Sein. Durch das Sein geht ein verhülltes Verhängnis, das zwischen das Gotthafte und das Widergöttliche verhängt ist. Vieles am Seienden vermag der Mensch nicht zu bewältigen. Weniges nur wird erkannt. Das Bekannte bleibt ein Ungefähres, das Gemeisterte ein Unsicheres.

M & S: Herr Heidegger, wir bedanken uns!

Alle Zitate aus:

Martin Heidegger: Holzwege. Frankfurt 1950
ders.: Gesamtausgabe, Bd. 24. Grundprobleme der Phänomenologie. Frankfurt 1975
ders.: Sein und Zeit.. Tübingen [16]1986
ders.: Über den Humanismus. Frankfurt [8]1981
ders.: Was ist Metaphysik. Frankfurt [13]1986

Wir sind auf irgend eine Weise gefallene Engel, die jedoch mit diesen nur die Intelligenz gemein haben...

Eine pragmatische Plauderei mit William James

William James
* 11. 1. 1842 New York
† 26. 8. 1910 Chocorua
Anatom und Psychologe, Mitbegründer des Pragmatismus

Eine pragmatische Plauderei mit William James

William James wurde als Sohn des religiösen Schriftstellers Henry James in New York geboren. Die Familie wechselt sehr häufig den Wohnsitz: Newport, New York, Paris, London, Genf, Boulogne und Bonn. 1861 beginnt er mit dem Studium der Chemie, vergleichenden Anatomie und der Medizin. Er unterbricht sein Studium für eine zoologische Expedition in das Amazonasgebiet. 1876 und 1868 ist William James in Deutschland und beschäftigt sich mit Hegel und Kant. 1872 beginnt James seine Lehrtätigkeit in Harvard. 1876 richtet er das erste psychologische Laboratorium in den USA ein. 1890 erscheint sein Werk »Principles of Psychology«, das ihn schlagartig weltberühmt macht. 1907 erscheint die Vorlesungsreihe »Pragmatism – A New Name for Some Old Ways of Thinking.« Nach einem Kuraufenthalt in Europa stirbt William James in seinem Haus in Chocorua.

William James gilt neben Charles Sanders Pierce und John Dewey als Hauptbegründer des Pragmatismus, der durch ihn eine subjektive Wendung erhält. Dem Erkennen und Handeln liegen keine objektiven Wahrheitskriterien zugrunde, sondern die praktischen Interessen des Subjekts. So ist die »Hypothese von Gott« wahr, wenn sie den individuellen Lebensvollzug beeinflußt. Die Grundfrage des Pragmatismus an jede Philosophie und jede Theorie lautet nach James: »Was für ein Unterschied würde sich praktisch für irgend jemanden ergeben, wenn das eine und nicht das andere Urteil wahr wäre?« Die Philosophie des Pragmatismus hat nicht nur das amerikanische Denken weitgehend beeinflußt, sie hat zu Beginn dieses Jahrhunderts auch in Europa heftige Diskussionen ausgelöst. Auch Kurt Hahn, der Reformpädagoge und Begründer der Erlebnistherapie, beruft sich auf den amerikanischen Pragmatismus. William James und John Dewey erfahren derzeit eine Renaissance in der deutschsprachigen Pädagogik. Henry James, der Bruder von William, ist der Autor der berühmten Rede des Häuptlings Seattle.

M&S: Sehr geehrter Herr James, kennen Sie den Streit zwischen Outward Bound[4] Deutschland und einem Pädagogikprofessor aus Lüneburg?

William James: Der Gegenstand des Streits war ein Eichhörnchen – ein lebendiges Eichhörnchen, von dem man annahm, daß es sich an eine Seite eines Baumstammes anlehne. Gegenüber, auf der anderen Seite des Baumes stand, so stellte man sich vor, ein Mann. Dieser Mann will das Eichhörnchen zu Gesicht bekommen und bewegt sich mit großer Schnelligkeit um den Baum herum, aber wie schnell er auch geht, das Eichhörnchen bewegt sich ebenso schnell in der entgegengesetzten Richtung, der Baum bleibt immer zwischen beiden, so daß der Mann das Eichhörnchen nicht zu sehen bekommt. Das philosophische Problem,

---

4 Outward Bound Deutschland ist ein gemeinnütziger Bildungsträger und führt seit 1951 handlungs- und erfahrungsorientierte Kurse durch.

das sich aus der Situation ergab, war nun folgendes: Geht der Mann um das Eichhörnchen herum oder nicht? Zweifellos ist, daß er um den Baum herumgeht, aber geht er auch um das Eichhörnchen herum?

M&S: Pardon, Sie können von diesen unbedeutenden Zwistigkeiten natürlich nichts wissen. Es ging dabei nur darum, wer den Begriff Outward Bound verwenden darf. Der Begriff an sich ist ja eine wunderbare Metapher!

William James: Die Metapher ist so schön und läßt sich außerdem so wörtlich auf eine solche Menge unserer kleineren Erfahrungs-Synthesen anwenden, daß, wenn wir zum ersten Male von ihr hören, die meisten von uns schon überzeugt sind, sie treffe für das Ganze unserer Erfahrung zu.

M&S: Nun war die Erlebnispädagogik, wie Kurt Hahn selbst betonte, nichts Neues. Er hatte lediglich einige geistige Stränge zu einem neuen Knoten verwoben, den er Erlebnistherapie nannte. Sie gelten als ein Begründer der pragmatischen Methode. Auf welche Denker berufen Sie sich?

William James: Die pragmatische Methode ist nichts absolut Neues. Sokrates war ein Anhänger derselben. Aristoteles machte methodischen Gebrauch von ihr. Locke, Berkeley und Hume schufen mit ihrer Hilfe bedeutsame Beiträge zur Wahrheit. Aber diese Vorläufer des Pragmatismus machten davon nur fragmentarischen Gebrauch, sie waren nur ein Vorspiel.

M&S: Als einer der Begründer der pragmatischen Methode legen Sie Wert auf die Frage, ob wissenschaftliche Theorien die Welt verändern, ob sie wirksam sind.

William James: Ich pflege in meinen Vorlesungen die Frage zu stellen: In welcher Beziehung wäre die Welt anders, wenn diese oder jene Alternative wahr wäre? Wenn ich nichts finden kann, das anders würde, dann hat die Alternative keinen Sinn.

M&S: Können Sie das verdeutlichen?

William James : Die pragmatische Methode besteht in solchen Fällen in dem Versuch, jedes dieser Urteile dadurch zu interpretieren, daß man seine praktischen Konsequenzen untersucht. Was für ein Unterschied würde sich praktisch für irgend jemanden ergeben, wenn das eine und nicht das andere Urteil wahr wäre?

M&S: Hätte die pragmatische Methode den oben genannten Streit schlichten können?

William James: Die pragmatische Methode ist zunächst eine Methode um philosophische Streitigkeiten zu schlichten, die sonst endlos wären. Ist die Welt eine Einheit oder Vielheit? Herrscht ein Schicksal oder gibt es freien Willen? Ist die Welt materiell oder geistig?

Eine pragmatische Plauderei mit William James

M&S: Nun ist der Kopf bei Streitereien nicht immer frei; wir drehen mit den Emotionen durch. Haben Sie da einen Rat?

William James: Um also vollkommene Klarheit in unsere Gedanken zu bringen, müssen wir erwägen, welche praktischen Wirkungen dieser Gegenstand in sich enthält, was für Wahrnehmungen wir zu erwarten und was für Reaktionen wir vorzubereiten haben.

M&S: Wir werden das beherzigen! Was Outward Bound und jenen Pädagogikprofessor betrifft, war es so,...

William James: (...), als hätte jener Theoretiker des Brotbackens einen Gegner gefunden, der da behauptet hätte, daß nicht Heinzelmännchen, sondern Nachtelfen den Teig über Nacht gut machen.

M&S: Nun gut! Trotzdem brauchen wir Theorien, um die Wirklichkeit zu erfassen!

William James: Der große Nutzen der Theorien besteht darin, daß sie alte Tatsachen zusammenfassen und zu neuen hinführen. Sie sind nur eine von Menschen geschaffene Sprache, eine Art begrifflicher Kurzschrift, wie jemand sie genannt hat, in der wir unsere Berichte über die Natur niederschreiben.

M&S: Begriffliche Kurzschrift!?

William James: Hier gibt es keine Totalitäten, hier haben nur die Teile Realität. »Vogel« ist nur ein Name für die physische Tatsache einer gewissen Anordnung von Organen, ebenso wie der »große Bär« nur unsere Benennung für eine gewisse Anordnung von Sternen ist. Das »Ganze«, sei es nun ein Vogel oder Sternbild ist nichts anderes als unsere Anschauung, nichts als die Wirkung einer Anzahl von Dingen auf unser Empfindungsvermögen.

M&S: Nun gut, wir haben uns geeinigt, unsere Erfahrungen in Worte zu fassen.

William James: Die Überzeugungen der Menschen sind zu jeder Zeit eine Summe verdichteter Erfahrungen(...) Insofern Wirklichkeit so viel ist als erfahrbare Wirklichkeit, ist sie selbst und die wahren Erkenntnisse, die die Menschen von ihr gewinnen, in einem fortwährenden Veränderungsprozeß begriffen.

M&S: Das ist in der Tat ein sehr pragmatisches Verständnis von Wirklichkeit!

William James: Wahr im buchstäblichen Sinne ist einzig und allein die Wirklichkeit, die wir kennen und diese ist, wie diese Erkenntnistheoretiker lehren, sinnenfällige Wirklichkeit, der Strom unserer Wahrnehmungen und Gefühle, wie diese sich abspielen.

M&S: Sich auf Gefühle zu verlassen, kann gefährlich sein!

Eine pragmatische Plauderei mit William James

William James: Aber ein allgemeiner Appell an das Gefühl hat für unser Vorhaben etwas Dilettantenhaftes. Gefühlsmäßiges Philosophieren, wie gefühlsmäßiges Herstellen von Uhren oder Landvermessen ist dem Sachverständigen unerträglich.

M&S: Gut, wir sind uns einig: Nicht immer kann und sollte man sich auf seine Wahrnehmungen und Gefühle verlassen. Wäre ein solches Verständnis von Wirklichkeit nicht auch ein gefährliches Plädoyer für den sogenannten »gesunden« Menschenverstand? Nehmen wir das Licht in diesem Raum...

William James: Diese Lampen verbreiten ihr eigenes Licht auf jeden Gegenstand in diesem Saale. Wir fangen dieses Licht auf seinem Wege auf, wenn wir ihm einen dunklen Schirm entgegenhalten. Derselbe Laut, den meine Lippen entsenden, dringt in Ihre Ohren, die wahrnehmbare Wärme des Feuers wandert in das Wasser, indem wir ein Ei kochen, und wir können die Wärme in Kälte verwandeln, wenn wir ein Stück Eis hineinwerfen. Alle Menschen mit nicht-europäischer Bildung sind auf dieser Entwicklungsstufe stehengeblieben. Sie reicht für alle praktischen Zwecke des Lebens aus. Und selbst in unserer Rasse sind es nur die ganz verphilosophierten Exemplare, die durch Gelehrsamkeit verdorbenen Gemüter, wie Berkeley sie nennt, die die Urteile des gesunden Menschenverstandes nicht für unbedingt wahr halten.

M&S: Also doch ein Vertrauen auf den gesunden Menschenverstand? Zurück auf die Bäume ihr Affen, die Weisheit der edlen Wilden...Wo bleiben die Erkenntnisse der modernen Naturwissenschaft?

William James: Für Wilde kann die Natur nur wenig Einheit haben. Sie ist eine Walpurgisnacht, ein buntes Spiel von Licht und Schatten, ein Durcheinander von kobold- und elfenartigen freundlichen und feindlichen Mächten. Obgleich diese Menschen »mit der Natur« leben, sind sie doch nichts weniger als Naturschwärmer. (...) Wenn sie je etwas von kosmischem Schauder ergreift, so ist es wohl um Mitternacht, wenn der Lagerrauch in die Höhe steigt zu dem unheilbringenden Vollmond im Zenith, und wenn es im Walde sich regt von Zauber und Gefahr. Die Unheimlichkeit der Welt, das Unheilvolle und Vielgestaltige in ihr, die Ohnmacht menschlicher Kräfte, die magischen Überraschungen, die Unberechenbarkeit der wirkenden Dinge, das sind sicherlich auf dieser Kulturstufe die eindrucksvollsten Züge ihrer Welt.

M&S: Und wo bleibt die Rolle der naturwissenschaftlichen Methoden?

William James: Die naturwissenschaftlichen Denkmethoden haben der praktischen Naturbeherrschung ein weitaus größeres Gebiet erschlossen als der gesunde Menschenverstand. Dieses Gebiet wächst mit solcher Geschwindigkeit, daß niemand seine Grenzen zu bestimmen vermag. Ja, man muß sogar fürchten, daß die vom Menschen entfesselten Kräfte sein eigenes Wesen zermalmen. Wer weiß, ob sein Organismus der geradezu göttlichen Schöpferkraft gewachsen ist, die sein eigener Intellekt in seine Hände legt. Er ertrinkt vielleicht in seinem eigenen Reichtum, wie ein Kind in einer Badewanne ertrinken kann, wenn es die Wasserleitung aufgedreht hat und nicht wieder abzudrehen vermag.

M &S: Vorschlag: Deshalb kommen wir uns mit all unserer wissenschaftlichen Weltbeherrschung auch oft so vor wie Goethes Zauberlehrling: Die Geister, die ich rief...! Gerade durch die scheinbare Allmacht der wissenschaftlichen Weltbeherrschung verfallen oft viele Zeitgenossen in ein gegenteiliges Denken: in Irrationalismus und Mystik. Ist dagegen ein Kraut gewachsen?

William James: Irgendwie findet das Leben bei dem Reichtum seiner Kräfte immer Mittel und Wege, um mit einem Schlage Gegensätze zu vereinen. Gerade diese Art Paradoxien weisen viele Erscheinungen unserer Zivilisation auf. Den Frieden sichern wir mittels der Rüstungen, die Freiheit mittels Gesetz und Verfassung. Einfachheit und Natürlichkeit sind das höchste Ergebnis künstlicher Erziehung und Schulung.

M &S: Zurück zum Pragmatismus! Die pragmatische Methode hat sich inzwischen in der amerikanischen Philosophie durchgesetzt. Konnten Sie das ahnen?

William James: Ich erwarte mit voller Bestimmtheit, daß die pragmatische Lehre von der Wahrheit, die in der Laufbahn einer Theorie regelmäßig eintretenden Stadien alle durchmachen wird. Eine neue Theorie wird, wie sie wissen, zunächst als widersinnig bekämpft. Dann gibt man ihre Wahrheit zu, bezeichnet sie aber als selbstverständlich und bedeutungslos. Schließlich erkennt man ihre hohe Bedeutung, und ihre frühern Gegner behaupten dann, sie hätten sie selbst entdeckt.

M &S: Worin liegen die Stärken des pragmatischen Ansatzes?

William James: Der Pragmatismus ist zu allem bereit, er folgt der Logik oder den Sinnen und läßt auch die bescheidenste und persönlichste Erfahrung gelten. Er würde auch mystische Erfahrungen gelten lassen, wenn sie praktische Folgen hätten.

M &S: Geht es um Nützlichkeit im allgemeinsten Sinn?

William James: Ich bin mir dessen wohl bewußt, daß es Ihnen recht seltsam vorkommt, wenn Sie mich sagen hören, ein Gedanke sei so lange wahr, als der Glaube an ihn für unser Leben nützlich ist.

M &S: Wir verstehen! Der Begriff der Freiheit ist so stark, daß allein die Vorstellung davon nützlich sein kann!

William James: Wenn ich mich im Wald verirrt habe und halb verhungert bin, und ich finde etwas, das wie ein Kuhweg aussieht, so ist es von der größten Wichtigkeit, daß ich mir am Ende des Weges ein Haus vorstelle; denn wenn ich das tue und dem Weg folge, so rette ich mich dadurch. Der wahre Gedanke ist hier nützlich, weil sein Gegenstand, das Haus, nützlich ist.

Eine pragmatische Plauderei mit William James

M &S: Das klingt alles sehr einsichtig. Wozu braucht es dann noch die Philosophie?

William James: Die ganze Aufgabe der Philosophie sollte darin bestehen, herauszufinden, welchen bestimmten Unterschied es für Sie und für mich in bestimmten Momenten des Lebens ausmacht, ob diese oder jene Weltformel die wahre ist.

M &S: Aber eine solche Philosophie braucht die Konzentration auf das, was von Ihnen als wesentlich definiert wird. Der Begriff der Seele hat da wohl keinen Platz mehr?

William James: Der Begriff der Seele ist infolge des übermäßigen Gebrauches, den man von ihm machte, abgenutzt, die Stimmung für ihn ist vorbei: das ist die einfache Wahrheit. Die Philosophie sollte die Mannigfaltigkeit der Erfahrung mit weniger leeren Prinzipien zu vereinheitlichen suchen.

M &S: Ihr Hauptvorwurf an die Philosophen?

William James: Sie haben stets die dünnere Methode der dichteren vorgezogen, weil für sie die Abstraktionen der Dialektik mehr akademische Würde enthielten als die verworrenen und krankhaften Tatsachen persönlicher Lebensbeschreibung.

M &S: Was empfehlen Sie?

William James: Die Rückkehr zum Leben erfolgt nicht durch Reden. Sie ist eine Tat; (...)

M &S: Und Tat heißt Bewegung...

William James: Unser Bedürfnis, uns hin und her zu bewegen, unsere Glieder zu strecken und unseren Körper zu beugen, zeigt nur unseren Mangel. Was sind unsere Beine anders als Krücken, vermittels deren wir mit rastlosen Anstrengungen nach den Dingen jagen, die wir nicht in uns selbst haben?

M &S: Der Pragmatismus braucht die Aktion. Nur in der Handlung zeigt sich, ob Gedanken nützlich sind oder ob Erfahrungen wirklich zutreffen. Wir wissen...

William James:(...), daß Gedanken, die ja selbst nur Teile der Erfahrung sind, genau in dem Umfang wahr sind, als sie uns behilflich sind, uns in zweckentsprechende Beziehungen zu andern Teilen unsrer Erfahrung zu setzen,(...) Die Vorstellung *wird* wahr, wird durch Ereignisse wahr *gemacht*. Ihre Wahrheit ist tatsächlich ein Geschehen, ein Vorgang, und zwar der Vorgang ihrer Selbst-Bewahrheitung, ihre *Verifikation* (...) Im Anfang war die Tat. Als Erstes kommt immer die Tatsache; die begriffliche Verarbeitung ist immer ein zweites, immer ein inadäquates, das niemals ein volles Äquivalent der Tatsache sein kann.

M &S: Das bedeutet auch, daß wir erst im Rückblick erkennen, ob unsere Handlung richtig war.

Eine pragmatische Plauderei mit William James

William James: Wir leben vorwärts, wir verstehen rückwärts, hat ein dänischer Schriftsteller gesagt. Wenn man das Leben mittels Begriffe verstehen will, dann muß man seine Bewegungen aufhalten; man muß es wie mit einer Schere in Stükke zerschneiden.

M &S: Dahinter steht die Fiktion des Augenblicks, die Hoffnung, die Zeit möge ein wenig still stehen, wie im Märchen vom Dornröschen.

William James: Der gegenwärtige Augenblick, buchstäblich genommen, ist eine rein willkürliche Annahme, aber keine wirkliche Tatsächlichkeit: der einzige gegenwärtige Augenblick, der je konkret erlebt wurde, ist der »scheidende« Moment, in den das schwindende Nachleuchten der Vergangenheit mit der aufdämmernden Zukunft ihr Licht stets mischen. Sprich »jetzt«, und schon war es dahin, während du es aussprichst.

M &S: Der Augenblick kann sozusagen der Wendepunkt zwischen alter und neuer Erfahrung sein; daher seine außergewöhnliche Bedeutung in Ihrer Philosophie.

William James: Der einzelne Mensch hat bereits einen Vorrat an alten Ansichten. Jetzt stößt er auf eine neue Erfahrung und dies setzt die alten Meinungen in Bewegung.

M &S: Nicht immer ist die Realität so eindeutig! In der Regel ist sie komplexer als wir meinen!

William James: Um in die Dichte der Realität einzudringen, müssen wir sie entweder bei uns selbst als einem Teil dieser Realität unmittelbar erleben, oder wir müssen sie zu ergreifen versuchen vermöge einer intuitiven Einfühlung in das innere Leben eines anderen.

M &S: Da geht es um Empathie und Empfindung!

William James: Die Empfindung an sich, schreibt Green, ist flüchtig, dem Augenblicke angehörend, unbenennbar, da sie schon, während wir ihr einen Namen geben, eine andere geworden ist (...). Der »vorübergehende« Augenblick ist, wie ich Ihnen schon einmal sagte, die kleinste Tatsache, die uns zugänglich ist, und sie schließt innerhalb und außerhalb ihrer selbst die »Erscheinung des Unterschiedes« ein. Empfinden wir nicht in einem Bewußtseinsfelde Vergangenheit und Gegenwart zusammen, so empfinden wir sie überhaupt nicht.

M &S: Die Frage ist, welche Empfindungen registriert und welche verdrängt werden.

William James: Wir lassen eine Empfindung zu oder schließen sie aus, indem wir unsere Aufmerksamkeit ändern.

Eine pragmatische Plauderei mit William James

M&S: Gerhard Schulze, ein moderner Soziologe, meint, daß Erlebnisse keine passende soziologische Terminologie begründen können. Sie sind zu individuell. 50 Menschen sehen einen Film und haben 50 Meinungen.

William James: Wie, so fragte ich, kann ein und derselbe identische Erfahrungsinhalt, dessen Sein nach idealistischen Prinzipien im Erlebtwerden besteht, so verschieden erlebt werden, wenn dieser Erfahrungsinhalt selbst es ist, der als das einzige Subjekt des Erlebens zu gelten hat?(...) Besitzt nicht jedes Stück Erfahrung seine Qualität, seine Dauer, seine Ausdehnung, seine Intensität, seine ihm eigene Tendenz, seine eigene Klarheit und noch viele andere Aspekte, von denen keines in der Vereinzelung für sich existieren kann, zu der unsere geschwätzige Logik sie verdammt?

M&S: Eine treffende Kritik: geschwätzige Logik! Können wir der Realität mit Worten überhaupt gerecht werden?

William James: Die Realität sinkt zusammen, wenn sie in die begriffliche Analyse übergeführt wird, sie steigt wieder empor, wenn sie ihr eigenes ungeteiltes Leben lebt – sie knospet und sproßt, ändert sich und schafft Neues.

M&S: Auch Wahrheit ist ein sehr relativer Begriff. Wahre Aussagen können manchmal sehr nutzlos sein.

William James: Wenn Sie mich fragen, wieviel Uhr es ist, und ich antworte, daß ich in der Irving-Straße Nr.95 wohne, so ist meine Antwort ja vielleicht wahr, aber Sie sehen nicht ein, warum es meine Pflicht sein soll, sie zu geben. Eine falsche Adresse hätte hier dem Zweck ebenso entsprochen.

M&S: Auch die pragmatische Realität erweist sich als sehr kompliziert!

William James: Nichts Wirkliches ist vollkommen einfach; jeder Teil der Erfahrung, so klein er auch sei, ist ein multum in parvo, das mit anderem in vielfacher Beziehung steht.

M&S: Ihr Denken erscheint logisch und geradlinig. Hatten Sie nie Zweifel an Ihrer Theorie?

William James: Ich habe nun zu bekennen (und das wird Ihr Interesse von neuem beleben), daß ich mich aus den Schwierigkeiten nicht herausgearbeitet hätte und so leichten Herzens die Logik zurückgesetzt oder sie aus den höheren Regionen der Philosophie verbannt hätte, um ihr ihren rechtmäßigen und ehrenvollen Platz in der Welt der einfachen menschlichen Praxis anzuweisen, wenn ich nicht durch Henri Bergson, einen vergleichsweise jungen Denker, beeinflußt worden wäre. Die Lektüre seiner Werke hat mich kühn gemacht.

M&S: Der Weg von der Idee zur Realisierung ist steinig!

Eine pragmatische Plauderei mit William James

William James: Eine Weltauffassung steigt irgendwie vor Ihnen auf. Sie fragen: Ist sie wahr oder nicht?

Sie könnte irgendwie wahr sein, sagen Sie, denn sie ist nicht in sich widersprechend.

Sie kann wahr sein, sogar hier und jetzt.

Sie besitzt alle Erfordernisse, um wahr zu sein, es wäre gut, wenn sie wahr wäre, sie sollte wahr sein, fühlen Sie sogleich.

Sie muß wahr sein, flüstert darauf in Ihnen eine überzeugende Stimme; und dann – als schließliches Ergebnis. –

Sie soll für wahr gehalten werden, entscheiden Sie; sie soll für Sie so sein, als wenn sie wahr wäre.

Und indem Sie nach dieser Überzeugung handeln, können Sie sie in gewissen besonderen Fällen schließlich auch wahr machen.

M &S: Danke für das Interview, das uns schon etwas auf den pragmatischen Boden gezogen hat. Vielleicht haben Sie zum Trost noch etwas Poetisches auf Lager?

William James: Wir sind auf irgend eine Weise gefallene Engel, die jedoch mit diesen nur die Intelligenz gemein haben(...)

Alle Zitate aus:

William James: Was ist Pragmatismus. Weinheim 1994
ders.: Das pluralistische Universum. Darmstadt 1994

Man muß irgendwo im Körper ein Herz besitzen, um auch im Kopfe ein wirkliches Gleichgewicht zu haben.

Eine Unterhaltung mit Ellen Key

Ellen Key
* 11. 12. 1849 Sundsholm
† 25. 4. 1926 Alvastra
Schriftstellerin, Reformpädagogin, Pazifistin, Frauenrechtlerin

Eine Unterhaltung mit Ellen Key

Ihr Buch »Das Jahrhundert des Kindes« (1900 »Barnets århundrade«, 1902 ins Deutsche übersetzt) gab einer ganzen Epoche der europäischen Reformpädagogik das Schlagwort. Ihr pädagogischer Imperativ lautete:» Würde ich selbst damit einverstanden sein, so behandelt zu werden, wie ich eben mein Kind behandelt habe?« Dahinter steckt noch mehr: die Idee des neuen Jahrhunderts, einer neuen Gesellschaft, eines neuen Menschen. Grundlage des pädagogischen Denkens von Ellen Key ist Rousseau und sein Konzept der Minimalerziehung. Ellen Key ist nicht nur engagierte Pädagogin, sondern gleichermaßen Frauenrechtlerin, Sozialistin und Sozialkritikerin. Sie besuchte nie eine Schule, sondern erhielt Privatunterricht, wurde mit zwanzig Journalistin, später Lehrerin an einer Mädchenschule und Dozentin am Stockholmer Arbeiterinstitut.

M&S: Sehr geehrte Frau Key, wieder stehen wir vor einem neuen Jahrhundert und wieder gibt es Ängste und Hoffnungen. Die Situation der Kinder und Jugendlichen im reichen Deutschland wird immer schwieriger. Die Jugendarbeitslosigkeit nimmt zu, die Gewaltkriminalität steigt erschreckend an. Woran fehlt es der Jugend tatsächlich?

Ellen Key: Wenn die Jugend einer Zeit ohne Ideale dasteht, dann erleben wir ein Jahrhundertende, gleichviel wie die Jahreszahl lauten möge. Aber wenn eine Jugend mit dem Gefühl dasteht, große Aufgaben zu haben, dann beginnt ein neues Jahrhundert.

M&S: Familien mit mehreren Kindern und Jugendlichen sind zu einer Minderheit geworden, scheinbar bedeutungslos für die Gesellschaft, die Politik und oft nur gut genug für Sonntagsreden.

Ellen Key: Bis jetzt erfährt man bloß in Schulreden und pädagogischen Abhandlungen, daß die Erziehung der Jugend die höchste Angelegenheit des Volkes ist; in Wirklichkeit werden sowohl in der Familie wie in den Schulen und im Staate ganz andere Werte in den Vordergrund gestellt.

M&S: Manche Pädagogen, – Pardon, Pädagoginnen und Pädagogen, wir möchten Ihnen als eine der ersten großen Frauenrechtlerin gerecht werden – , strahlen so etwas wie eine Resignation und Apathie aus, so als ob die Welt nicht veränderbar sei, wenigstens nicht durch die Erziehung.

Ellen Key: Einige begnügen sich damit, überlegen zu erklären, daß es so, wie es ist, bleiben müsse, da die menschliche Natur dieselbe bleibt; da der Hunger, die Fortpflanzung und das Verlangen nach Geld und Macht immer den Weltverlauf beherrschen würden. Andere wieder sind überzeugt, daß, wenn die Lehre, die durch 1900 Jahre vergeblich versucht hat, diesen Verlauf umzuwandeln, einmal

Eine Unterhaltung mit Ellen Key

eine lebendige Wirklichkeit in den Seelen der Menschen würde, die Schwerter zu Pflugscharen umgeschmiedet werden würden.

M & S: Nun hat es auch zu Ihrer Zeit heftige Angriffe auf das Schulsystem gegeben, z. B. in Deutschland von seiten der Kulturkritik. Pädagogische Innovationen allerdings gingen vor allem von englischen Schulversuchen aus.

Ellen Key: Das bis jetzt wichtigste positive Resultat dieser Kritik ist die von Dr. Cecil Reddie gegründete Schule in Abbotsholme, Rochester, Staffordshire, über die nun ein ausführlicher Bericht vorliegt.

M & S: Hermann Lietz hat sich von Abbotsholme inspirieren lassen und diese Ideen durch sein Buch »Emlohstobba« – ein Anagramm – in Deutschland bekannt gemacht. Allerdings gab es in Deutschland bereits eine bedeutende Tradition der sogenannten natürlichen Erziehung.

Ellen Key: Über die großen deutschen und schweizerischen Pädagogen und Psychologen Comenius, Basedow, Pestalozzi, Salzmann, Fröbel, Herbart usw. brauche ich mich für einen deutschen Leserkreis nicht weiter auszusprechen. Ich will nur daran erinnern, daß die größten Männer Deutschlands – Lessing, Herder, Goethe, Kant u. a. – für die natürliche Erziehung eingetreten sind.

M & S: Mit der Reformpädagogik kam die Hinwendung zur Natur, zum einfachen Leben auf dem Lande. Was machen die Kinder der großen Städte?

Ellen Key: Solange es noch Großstädte gibt, muß man den armen Kindern dort zu den Möglichkeiten der Landkinder verhelfen, sich aus der sie umgebenden Welt Spielsachen zu machen und durch die Obliegenheiten des eigenen Heims wirkliche »Arbeit« zu erhalten, nicht die mit dem Ernst der Wirklichkeit ganz zusammenhanglose Spiel-«Arbeit« des Kindergartens.

M & S: Kindergarten ist ein Stichwort. Aber bleiben wir zuerst bei Ihrer Vision einer neuen Schule, die ja ein besonderes Lehrer-Schüler-Verhältnis zur Grundlage hat.

Ellen Key: Der Lehrer soll das Kind mit Blüten versehen, aus denen es Honig saugen kann, aber es soll ihn selbst bereiten.

M & S: Eine schöne Metapher, aber auch romantisch und etwas entfernt von den Mühen des pädagogischen Alltags. Zu Ihrer Zeit war ja die körperliche Züchtigung der Normalfall!

Ellen Key: Der Erzieher will das Kind mit einem Schlage fertig und vollkommen haben; er zwingt ihm eine Ordnung, eine Selbstbeherrschung, eine Pflichttreue, eine Ehrlichkeit auf, die die Erwachsenen sich dann mit staunenswerter Geschwindigkeit abgewöhnen.

Eine Unterhaltung mit Ellen Key

M&S: Eine sicherlich müßige Frage: wie stehen Sie zu häufigen körperlichen Züchtigungen in der Schule um 1900?

Ellen Key: Die körperliche Züchtigung hat den Charakter, den schon Comenius treffend angab, wenn er den Erzieher, der zu diesem Mittel greift, mit einem Musiker vergleicht, der sein ungestimmtes Instrument mit den Fäusten bearbeitet, anstatt Ohr und Hand zu brauchen, um es zu stimmen!

M&S: Natürlich sind wir auch gegen Schläge, sie offenbaren meist die pädagogische Hilflosigkeit. Aber woher soll die Erzieherin neuen Mut schöpfen?

Ellen Key: Um wahr zu sein, bedarf es vor allem ungebrochenen Mutes, und wie jemand sagt, brauchen viele nervöse kleine Lügner nicht Schläge, sondern kräftige Nahrung und Freiluftleben.

M&S: Können Sie sich wirklich eine Schule ohne Noten, Leistung und Wettkampf vorstellen?

Ellen Key: Jeder Wetteifer, der durch Zeugnisse und Preise entschieden wird, ist ein in Grund und Boden unsittliches Erziehungsmittel.

M&S: Von welchen Prinzipien läßt sich Ihre Schule leiten?

Ellen Key: Die Unterrichtsweise müßte die Breite, die Ruhe, die Anschaulichkeit und die Selbsttätigkeit auf seiten der Kinder voraussetzen, die jetzt durch das Hetzen und Jagen und die vielen Abstraktionen zerstört werden.

M&S: Nun gut, das sind nur Andeutungen. Jede Schule hat sich mit der Vermittlung einer gewissen Stoffülle auseinanderzusetzen – und selbstverständlich die praktischen Fertigkeiten zu unterstützen.

Ellen Key: Endlich müßten diese Schulen in dem Alter von ungefähr 15 bis 16 Jahren abschließen, damit die Jugend dann entweder ins praktische Leben treten oder zu Fortsetzungs- und Anwendungsschulen übergehen könnte. Wünschenswert wäre es, wenn die Sitte eingeführt würde, die Grundtvig anempfohlen hat, nämlich: daß das eine oder andere Ruhejahr eintrete, bevor die Studien wieder anfingen.

M&S: Ein Sabbatjahr! Die Entdeckung der Langsamkeit, die kreative Pause – das sind auch Ziele einer modernen Pädagogik! Daneben scheint es uns noch wichtig zu sein, daß jedes Kind individuell gefördert wird und seine besonderen Fähigkeiten findet.

Ellen Key: Das eine Kind muß Lesen oder Sport oder Handarbeit in ganz verschiedenem Maße haben als das andere; das eine soll früh, das andere spät dazu gelangen, die Bildungsmittel von Museumsbesuchen oder Reisen (am besten Fußreisen) zu genießen usw. Und das »Unumgängliche« wird dann auf das ge-

Eine Unterhaltung mit Ellen Key

ringstmögliche Maß eingeschränkt. Das was jeder Mensch zu können braucht, um sich im Leben zurechtzufinden, ist überaus wenig.

M&S: Ihre Ansicht ist in der Tat modern. Exemplarisches Lernen, würden die Didaktiker sagen. Und doch müssen wir in Grundlagenfächern, wie z.B. Mathematik, ein Grundwissen vermitteln.

Ellen Key: Im Winter z.B. wird in meiner geträumten Schule Mathematik gelernt; die paßt zu der kalten und klaren Winterluft! Aber im Frühling und im Herbst studiert man den ganzen Tag die Natur draußen in der Natur selbst, nicht jedes Gebiet der Natur als einen besonderen Gegenstand, und die Einsichten in die Geologie, die Botanik und die Tierwelt werden in einem unzertrennlichen Zusammenhang erworben.

M&S: Hm, wir verstehen! Im Winter Mathematik?! Womöglich im Freien?

Ellen Key: Soweit als möglich werden die Lektionen im Freien erteilt, und eine Lektion im Zimmer zu unterbrechen um den Kindern ein seltenes, schönes Naturschauspiel zu zeigen, hält Mr. Lowerison mit vollem Rechte für eine gute Methode.

M&S: Nun gut, wir wissen, daß Sie der Bewegung in der Natur großen Wert beimessen.

Ellen Key: Man hat wieder die Bedeutung der körperlichen Übungen eingesehen und nachdem man die schmerzlichen Erfahrungen gemacht hat, die notwendig sind, um die Folgen der Übertreibung und Überanstrengung, der Wettraserei und der Sporttorheit zu hindern – die sich besonders für die Frauen mit Hinblick auf die Mutterschaft oft verhängnisvoll gezeigt haben –, wird Sport und Spiel, Gymnastik und Fußwanderung, Natur- und Freiluftleben und eine nach dem Muster der schwedischen Volkstänze regenerierte Tanzkunst eine der herrlichsten Quellen der psychischen und physischen Erneuerung der Generation werden.

M&S: Die Bedeutung der Gymnastik ist nichts Neues. Schon die alten Griechen haben ihre Bildung auf der Gymnastik aufgebaut.

Ellen Key: Gewiß kann die Gymnastik lebendiger werden, wenn man sie mit Physiologie und Hygiene verbindet, so wie die Mathematik es durch die Verbindung mit Handarbeit und Zeichnen wird. Aber nie kann sie an Wert der naturfrischen Bewegung gleichkommen.

M&S: Wir denken eher an die sportliche Betätigung, deren persönlichkeitsbildender Wert ständig unterschätzt wird.

Ellen Key: Vor dem reinen Sport werden alle natürlichen Körperübungen bevorzugt, wie Schwimmen, Rudern, Fußwanderungen und Beschäftigung mit Tischlerei, Gartenbau und Pflege von Haustieren, obgleich Kricket und dergleichen nicht vernachlässigt wird.

Eine Unterhaltung mit Ellen Key

M&S: Ist Ihre Wertschätzung der naturfrischen Bewegung, des Freiluftlebens nicht auch, wie die moderne Erlebnispädagogik, eine Gegenreaktion zu den Gefahren des übersteigerten Luxus, der Bequemlichkeit, dem Erleben aus zweiter Hand?

Ellen Key: Man sieht auf der anderen Seite, daß die Kinder, an allem Luxus und aller Überfeinerung des Hauses teilnehmend, die Ansprüche der Erwachsenen an Vergnügungen und Eleganz stellen, selbst Bälle und Soupers zu Hause oder in Hotels für ihre Schulkameraden geben, Veranstaltungen, bei denen alle Eitelkeit und Torheit der Erwachsenen getreulich nachgebildet wird.

M&S: Eine Kindheit, die das Spießbürgertum der Erwachsenenwelt antizipiert und die bei der Suche nach wirklichem Erleben in eine Sackgasse führt?

Ellen Key: Man begreift diese unglückliche Reaktion gegen das künstliche Dasein, in dem die Kinder und die Jugend der Gegenwart aufwachsen, ein Dasein, das eine leidenschaftliche Sehnsucht nach den Wirklichkeiten des Lebens hervorruft, nach Selbsttätigkeit auf eigene Gefahr und eigene Verantwortung, anstatt wie jetzt beständig zu Hause wie in der Schule der Gegenstand der Tätigkeit anderer zu sein!

M&S: Da wird die Natur, die Einfachheit, zum Korrektiv. Eine solche kompensatorische Funktion, die ohne Zweifel nachzuweisen ist, wäre aber dauerhaft keine hinreichende Begründung für eine Erziehung in und durch die Natur.

Ellen Key: Das Leben – das Leben der Natur und des Menschen – , das allein erzieht fürs Leben.

M&S: Hm, naja, das...

Ellen Key: Man soll nicht eine Seele, nicht einen Körper heranbilden: sondern einen Menschen. Nichts soll bloß für einen Teil geschehen, sondern beide müssen wie ein an die gleiche Deichsel geschirrtes Zwiegespann behandelt werden. Eher soll man dem Körper mehr geben als der Seele, denn diese lernt mehr durch den Körper als der Körper durch die Seele.

M&S: Zugegeben, das klingt verführerisch gut, verbleibt aber zu sehr im allgemeinen. Noch ein Einwand zu Ihrem Mythos »Kind«. Führt das nicht zu einer Verherrlichung der Kindheit, mit der Verwöhnung und Verzärtelung einhergeht, zu einer Pädagogengeneration, die Erziehung nur mehr als Beziehung versteht?

Ellen Key: Die Kinder erhalten nicht alles als Geschenk: nach Maßgabe ihrer Kräfte müssen sie an den Arbeiten des Heims teilnehmen; sie lernen Rücksicht auf Eltern, Diener und einander nehmen; sie haben Pflichten und Rechte, ebenso unerschütterlich wie die der Älteren, und man hat Achtung vor ihnen, ebenso wie man sie lehrt, Achtung vor anderen zu haben. Sie kommen in tägliche Berührung mit Wirklichkeiten; sie können Nutzen tun, nicht bloß so machen, als täten sie es;

sie schaffen sich ihre Vergnügungen, ihre kleinen Einkünfte, ja selbst ihre Strafen selbst, weil die Eltern sie niemals hindern, die natürlichen Folgen ihrer Handlungen zu erleiden.

M &S: Das ist die klassische Position von Rousseau: Die Natur, die Dinge und die Menschen erziehen – und diese Reihenfolge zeigt auch die Bedeutung an.

Ellen Key: Ruhig und langsam die Natur sich selbst helfen lassen und nur sehen, daß die umgebenden Verhältnisse die Arbeit der Natur unterstützen, das ist Erziehung.

M &S: Daraus leitet sich das Konzept des Erfahrungslernens ab, das Handlung und Folge in einen Zusammenhang bringt, denn...

Ellen Key: (...) wenn die Mutter z. B. das Kind schlägt, weil es das Licht anrührt, so rührt es das Licht eben an, wenn die Mutter draußen ist; aber man lasse es sich am Licht verbrennen – dann läßt es dasselbe gewiß in Ruhe.

M &S: Genau!

Ellen Key: Warum lernt das Kind sehr bald, daß das Feuer brennt? Weil das Feuer es immer tut. Aber Mama, die einmal schlägt, einmal droht, einmal besticht, einmal weint, einmal versagt und gleich darauf erlaubt, die das nicht hält, womit sie droht, nicht zum Gehorsam zwingt, nur unablässig schwätzt, schilt – die, mit einem Worte »es manchmal so machte, manchmal so und manchmal anders« – sie hat nicht die kräftige Erziehungsmethode des Feuers!

M &S: Es geht also darum, daß das Kind seine eigenen Erfahrungen machen kann, auch wenn sie gelegentlich schmerzhaft sind.

Ellen Key: Bei jedem Schritte das Kind den wirklichen Erfahrungen des Lebens begegnen zu lassen, niemals die Dornen von seinen Rosen zu pflücken, das ist es, was die Erzieher noch am wenigsten verstehen.

M &S: Auch das klingt romantisch angesichts der großen Gefahren für Kinder, z.B. im Straßenverkehr! Wie wird eine Erzieherin Ihrem Anspruch und ihrer pädagogischen Verantwortung gerecht?

Ellen Key: Ist bis auf weiteres oder auch in Zukunft ein Kindergarten nötig, so lasse man ihn ein Platz für die Kinder sein, wo diese dieselbe Freiheit wie Kätzchen oder Hündchen haben, für sich selbst zu spielen, sich selbst etwas auszudenken, und wo sie nur mit Mitteln versehen werden, etwas auszuführen, und mit Kameraden, um mit ihnen zu spielen. Man lasse eine kluge Frau daneben sitzen und zusehen, und nur dann eingreifen, wenn die Kinder im Begriffe sind, sich selbst oder einander Schaden zuzufügen; sie gebe ihnen hier und da eine Handreichung, erzähle ihnen ein Märchen oder lehre sie ein lustiges Spiel, aber sei im übrigen anscheinend ganz passiv, jedoch unermüdlich aktiv in der Beobachtung der Charakterzüge und der Anlagen, die das Spiel nur in dieser freien Form offenbart.

M&S: Bleiben wir beim Kindergarten und beim Kinderzimmer. In Bayern gab es vor kurzem die Aktion »Spielzeugfreier Kindergarten« bzw. natürlich auch: Kinderzimmer. Was halten Sie davon?

Ellen Key: Es ist damit wie mit den Spielsachen: die selbstgemachten gewähren unerschöpfliches Vergnügen, während die fertig gekauften gewöhnlich nur zwei Freuden bereiten: das Zeigen und dann das Zerlegen, um das Uhrwerk herauszufinden, die einzige Selbsttätigkeit, die dabei möglich ist.

M&S: Dann wäre das selbstbestimmte Spielzeug und der (fast) leere Raum ein anregendes, erziehendes Umfeld?

Ellen Key: Überhaupt sind, wie eine junge Mutter bemerkt hat, die leeren japanischen Zimmer ideal, um Kinder darin zu erziehen, während unsere modernen überfüllten Zimmer schon der Kinder wegen verwerflich sind. Gerade während der Jahre, wo die eigentliche Erziehung des Kindes durch Anrühren, Schmecken, Beißen, Befühlen usw. vor sich geht, hören sie jeden Augenblick den Ruf: Stehen lassen!

M&S: Es geht Ihnen um die Sinneseindrücke, die nicht so leicht oder auch gar nicht pädagogisch planbar sind?

Ellen Key: Beinahe jeder denkende Mensch fühlt, daß die tiefst erziehenden Eindrücke in seinem Leben mittelbare gewesen sind: ein guter Rat, der nicht an ihn selbst gerichtet war, eine edle Handlung, die ohne Beziehung erzählt wurde. Aber als Erzieher vergessen sie all ihre eigenen Erfahrungen!

M&S: Nehmen Sie hier Ihre Kindheit als Maßstab?

Ellen Key: Hat man selbst als Kind am Strande oder im Walde gespielt, in einem geräumigen Kinderzimmer oder in einer Bodenrumpelkammer, und andere Kinder so spielen gesehen, dann weiß man, welchen hundertfachen Wert ein solches freies Spiel für die Vertiefung der Seele, für die Unternehmungslust und die Phantasie hat, im Vergleiche mit den von Erwachsenen angeordneten und unterbrochenen Spielen und Beschäftigungen.

M&S: Sollte sich der Erzieher in das Kind einfühlen können?

Ellen Key: Selbst wie das Kind zu werden, ist die erste Voraussetzung, um Kinder zu erziehen.

M&S: Ihr Blick geht in die Zukunft; das versteht sich, jetzt am Beginn des neuen Jahrhunderts. Ist im Rückblick früher alles schlechter gewesen?

Eine Unterhaltung mit Ellen Key

Ellen Key: Diese einstmalige Vornehmheit, der Mut, sich so zu geben, wie man war, der fehlt in den Häusern von heutzutage, und Mangel an Mut hat Mangel an Freude im Gefolge.

M&S: Vielleicht lag es am Generationenverhältnis; auch die Machtverhältnisse waren damals eindeutiger.

Ellen Key: Früher waren die Kinder still wie Mäuschen in der Gegenwart von älteren Personen, und anstatt wie jetzt das Gespräch der Gäste zu unterbrechen, lernten sie zuhören, was – wenn das Gespräch der Erwachsenen inhaltsreich ist – eines der besten Erziehungsmittel der Kinder genannt werden kann.

M&S: Aber dem romantischen Motto, daß früher alles besser gewesen sei, können Sie wohl kaum folgen?

Ellen Key: Von Zeit zu Zeit hört man immer wieder Anklagen gegen die Gegenwart und ihre Verderbtheit im Gegensatz zum sittlichen Ernst früherer Zeiten. Diese Anklagen sind ebenso laut und ebenso grundlos wie die meisten derartigen Beschuldigungen.

M&S: Frau Key, dürfen wir Sie um ein Schlußwort bitten?

Ellen Key: Man muß irgendwo im Körper ein Herz besitzen, um auch im Kopfe ein wirkliches Gleichgewicht zu haben. Und nur derjenige, welcher gelernt hat, einige wenige so tief zu lieben, daß er für sie sterben kann, wird imstande sein, für viele schön zu leben.

Alle Zitate aus:

Ellen Key: Das Jahrhundert des Kindes. Weinheim und Basel 1992

Es kömmt darauf an, sie zu verändern

Ein Disput mit Karl Marx

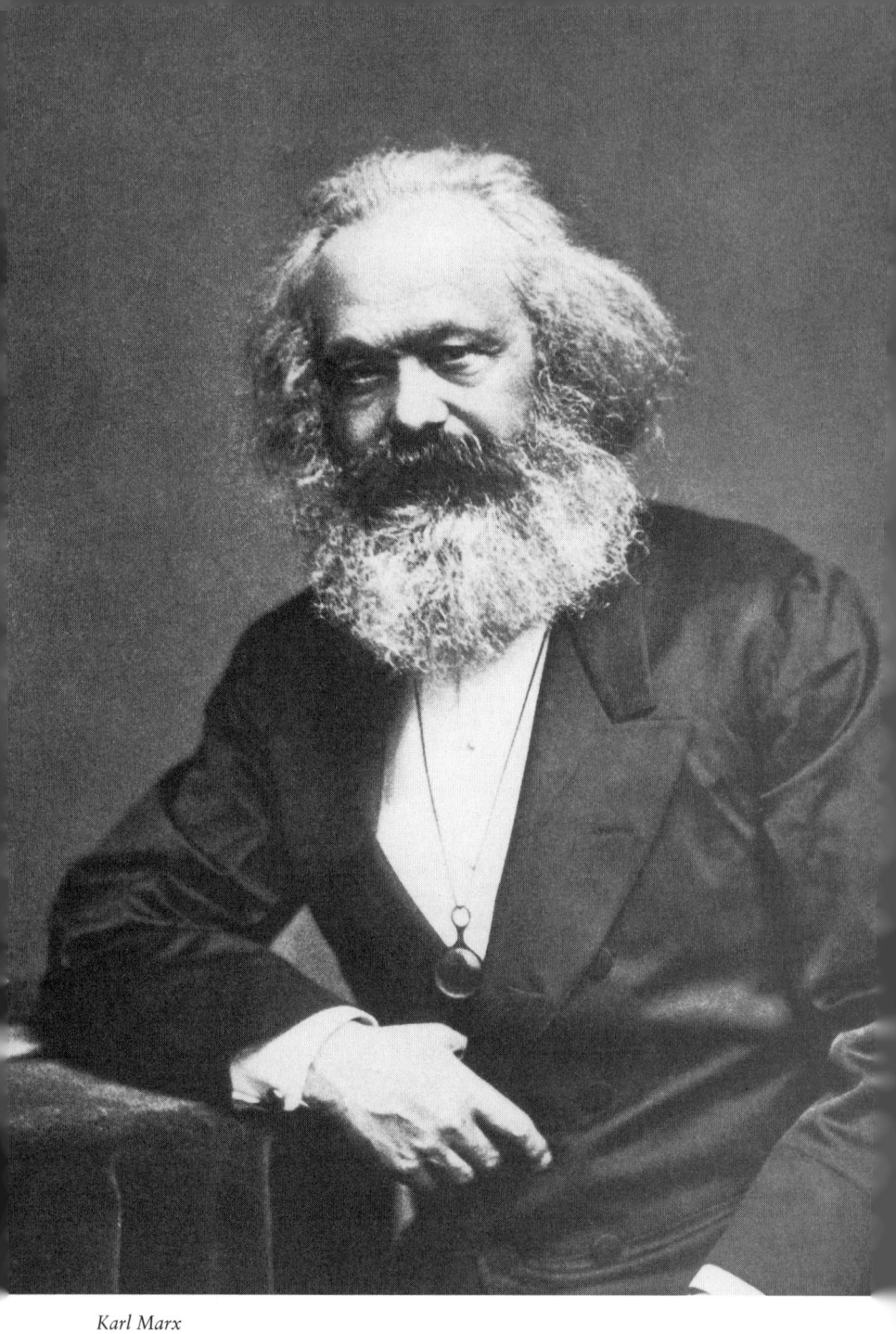

Karl Marx
* 5.5.1818 Trier
† 14.3.1883 London
Philosoph, Begründer des historischen Materialismus, kommunistischer Aktivist und Publizist

Ein Disput mit Karl Marx

Die Philosophen, so meinte einst Sokrates, sollten doch die eigentlichen Staatenlenker sein, denn ihnen allein gebreche es nicht an Vernunft und Einsicht. Welcher Philosoph könnte von sich behaupten, er habe das Bild und die Geschicke der Welt so beeinflußt und geprägt wie Karl Marx? Der Marxismus hat es in den sozialistischen und kommunistischen Staaten zur umfassenden Wirksamkeit eines Gedankengebäudes gebracht. Doch wer wollte heute, zehn Jahre nach dem Zusammenbruch des Ostblocks und seiner Herrschaftssysteme, behaupten, Marx habe den Menschen in den kommunistischen Ländern ideale Staaten beschert? Der Traum der Philosophen war zum realen Alptraum geworden. Das ist keine Seltenheit, wenn Utopien eingelöst werden. Und doch treiben sich allenthalben noch »Marx' Gespenster« herum, wie ein Buchtitel eines ganz anderen Philosophen – des Franzosen Jacques Derrida – lautet. Noch stehen sie herum, die Torsi der mächtigen Männer, und künden von vergangener Herrschaft und durchsichtig gewordenen Fiktionen. Noch geistern sie herum, die Satzfetzen und Denkfragmente, die niemand mehr haben will. Nach der Wiedervereinigung bekam man Marx' gesammelte Werke auf den Straßen von Berlin hinterhergeworfen. Was tun mit diesen Bruchstücken und Trümmern eines Denkens, dessen politische Karriere ein Desaster wurde? Lesen, meinen wir, denn das schreckt die bösen Geister wie den Teufel das Weihwasser und lädt die guten zum Verweilen ein. Deshalb baten wir Herrn Marx zum Interview.

Der Sohn des Justizrates Heinrich Marx macht sein Abitur am Trierer Friedrich-Wilhelms-Gymnasium und geht zum Jurastudium nach Bonn. 1836 verlobt er sich mit Jenny von Westphalen, die er sieben Jahre später heiraten wird. Mehr und mehr wendet er sich von der Juristerei ab und verlegt sich auf die Philosophie. Besonders der Deutsche Idealismus, speziell Hegels »Phänomenologie des Geistes«, nehmen sein Denken gefangen. 1838 erreicht ihn die Nachricht vom Tod seines Vaters, der damit zum Auftakt einer Reihe von Todesfällen wird, die während Marx' 65jährigem Leben nicht abreißen soll. Marx wird außer seinen Eltern seine Frau, zwei seiner vier Kinder und mehrere enge Freunde überleben. Trotz erfolgreicher Promotion in Jena zerschlagen sich seine Hoffnungen auf eine akademische Karriere in Bonn, und Marx macht den Schritt ins tätige Leben. Er wird Redakteur der »Rheinische Zeitung«, die die preußische Zensur 1843 verbietet. Nach seiner Heirat geht Marx nach Paris, wo er mit Heinrich Heine, Georg Herwegh und Proudhon verkehrt und schließlich seinen Weggefährten und Mitstreiter Friedrich Engels kennenlernt. 1845 wird ein turbulentes Jahr: Gemeinsam mit Engels entsteht »Die Heilige Familie«, eine Schrift, die sich gegen Bruno Bauer richtet, und die »Thesen über Feuerbach«. Marx wird aus Frankreich ausgewiesen und begibt sich nach Brüssel, wo er drei Jahre später ebenfalls ausgewiesen wird. Im Juli und August reisen Marx und Engels nach England, wo Marx nach dem Kölner Kommunistenprozeß wegen »Aufreizung zur Rebellion« – der mit seinem Freispruch endete – und der Erklärung zum Staatenlosen durch die preußische Regierung, Aufnahme findet. Auch dort nimmt er wieder eine publizistische Tätigkeit auf.

Ein Disput mit Karl Marx

In Deutschland weht den Kommunisten der politische Wind frontal ins Gesicht und der Kommunistenbund wird aufgelöst. Gemeinsam mit Engels verfaßt Marx 1848 das »Manifest der Kommunistischen Partei«. 1851 beginnt Marx mit der Arbeit an seinem Hauptwerk »Das Kapital«, das teilweise posthum von Engels herausgegeben wurde. In London bildet sich die kommunistische »Internationale«, deren 1. Kongreß 1866 in Genf stattfindet. 1867 erscheint der erste Band von »Das Kapital. Kritik der politischen Ökonomie«. Je mehr der Marxismus sich in konkreten politischen Organisationsformen ausprägte, desto stärker machten sich Abspaltungstendenzen und Aufsplitterungen geltend; Mitglieder- wie Bakunin – wurden ausgeschlossen und zur persona non grata erklärt. Die Vereinigung der deutschen Arbeiterparteien zu einer Sozialistischen Arbeiterpartei in Gotha verfolgt Marx mit Argwohn. Seine »Kritik des Gothaer Programms« erscheint jedoch erst 1891, sechzehn Jahre danach. Fünf Jahre vor seinem Tod erlebt Marx noch das Inkrafttreten der Bismarckschen »Sozialistengesetze«, die ihren Teil zur Unterdrückung, Kriminalisierung und Radikalisierung der sozialistischen Bewegung beitrugen. Am 14. März 1883 stirbt Marx in London.

Marx' historischer Materialismus ist historisch kompromittiert, kein Zweifel. Mit seiner Auffassung von Philosophie als Wirklichkeitswissenschaft, deren Gegenstand sich primär der Leidenschaft und dem Bedürfnis und dann erst dem Wissen erschließt, bleibt er jedoch nicht zuletzt für ein Verständnis von Lernen durch Erfahrung aktuell.

M & S: Herr Marx, in letzter Zeit mag kaum noch jemand mit Ihnen sprechen, wir finden das eigentlich ungerechtfertigt und auch ein wenig unfair Ihnen gegenüber. Manchmal könnte man direkt den Eindruck bekommen, daß man Sie verschweigen und austreiben will, wie einen bösen Geist. Der Kommunismus war ja allen immer schon ein bißchen unheimlich. Aber, um offen zu sein, wir sind ganz einfach ziemlich unwissend und neugierig. »Das Kapital« haben wir als echte Postachtundsechziger ehrlich gesagt nie gelesen. Aber, wie Sie wissen, haben wir ja ein ganz spezielles Interesse und möchten wissen, ob und was Sie über das Verhältnis zwischen Mensch und Natur, Denken und Handeln, Erleben und Lernen denken.

In diesem Sinne gleich unsere erste Frage: Kommt denn dem menschlichen Denken überhaupt eine praktische Relevanz zu, oder ist es nicht eine Welt für sich?

Karl Marx: Die Frage, ob dem menschlichen Denken gegenständliche Wahrheit zukomme, ist keine Frage der Theorie, sondern eine praktische Frage. In der Praxis muß der Mensch die Wahrheit, i.e. Wirklichkeit und Macht, Diesseitigkeit seines Denkens beweisen. Der Streit über die Wirklichkeit oder Nichtwirklichkeit des Denkens, das von der Praxis isoliert ist, ist eine rein scholastische Frage.

Ein Disput mit Karl Marx

M &S: Und doch scheinen heutzutage immer weniger Menschen vom unmittelbar praktischen Nutzen des Denkens überzeugt und leben ihre Sehnsüchte lieber im Mystizismus aus. Soeben war in der Zeitung zu lesen, daß 55000 Menschen in Deutschland mit dem Dalai Lama an einer buddhistischen Meditation teilnahmen.

Karl Marx: Alles gesellschaftliche Leben ist wesentlich praktisch. Alle Mysterien, welche die Theorie zum Mystizismus veranlassen, finden ihre rationelle Lösung in der menschlichen Praxis und in dem Begreifen dieser Praxis.

M &S: Aber wie erklären Sie sich denn diese scheinbar unstillbare Sehnsucht nach Spiritualität, die heute wieder so aktuell wird? Auch die meisten Philosophen konnte sich ja nur schwerlich von Transzendenzvorstellungen trennen. Nehmen wir z. B. den Philosophen Feuerbach, mit dem Sie sich lange beschäftigt haben...

Karl Marx: Feuerbach geht von dem Faktum der religiösen Selbstentfremdung, der Verdopplung der Welt in eine religiöse und eine weltliche aus. Seine Arbeit besteht darin, die religiöse Welt in ihre weltliche Grundlage aufzulösen. Aber daß die weltliche Grundlage sich von sich selbst abhebt und sich ein selbständiges Reich in den Wolken fixiert, ist nur aus der Selbstzerrissenheit und Sichselbstwidersprechen dieser weltlichen Grundlage zu erklären. Diese selbst muß also in sich selbst sowohl in ihrem Widerspruch verstanden als praktisch revolutioniert werden. Also nachdem z. b. die irdische Familie als das Geheimnis der heiligen Familie entdeckt ist, muß nun erstere selbst theoretisch und praktisch vernichtet werden.

M &S: Die Familie vernichten?! Absichtlich?!?

Karl Marx: Aufhebung der Familie! Selbst die Radikalsten ereifern sich über diese schändliche Absicht der Kommunisten.

M &S: Nun, bei Scheidungsraten um die 35 % brauchen Sie sich darüber wohl kaum noch Gedanken zu machen. Die Auflösung der Familie als Kleinfamilie und Spiegel der Heiligen Familie ist auch ohne die klassenlose Gesellschaft Wirklichkeit geworden.

Kommen wir auf ein anderes Thema. Sie sind der Begründer des historischen Materialismus. Verzeihen Sie unsere Naivität und Unwissenheit, aber wie hängen Materialismus und Kommunismus eigentlich zusammen?

Karl Marx: Es bedarf keines großen Scharfsinnes (...)

M &S: Danke!

Karl Marx: (...) um aus den Lehren des Materialismus von der ursprünglichen Güte und gleichen intelligenten Begabung der Menschen, der Allmacht der Erfahrung, Gewohnheit, Erziehung, dem Einflusse der äußern Umstände auf den

Ein Disput mit Karl Marx

Menschen, der hohen Bedeutung der Industrie, der Berechtigung des Genusses etc. seinen notwendigen Zusammenhang mit dem Kommunismus und Sozialismus einzusehen. Wenn der Mensch aus der Sinnenwelt und der Erfahrung in der Sinnenwelt alle Kenntnis, Empfindung etc. sich bildet, so kommt es also darauf an, die empirische Welt so einzurichten, daß er das wahrhaft Menschliche in ihr erfährt, sich angewöhnt, daß er sich als Mensch erfährt.

M &S: Die Erziehung der Sinne, die Entwicklung des Menschen durch die äußeren Umstände... das sind spannende Dinge. Hat der Materialismus davon noch mehr auf Lager?

Karl Marx: In Helvétius, der ebenfalls von Locke ausgeht, empfängt der Materialismus den eigentlich französischen Charakter. Er faßt ihn sogleich in bezug auf das gesellschaftliche Leben. (Helvétius, »De l'homme.«) Die sinnlichen Eigenschaften und die Selbstliebe, der Genuß und das wohlverstandne persönliche Interesse sind die Grundlage aller Moral. Die natürliche Gleichheit der menschlichen Intelligenzen, die Einheit zwischen dem Fortschritt der Vernunft und dem Fortschritt der Industrie, die natürliche Güte des Menschen, die Allmacht der Erziehung sind Hauptmomente seines Systems.

M &S: Na, also jetzt Einspruch: die »natürliche Gleichheit der Intelligenzen«, das wollen Sie doch nicht allen Ernstes vertreten...

Karl Marx: Wenn der Eine durch gute Nahrung, sorgfältige Erziehung und körperliche Übung eine ausgebildete Körperkraft und Gewandtheit erlangt hat, während der Andre durch schmale und ungesunde Kost und davon geschwächte Verdauung, durch Vernachlässigung in der Kindheit und durch übermäßige Anstrengung nie »Sachen« gewinnen konnte, um Muskel anzusetzen, geschweige eine Herrschaft über sie zu erhalten, so ist die »persönliche Kraft« des Einen dem Andern gegenüber eine rein sachliche. Er hat sich nicht »die fehlenden Mittel durch persönliche Kraft« gewonnen, sondern im Gegenteil, er verdankt seine »persönliche Kraft« den vorhandenen sachlichen Mitteln.

M &S: Nun denn, selbst wenn wir die körperlichen Anlagen als Metapher für die intellektuellen hinnehmen, so fragt sich doch nicht nur, ob diese Übertragung rechtmäßig ist, sondern auch, ob man daraus auf die grundsätzliche, naturhafte Gleichheit der Anlagen schließen darf.

Doch sei's drum. Erhoffen Sie sich eigentlich allen Ernstes eine Besserung und Aufhebung dieser Ungleichheit durch eine staatlich gelenkte Erziehung?

Karl Marx: Und ist nicht auch eure Erziehung durch die Gesellschaft bestimmt? Durch die gesellschaftlichen Verhältnisse, innerhalb derer ihr erzieht, durch die direktere oder indirektere Einmischung der Gesellschaft, vermittelst der Schule usw.? Die Kommunisten erfinden nicht die Einwirkung der Gesellschaft auf die

Ein Disput mit Karl Marx

Erziehung: sie verändern nur ihren Charakter, sie entreißen die Erziehung dem Einfluß der herrschenden Klasse.

M &S: Ja, das hatten wir schon verstanden. Was fordern Sie und die Kommunisten in Sachen Erziehung denn konkret?

Karl Marx: Öffentliche und unentgeltliche Erziehung aller Kinder. Beseitigung der Fabrikarbeit der Kinder in ihrer heutigen Form. Vereinigung der Erziehung mit der materiellen Produktion usw.

M &S: Also Erfahrungslernen, was sonst? Aber wenn man sich unsere Lehrer und deren Ausbildung einmal ansieht...

Karl Marx: Die materialistische Lehre von der Veränderung der Umstände und der Erziehung vergißt, daß die Umstände von den Menschen verändert und der Erzieher selbst erzogen werden muß. Sie muß daher die Gesellschaft in zwei Teile, von denen der eine über ihr erhaben ist, sondieren. Das Zusammenfallen des Ändern[s] der Umstände und der menschlichen Tätigkeit oder Selbstveränderung kann nur als revolutionäre Praxis gefaßt und rationell verstanden werden.

M &S: Was halten Sie denn von unserem Schulwesen?

Karl Marx: Eine Schule, welche die Niederträchtigkeit von heute durch die Niederträchtigkeit von gestern legitimiert, eine Schule, die jeden Schrei des Leibeigenen gegen die Knute für rebellisch erklärt, sobald die Knute eine bejahrte, eine angestammte, eine historische Knute ist, eine Schule, der die Geschichte, wie der Gott Israels seinem Diener Moses, nur ihr a posteriori zeigt, die historische Rechtsschule, sie hätte daher die deutsche Geschichte erfunden, wäre sie nicht eine Erfindung der deutschen Geschichte.

M &S: Es hat sich wohl schon etwas verändert, seither. Aber manchmal könnte man wohl glauben, daß das Schulwesen eine Revolution gut vertragen könnte... Apropos Revolution, glauben Sie nicht, daß schon allein die Denkbarkeit neuer Möglichkeiten revolutionär wirken kann?

Karl Marx: Ein wackrer Mann bildete sich einmal ein, die Menschen ertränken nur im Wasser, weil sie vom Gedanken der Schwere besessen wären. Schlügen sie sich diese Vorstellung aus dem Kopfe, etwa indem sie dieselbe für eine abergläubige, für eine religiöse Vorstellung erklärten, so seien sie über alle Wassersgefahr erhaben. Sein Leben lang bekämpfte er die Illusion der Schwere, von deren schädlichen Folgen jede Statistik ihm neue und zahlreiche Beweise lieferte. Der wackre Mann war der Typus der neuen deutschen revolutionären Philosophen.

M &S: Stimmt schon, irgendwie; vielleicht liegt das an dem Unterschied zwischen einer bloß abstrakten Möglichkeit und einer, die in der Wirklichkeit verwurzelt ist?

Ein Disput mit Karl Marx

Karl Marx: Die abstrakte Möglichkeit aber ist gerade der Antipode der realen. Die letztere ist beschränkt in scharfen Grenzen, wie der Verstand; die erste schrankenlos, wie die Phantasie. Die reale Möglichkeit sucht die Notwendigkeit und Wirklichkeit ihres Objektes zu begründen; der abstrakten ist es nicht um das Objekt zu tun, das erklärt wird, sondern um das Subjekt, das erklärt. Es soll der Gegenstand nur möglich, denkbar sein. Was abstrakt möglich ist, was gedacht werden kann, das steht dem denkenden Subjekt nicht im Wege, ist ihm keine Grenze, kein Stein des Anstoßes. Ob diese Möglichkeit nun auch wirklich sei, ist gleichgiltig, denn das Interesse erstreckt sich hier nicht auf den Gegenstand als Gegenstand.

M &S: Ja schon, und trotzdem glauben wir, daß die freie Phantasietätigkeit etwas ganz Wichtiges ist. Gerade auch in der Politik vermißt man sie doch so oft, oder nicht?

Karl Marx: Die Menschen haben sich bisher stets falsche Vorstellungen über sich selbst gemacht, von dem, was sie sind oder sein sollen. Nach ihren Vorstellungen von Gott, von dem Normalmenschen usw. haben sie ihre Verhältnisse eingerichtet. Die Ausgeburten ihres Kopfes sind ihnen über den Kopf gewachsen. Vor ihren Geschöpfen haben sie, die Schöpfer, sich gebeugt. Befreien wir sie von den Hirngespinsten, den Ideen, den Dogmen, den eingebildeten Wesen, unter deren Joch sie verkümmern. Rebellieren wir gegen diese Herrschaft der Gedanken. Lehren wir sie, diese Einbildungen mit Gedanken vertauschen, die dem Wesen des Menschen entsprechen, sagt der Eine, sich kritisch zu ihnen verhalten, sagt der Andere, sie sich aus dem Kopf schlagen, sagt der Dritte, und die bestehende Wirklichkeit wird zusammenbrechen. Diese unschuldigen und kindlichen Phantasien bilden den Kern der neuern junghegelschen Philosophie, die in Deutschland nicht nur von dem Publikum mit Entsetzen und Ehrfurcht empfangen, sondern auch von den philosophischen Heroen selbst mit dem feierlichen Bewußtsein der weltumstürzenden Gefährlichkeit und der verbrecherischen Rücksichtslosigkeit ausgegeben wird.

M &S: Ja, wir sehen schon, worauf Sie hinaus wollen. Letztlich hindert das die Menschen daran, an ihrer Lebenswirklichkeit handelnd etwas zu verändern. Aber genau das wollen wir ja auch, da sind wir nicht weit voneinander entfernt. Nur hat uns die geschichtliche Realität über die kommunistischen Methoden desillusioniert.

Aber in Ihren Ausführungen über den Materialismus ist uns noch etwas anderes aufgefallen: die Betonung der Sinnlichkeit.

Karl Marx: Die Sinnlichkeit (siehe Feuerbach) muß die Basis aller Wissenschaft sein. Nur, wenn sie von ihr, in der doppelten Gestalt sowohl des sinnlichen Bewußtseins als des sinnlichen Bedürfnisses, ausgeht, also nur wenn die Wissenschaft von der Natur ausgeht, ist sie wirkliche Wissenschaft.

Ein Disput mit Karl Marx

M & S: Sie halten sich an Feuerbach, den Sie doch so scharf kritisiert hatten?

Karl Marx: Feuerbach hat allerdings den großen Vorzug vor den »reinen« Materialisten, daß er einsieht, wie auch der Mensch »sinnlicher Gegenstand« ist; aber abgesehen davon, daß er ihn nur als »sinnlichen Gegenstand«, nicht als »sinnliche Tätigkeit« faßt, da er sich auch hierbei in der Theorie hält, die Menschen nicht in ihrem gegebenen gesellschaftlichen Zusammenhange, nicht unter ihren vorliegenden Lebensbedingungen, die sie zu dem gemacht haben, was sie sind, auffaßt, so kommt er nie zu den wirklich existierenden, tätigen Menschen, sondern bleibt bei dem Abstraktum »der Mensch« stehen und bringt es nur dahin, den »wirklichen, individuellen, leibhaftigen Menschen« in der Empfindung anzuerkennen, d. h., er kennt keine andern »menschlichen Verhältnisse« »des Menschen zum Menschen«, als Liebe und Freundschaft, und zwar idealisiert. Gibt keine Kritik der jetzigen Lebensverhältnisse. Er kommt also nie dazu, die sinnliche Welt als die gesamte lebendige sinnliche Tätigkeit der sie ausmachenden Individuen aufzufassen, und ist daher gezwungen, wenn er z. B. statt gesunder Menschen einen Haufen skrofulöser, überarbeiteter und schwindsüchtiger Hungerleider sieht, da zu der »höheren Anschauung« und zur ideellen »Ausgleichung in der Gattung« seine Zuflucht zu nehmen.

M & S: Mag sein, aber ob die von Ihnen propagierte Auflösung des Privateigentums den Menschen zu mehr Sinnlichkeit verhilft, da zweifeln wir doch sehr.

Karl Marx: Die Aufhebung des Privateigentums ist (...) die vollständige Emanzipation aller menschlichen Sinne und Eigenschaften; aber sie ist diese Emanzipation grade dadurch, daß diese Sinne und Eigenschaften menschlich, sowohl subjektiv als objektiv, geworden sind. Das Auge ist zum menschlichen Auge geworden, wie sein Gegenstand zu einem gesellschaftlichen, menschlichen, vom Menschen für den Menschen herrührenden Gegenstand geworden ist. Die Sinne sind daher unmittelbar in ihrer Praxis Theoretiker geworden. Sie verhalten sich zu der Sache um der Sache willen, aber die Sache selbst ist ein gegenständliches menschliches Verhalten zu sich selbst und zum Menschen und umgekehrt. Das Bedürfnis oder der Genuß haben darum ihre egoistische Natur und die Natur ihre bloße Nützlichkeit verloren, indem der Nutzen zum menschlichen Nutzen geworden ist.

M & S: Na, wir haben eigentlich in der Jugendarbeit die Erfahrung gemacht, daß die Jugendlichen um so sorgsamer und pfleglicher mit den Dingen umgehen, in Ihren Worten: »sich zu der Sache um der Sache willen« verhalten, desto mehr sie sie als ihre, ihnen zugehörige betrachten, also je mehr sie Gegenstand eigensüchtiger, egoistischer Interessen sein dürfen.

Aber nochmals zurück zur Philosophie. Ist sie nicht notwendig abstrakt, weil die Sprache abstrakt ist? Wie kann es da einen echten Bezug zur Sinnlichkeit geben?

Ein Disput mit Karl Marx

Karl Marx: Das Element des Denkens selbst, das Element der Lebensäußerung des Gedankens, die Sprache ist sinnlicher Natur. Die gesellschaftliche Wirklichkeit der Natur und die menschliche Naturwissenschaft oder die natürliche Wissenschaft vom Menschen sind identische Ausdrücke. Man sieht, wie an die Stelle des national-ökonomischen Reichtums und Elendes der reiche Mensch und das reiche menschliche Bedürfnis tritt. Der reiche Mensch ist zugleich der einer Totalität der menschlichen Lebensäußerung bedürftige Mensch. Der Mensch, in dem seine eigne Verwirklichung, als innere Notwendigkeit, als Not existiert. Nicht nur der Reichtum, auch die Armut des Menschen erhält gleichmäßig, unter Voraussetzung des Sozialismus, eine menschliche und daher gesellschaftliche Bedeutung. Sie ist das passive Band, welches den Menschen den größten Reichtum, den andren Menschen, als Bedürfnis empfinden läßt.

M&S: Der Mensch als größter Reichtum des Menschen, als das, was ihm am meisten Not tut. Unter dieser Perspektive gewönne eine Gesellschaft in der Tat ein menschliches Antlitz.

Sie sprachen gerade einen weiteren Komplex an, der für uns spannend ist: das Verhältnis zwischen Mensch und Natur... Wie wird das im historischen Materialismus aufgefaßt?

Karl Marx: Das Gattungsleben, sowohl beim Menschen als beim Tier, besteht physisch einmal darin, daß der Mensch (wie das Tier) von der unorganischen Natur lebt, und um so universeller der Mensch als das Tier, um so universeller ist der Bereich der unorganischen Natur, von der er lebt. (...) Physisch lebt der Mensch nur von diesen Naturprodukten, mögen sie nun in der Form der Nahrung, Heizung, Kleidung, Wohnung etc. erscheinen. Die Universalität des Menschen erscheint praktisch eben in der Universalität, die die ganze Natur zu seinem unorganischen Körper macht, sowohl insofern sie 1. ein unmittelbares Lebensmittel, als inwiefern sie 2. die Materie, der Gegenstand und das Werkzeug seiner Lebenstätigkeit ist. Die Natur ist der unorganische Leib des Menschen, nämlich die Natur, soweit sie nicht selbst menschlicher Körper ist. Der Mensch lebt von der Natur, heißt: Die Natur ist sein Leib, mit dem er in beständigem Prozeß bleiben muß, um nicht zu sterben. Daß das physische und geistige Leben des Menschen mit der Natur zusammenhängt, hat keinen andren Sinn, als daß die Natur mit sich selbst zusammenhängt, denn der Mensch ist ein Teil der Natur.

M&S: Diese Auffassung gefällt uns. Wenn man nämlich das Verhältnis von Mensch und Natur in Ihrem Sinne denkt, dann kann man die Natur auch nicht zu einem transzendentalen Paradies aufblasen und dem Menschen als erstrebenswerte Urheimat gegenüberstellen. Damit hätte sich mancher sentimentale Naturhokuspokus auch in der Pädagogik erledigt.

Ein Disput mit Karl Marx

Aber gesamtgesellschaftlich hat sich ja heute nicht die Natur, sondern das Geld und die Geldwirtschaft als dominierende Wirklichkeit durchgesetzt. Wie erklären Sie sich das? Das Geld ist eines...

Karl Marx: (...) der wesentlichen Gegenstände für den Menschen, sowohl als Gegenstand des Genusses wie der Tätigkeit. Das Geld, indem es die Eigenschaft besitzt, alles zu kaufen, indem es die Eigenschaft besitzt, alle Gegenstände sich anzueignen, ist also der Gegenstand im eminenten Sinn. Die Universalität seiner Eigenschaft ist die Allmacht seines Wesens; es gilt daher als allmächtiges Wesen. (...) Das Geld ist der Kuppler zwischen dem Bedürfnis und dem Gegenstand, zwischen dem Leben und dem Lebensmittel des Menschen. Was mir aber mein Leben vermittelt, das vermittelt mir auch das Dasein der andren Menschen für mich. Das ist für mich der andre Mensch.

»Was Henker! Freilich Hand' und Füße
Und Kopf und Hintre, die sind dein!
Doch alles, was ich frisch genieße,
Ist das drum weniger mein?
Wenn ich sechs Hengste zahlen kann
Sind ihre Kräfte nicht die meine?
Ich renne zu und bin ein rechter Mann
Als hätt' ich vierundzwanzig Beine.«

M &S: Ist das von Ihnen?

Karl Marx: Goethe,»Faust« (Mephisto)

M &S: Ach so! – Das Geld sammelt für den Menschen also Eigenschaften an, die er sich mit den Gegenständen kaufen kann.

Karl Marx: Verwandelt also mein Geld nicht alle meine Unvermögen in ihr Gegenteil? Wenn das Geld das Band ist, das mich an das menschliche Leben, das mir die Gesellschaft, das mich mit der Natur und den Menschen verbindet, ist das Geld nicht das Band aller Bande? Kann es nicht alle Bande lösen und binden? Ist es darum nicht auch das allgemeine Scheidungsmittel? Es ist die wahre Scheidemünze, wie das wahre Bindungsmittel, die (...) chemische Kraft der Gesellschaft. Shakespeare hebt an dem Geld besonders 2 Eigenschaften heraus:

1. Es ist die sichtbare Gottheit, die Verwandlung aller menschlichen und natürlichen Eigenschaften in ihr Gegenteil, die allgemeine Verwechslung und Verkehrung der Dinge; es verbrüdert Unmöglichkeiten;

2. Es ist die allgemeine Hure, der allgemeine Kuppler der Menschen und Völker.

M &S: Ohne daß Sie es direkt ausgesprochen haben, nähren wir den Verdacht, daß Sie diese Eigenschaften des Geldes schlecht, vielleicht sogar unmoralisch finden...

Ein Disput mit Karl Marx

Karl Marx: Ich, wenn ich kein Geld zum Reisen habe, habe kein Bedürfnis, d. h. kein wirkliches und sich verwirklichendes Bedürfnis zum Reisen. Ich, wenn ich Beruf zum Studieren, aber kein Geld dazu habe, habe keinen Beruf zum Studieren, d. h. keinen wirksamen, keinen wahren Beruf. Dagegen ich, wenn ich wirklich keinen Beruf zum Studieren habe, aber den Willen und das Geld, habe einen wirksamen Beruf dazu. Das Geld als das äußere, nicht aus dem Menschen als Menschen und nicht von der menschlichen Gesellschaft als Gesellschaft herkommende allgemeine Mittel und Vermögen, die Vorstellung in die Wirklichkeit und die Wirklichkeit zu einer bloßen Vorstellung zu machen, verwandelt ebenso sehr die wirklichen menschlichen und natürlichen Wesenskräfte in bloß abstrakte Vorstellungen und darum Unvollkommenheiten, qualvolle Hirngespinste, wie es andrerseits die wirklichen Unvollkommenheiten und Hirngespinste, die wirklich ohnmächtigen, nur in der Einbildung des Individuums existierenden Wesenskräfte desselben zu wirklichen Wesenskräften und Vermögen verwandelt.

M&S: Geld ist also etwas Perverses.

Karl Marx: Als diese verkehrende Macht erscheint es dann auch gegen das Individuum und gegen die gesellschaftlichen etc. Bande, die für sich Wesen zu sein behaupten. Es verwandelt die Treue in Untreue, die Liebe in Haß, den Haß in Liebe, die Tugend in Laster, das Laster in Tugend, den Knecht in den Herrn, den Herrn in den Knecht, den Blödsinn in Verstand, den Verstand in Blödsinn.

M&S: Vielleicht wären diese Eigenschaften des Geldes gar nicht so schlimm, wenn wir nur nicht so konsumorientiert wären?

Karl Marx: Wenn man von der Produktion ausgeht, so muß man sich um die wirklichen Produktionsbedingungen und die produktive Tätigkeit der Menschen bekümmern. Wenn man aber von der Konsumtion ausgeht, so kann man sich bei der Erklärung, daß jetzt nicht »menschlich« konsumiert werde, und bei dem Postulat der »menschlichen Konsumtion«, der Erziehung zur wahren Konsumtion und dergleichen Phrasen beruhigen, ohne sich im Geringsten auf die wirklichen Lebensverhältnisse der Menschen und ihre Tätigkeit einzulassen.

M&S: Da haben Sie natürlich recht.

Aber kommen wir einmal auf ein ganz anderes Thema, das man mit dem Kommunismus eigentlich gar nicht spontan assoziiert. Doch eigentlich hat ja jeder Mensch einen natürlichen Bezug dazu – die Liebe.

Karl Marx: Es wird uns gesagt, daß der Wunsch des Seins die älteste Liebe ist; allerdings, die abstrakteste und daher älteste Liebe ist die Selbstliebe, die Liebe seines partikularen Seins. Doch das war eigentlich die Sache zu sehr heraus gesagt, sie wird wieder zurückgenommen und ein veredelnder Glanz um sie geworfen durch den Schein des Gefühls.

Also, wer Weib und Kinder verliert, wünscht eher, daß sie irgendwo seien, wenn es ihnen auch schlecht geht, als daß sie gänzlich aufgehört haben. Wenn es sich bloß um Liebe handelte, so ist das Weib und das Kind des Individuums am reinsten aufbewahrt in seinem Herzen, ein viel höheres Sein als das der empirischen Existenz. Allein die Sache steht anders. Weib und Kind sind als solche bloß in empirischer Existenz, insofern das Individuum, dem sie angehören, selbst empirisch existiert. Daß es sie also lieber irgendwo, in räumlicher Sinnlichkeit, gehe es ihnen auch schlecht, wissen will, als nirgends, heißt weiter nichts, als daß das Individuum das Bewußtsein seiner eigenen empirischen Existenz haben will. Der Mantel der Liebe war bloß ein Schatten, das nude empirische Ich, die Selbstliebe, die älteste Liebe ist der Kern, hat in keine konkretere, idealere Gestalt sich verjüngt.

M &S: Gibt es dann bloß Selbstliebe in verbrämter Form für Sie? Oder was denken Sie persönlich über die Liebe?

Karl Marx: Wenn du liebst, ohne Gegenliebe hervorzurufen, d. h., wenn dein Lieben als Lieben nicht die Gegenliebe produziert, wenn du durch deine Lebensäußerung als lebender Mensch dich nicht zum geliebten Menschen machst, so ist deine Liebe ohnmächtig, ein Unglück.

M &S: Eine schöne, erhabene Wendung des Gedankens der Eigenliebe. Kommt denn dieser Gedanke für den Kommunismus im Verhältnis zwischen Männern und Frauen irgendwie zur Geltung?

Karl Marx: In dem Verhältnis zum Weib, als dem Raub und der Magd der gemeinschaftlichen Wollust, ist die unendliche Degradation ausgesprochen, in welcher der Mensch für sich selbst existiert, denn das Geheimnis dieses Verhältnisses hat seinen unzweideutigen, entschiednen, offenbaren, enthüllten Ausdruck in dem Verhältnisse des Mannes zum Weibe und in der Weise, wie das unmittelbare, natürliche Gattungsverhältnis gefaßt wird. Das unmittelbare, natürliche, notwendige Verhältnis des Menschen zum Menschen ist das Verhältnis des Mannes zum Weibe. In diesem natürlichen Gattungsverhältnis ist das Verhältnis des Menschen zur Natur unmittelbar sein Verhältnis zum Menschen, wie das Verhältnis zum Menschen unmittelbar sein Verhältnis zur Natur, seine eigne natürliche Bestimmung ist. In diesem Verhältnis erscheint er also sinnlich, auf ein anschaubares Faktum reduziert, inwieweit dem Menschen das menschliche Wesen zur Natur oder die Natur zum menschlichen Wesen des Menschen geworden ist. Aus diesem Verhältnis kann man also die ganze Bildungsstufe des Menschen beurteilen. Aus dem Charakter dieses Verhältnisses folgt, inwieweit der Mensch als Gattungswesen, als Mensch sich geworden ist und erfaßt hat; das Verhältnis des Mannes zum Weib ist das natürlichste Verhältnis des Menschen zum Menschen. In ihm zeigt sich also, inwieweit das natürliche Verhalten des Menschen menschlich oder inwieweit menschliche Wesen ihm zum natürlichen Wesen, inwieweit seine menschliche Natur ihm zur Natur geworden ist. In diesem Verhältnis

Ein Disput mit Karl Marx

zeigt sich auch, inwieweit das Bedürfnis des Menschen zum menschlichen Bedürfnis, inwieweit ihm also der andre Mensch als Mensch zum Bedürfnis geworden ist, inwieweit er in seinem individuellsten Dasein zugleich Gemeinwesen ist.

M & S: Sie selbst waren ja verheiratet, haben also in gewisser Weise die bürgerlichen Besitzverhältnisse zwischen Mann und Frau in der Ehe selbst praktiziert. Aber die Konservativen waren natürlich entsetzt über die Vorstellung, daß die Frau im Kommunismus nicht mehr einem Einzelnen, sondern dem Kollektiv – oder schlimmer noch: sich selbst gehören sollte.

Karl Marx: Übrigens ist nichts lächerlicher als das hochmoralische Entsetzen unsrer Bourgeois über die angebliche offizielle Weibergemeinschaft der Kommunisten. Die Kommunisten brauchen die Weibergemeinschaft nicht einzuführen, sie hat fast immer existiert.

M & S: Die 68er Kommunen haben damit ja weidlich experimentiert. Sind aber auch wieder davon abgekommen. Ob das nur an Aids lag? Na, davon wußten Sie ja noch nichts.

Viele behaupten ja, der Kommunismus sei eigentlich gar nichts Neues und so revolutionär auch wieder nicht gewesen, weil er in Form des radikalen Christentums, etwa mit den Bettelorden und der tätigen Nächstenliebe immer schon existiert habe.

Karl Marx: Wie der Pfaffe immer Hand in Hand ging mit dem Feudalen, so der pfäffische Sozialismus mit dem feudalistischen.

M & S: Na, jetzt mal weg von der Agitation, was ist da dran?

Karl Marx: Nichts leichter, als dem christlichen Asketismus einen sozialistischen Anstrich zu geben. Hat das Christentum nicht auch gegen das Privateigentum, gegen die Ehe, gegen den Staat geeifert? Hat es nicht die Wohltätigkeit und den Bettel, das Zölibat und die Fleischesertötung, das Zellenleben und die Kirche an ihrer Stelle gepredigt? Der christliche Sozialismus ist nur das Weihwasser, womit der Pfaffe den Ärger des Aristokraten einsegnet.

M & S: Jedenfalls unterscheidet den christlichen Sozialismus vom materialistischen das Verhältnis zur Sexualität, oder?

Karl Marx: Aber auch der Heiligste ist nicht rein! Sie sind allzumal Sünder und mangeln des Ruhms, den sie vor dem »Selbstbewußtsein« haben sollen. Der heilige Bruno, der um Mitternacht sich im einsamen Kämmerlein mit der »Substanz« herumschlägt, wird von den lockeren Schriften des Ketzers Feuerbach auf das Weib und die weibliche Schönheit aufmerksam gemacht. Plötzlich verdunkelt sich sein Blick; das reine Selbstbewußtsein wird befleckt, und die verwerfliche sinnliche Phantasie umgaukelt mit lasziven Bildern den geängstigten Kritiker. Der Geist ist willig, aber das Fleisch ist schwach. Er strauchelt, er fällt, er vergißt, daß er die Macht ist, die »mit ihrer Kraft bindet und löst und die Welt beherrscht«, daß diese Ausgeburten seiner Phantasie »Geist von seinem Geiste« sind, er verliert alles »Selbstbewußtsein« und stammelt berauscht einen Dithyrambos auf die weibliche Schönheit »im Zarten, im Weichlichen, im Weiblichen«, auf die »schwellenden, abgerundeten Glieder« und den »wogenden, wallenden, siedenden, brausenden und zischenden, wellenförmigen Körperbau« des Weibes. Aber die Unschuld verrät sich stets, selbst wo sie sündigt. Wer wüßte nicht, daß ein »wogender, wallender, wellenförmiger Körperbau« ein Ding ist, das kein Auge je gesehen, noch ein Ohr gehöret hat.

M&S: So haben wir zu guter letzt noch eine Kostprobe von ihrem erfrischenden Sarkasmus bekommen. –

Was wir nie ganz kapiert haben: ist eigentlich der Werktätige das Ideal der kommunistischen Berufsfindung? In der postindustriellen Gesellschaft gibt es ihn ja kaum noch, weil er durch Automation weitgehend ersetzt sind! Wie läuft das nach ihrem Ideal mit der Arbeitsteilung in der klassenlosen Gesellschaft?

Karl Marx: Sowie nämlich die Arbeit verteilt zu werden anfängt, hat jeder einen bestimmten ausschließlichen Kreis der Tätigkeit, der ihm aufgedrängt wird, aus dem er nicht heraus kann; er ist Jäger, Fischer oder Hirt oder kritischer Kritiker und muß es bleiben, wenn er nicht die Mittel zum Leben verlieren will, während in der kommunistischen Gesellschaft, wo jeder nicht einen ausschließlichen Kreis der Tätigkeit hat, sondern sich in jedem beliebigen Zweige ausbilden kann, die Gesellschaft die allgemeine Produktion regelt und mir eben dadurch möglich macht, heute dies, morgen jenes zu tun, morgens zu jagen, nachmittags zu fischen, abends Viehzucht zu treiben, nach dem Essen zu kritisieren, wie ich gerade Lust habe, ohne je Jäger, Fischer, Hirt oder Kritiker zu werden.

M&S: Und zwischen drin Bergsteigen und in eine Höhle hinabtauchen. Würde uns auch Spaß machen, Herr Marx.

Beim großen Vorsitzenden! Es ist spät geworden! Haben Sie vielleicht zum Schluß noch ein Bonmot für uns?

Karl Marx: Die Philosophen haben die Welt nur verschieden interpretiert, es kömmt darauf an, sie zu verändern.

M&S: Herr Marx, wir danken Ihnen für dieses Gespräch.

Alle Zitate aus:

Karl Marx, Friedrich Engels: Werke, Bd.1, 2, 3, 4, 40. Herausgegeben vom Institut für Marxismus-Leninismus beim ZK der SED, Berlin 1956

Wir müssen erzogen sein, wenn wir erziehen wollen

Mit Maria Montessori in den Abruzzen

Maria Montessori
* 31. 8. 1870 Chariavalle
† 6. 5. 1952 Noordwijk
Naturwissenschaftlerin, Ärztin, Pädagogin

Als Zwanzigjährige nahm sie ein naturwissenschaftliches Studium auf und schloß es 1892 erfolgreich ab. Dann studierte Maria Montessori in Rom Medizin, obwohl ihr Vater dagegen war und ein grundsätzliches Zulassungsverbot für Frauen zum Medizinstudium bestand. Mit 25 Jahren war sie als erste Ärztin in Italien an der römischen Nervenklinik tätig. Sie gab ihren Beruf auf, studierte Pädagogik und Psychologie und gründete 1907 das erste Kinderhaus im Elendsviertel San Lorenzo in Rom. Sie erkannte die Bedeutung der »vorbereiteten Umwelt« und gründete weitere Kinderhäuser. Ab 1909 hielt sie erste Vorträge über ihren pädagogischen Ansatz der Montessori-Pädagogik. Zwischen den Kriegen erfuhr sie starke Anfeindung durch die faschistische Regierung. Nach dem zweiten Weltkrieg reiste sie durch mehrere europäische Länder, um die Montessori-Pädagogik bekannt zu machen. 1952 starb sie in Holland.

Maria Montessori forderte eine wissenschaftliche Grundlegung der Erziehung, auf der die praktische Erziehung aufbauen könne. Sie kam zu der Erkenntnis, daß sich der Mensch nach einem inneren natürlichen Bauplan entwickelt. Jedes Kind besitzt einen absorbierenden Geist, der ihm die Fähigkeit verleiht, Umwelteindrücke aufzunehmen und sie im Unterbewußtsein zu speichern. Jedes Kind durchlebt sensible Perioden, in denen es für bestimmte Reize besonders aufnahmefähig ist. Aus diesen »Erkenntnissen« entwickelt sie ihre besondere Montessoripädagogik. Sie achtet darauf, daß die kindliche Entwicklung, der innere Bauplan, nicht in Unordnung gerät, daß der Erzieher entsprechend dieses Bauplanes handelt, daß dem absorbierenden Geist die Reize aus der Umwelt zum richtigen Zeitpunkt (sensible Perioden) Verfügung gestellt werden. Zur Übung der Sinne und der Feinmotorik entwickelte Maria Montessori besonderes Lernmaterial, z.B. Sandpapier-Buchstaben, ein bewegliches Alphabet, Wortkästen usw.. Dahinter steckt die Forderung nach einer vorbereiteten Umgebung für das Kind; spezielle Materialien unterstützen dann die kindliche Entwicklung.

M&S: Wunderbar, dieser Blick auf Scanno – mit Ihnen durch die Abruzzen wandern zu dürfen, ist wirklich ein Geschenk! Machen wir eine Pause! Sehen Sie, man kann mit dem Fernglas in die Straßen von Scanno blicken. Dort spielen Kinder zwischen den Autos!

Maria Montessori: Es ist kein Platz für sie in den engen Häusern der modernen Stadt, in denen sich die Familien zusammendrängen. Es ist kein Platz für sie auf den Straßen, denn die Fahrzeuge beanspruchen immer mehr Raum, und die Gehsteige sind voll von eiligen Menschen. Die Erwachsenen haben keine Zeit, sich um die Kinder zu kümmern, denn auf ihnen lasten dringende Pflichten. Vater und Mutter sind beide gezwungen zu arbeiten, und wo die Arbeit fehlt, da bedrückt und schädigt die Not erst recht Kinder wie Erwachsene.

Mit Maria Montessori in den Abruzzen

M &S: Das ist in der Tat eine zutreffende Analyse der Probleme der modernen Familie! Die Situation der Kinder scheint nicht besser geworden zu sein, obwohl Ellen Key, die Sie ja auch kannten, das »Jahrhundert des Kindes« ausgerufen hat. Viel, so scheint uns, ist nicht erreicht worden!

Maria Montessori: Die schwedische Schriftstellerin sagte schon, unser Zeitalter werde das *Zeitalter des Kindes* sein. Wer die Geduld hätte, in historischen Dokumenten zu stöbern, würde eine eigenartige Übereinstimmung dieses Gedankens mit der ersten Thronrede des Königs von Italien Viktor Emmanuel III. finden, die dieser im Jahre 1900 hielt. Bei seiner Thronbesteigung nach der Ermordung seines Vaters sprach der König von der neuen Ära, die mit dem zwanzigsten Jahrhundert anheben sollte, und bezeichnete sie als »das Jahrhundert des Kindes«.

M &S: Nun gut – wir wollen das Problem des Urheberrechts hier nicht diskutieren. Erst sollten wir eine zünftige Brotzeit essen, uns knurrt der Magen, und Sie sind sicherlich auch hungrig, oder?

Maria Montessori: Man hört einen Hungrigen wohl kaum sagen: Ich habe schon seit langem nichts mehr gegessen; wenn man aber nicht ißt, kann man auch nicht kräftig werden und kann nicht leben; darum muß ich mich nach Eßbarem umsehen und es verzehren. Nein, der Hunger ist ein Leiden, das unwiderstehlich zum Essen hintreibt. Das Kind hat aber eine Art Hunger, der es zur Umwelt hintreibt, damit es dort Dinge suche, die seinem Geist Nahrung zu geben vermögen, und damit es sich nähre durch Tätigkeit.

M &S: Wir wissen, daß Ihr Lebensthema das Kind ist – verständlich also, daß Sie immer wieder auf dieses Thema zurückkommen! Wir schlagen vor, etwas zu essen und dann zu schweigen; wir machen eine Übung der Stille, die in Ihrer Pädagogik eine wichtige Rolle spielt, aber auch in der Erlebnispädagogik. Wir meinen überhaupt, daß eine Pädagogik der Stille entdeckt werden sollte! Wie kamen Sie zu Ihrer »Übung der Stille«?

Maria Montessori: Die Kinder saßen still bis zur Regungslosigkeit, beherrschten sogar ihre Atemzüge und hatten dabei heiter-angespannte Züge, so als seien sie in Meditation versunken. Inmitten der eindrucksvollen Stille wurden allmählich selbst die schwächsten Geräusche vernehmbar: das ferne Tropfen von Wasser, das Zirpen eines Vogels draußen im Garten. Auf diese Weise entstand unsere »Übung der Stille«.

M &S: Vielleicht sind solche Momente der Stille und der Besinnung die magischen Momente der Erziehung, in denen pädagogisches Handeln auf besonders fruchtbaren Boden fällt?

Maria Montessori: Von ganz besonderem Interesse ist für uns die vor kurzem gemachte Entdeckung der Biologie, wonach es in bezug auf die Entwicklung ganz bestimmte Empfänglichkeitsperioden (sensible Phasen) gibt.

M & S: Gut, das wissen wir! Aber, wie gesagt, die besonderen Augenblicke versprechen oft große Wirksamkeit und...

Maria Montessori: (...) und seit Menschengedenken suchen die Eltern deshalb des Abends das Bett des Kindes auf, das so gierig nach Wort und Musik verlangt wie der Sterbende nach tröstendem Zuspruch.

M & S: Sicherlich stecken viele pädagogisch noch ungenutzte Möglichkeiten in Dämmerung, Dunkelheit und Nacht, aber auch die Potentiale des Mißbrauchs sind grandios! Nicht umsonst haben viele Kinder – und auch Erwachsene – Angst vor der Nacht.

Maria Montessori: Alle Formen dieser Angst treten besonders bei Kindern auf, die unter der Gewalt von Erwachsenen stehen, wobei der Erwachsene, um Gehorsam zu erzwingen, die unklare Bewußtseinsstufe des Kindes dazu ausnützt, um ihm etwa Angst vor unbestimmten Wesen einzuimpfen, die in der Dämmerung umgehen; das ist eine der gemeinsten Abwehrmaßnahmen, die der Erwachsene dem Kind gegenüber trifft: er steigert damit die Furcht, die das Kind von Natur aus der Nacht gegenüber empfindet, in die nun grauenerregende Erscheinungen hineinphantasiert werden.

M & S: Welche pädagogisch-therapeutischen Wege führen aus diesen Angstzuständen?

Maria Montessori: Alles, was Beziehung zur Wirklichkeit herstellt, eine Erfahrung mit den Dingen der Umwelt ermöglicht und damit deren Kenntnis fördert, wirkt dem verstörenden Angstzustand entgegen.

M & S: Und diese Wirklichkeit wird mit den Sinnen erfaßt! Auch heute noch hindern Kinderwägen und Himmelbetten das Kleinkind daran, die Welt mit den Sinnen zu erfassen!

Maria Montessori: Es gilt als ausgemacht, daß das Kleinkind stets liegen muß, weil es nicht imstande ist, sich auf den Beinen zu halten. Es soll seine ersten Sinneseindrücke aus der Umwelt beziehen, vom Himmel wie von der Erde, zugleich aber verwehrt man ihm den Anblick des Himmels. Was es zu sehen bekommt, ist bestenfalls die weiße und glatte Zimmerdecke oder der Baldachin über seinem Bettchen. Wie soll es da seinem hungrigen Geist Eindrücke zuführen?

M & S: Da sind wir gleicher Meinung – und jene Familien, die sich einen Garten oder einen Urlaub im warmen Süden leisten könnten, um ihrem Baby Sonne, Himmel und Luft zuteil werden zu lassen, machen es auch so!

Maria Montessori: In den reichen Familien legt man noch immer Wert auf die Pracht der Wiege und auf kostbare Spitzen für die Säuglingskleider. Mir kommt dabei der Gedanke, daß, wenn es üblich wäre, Säuglinge auszupeitschen, die Kinder reicher Eltern wahrscheinlich zu diesem Zweck Peitschen mit perlenbesetztem Goldgriff bekämen.

M &S: Eine kind- und körperfeindliche Welt!

Maria Montessori: Die Menschen verteidigen sich gegen Sonne, Luft und Wasser, sie kapselten sich ein in ihre lichtundurchlässigen Wände; sie hielten bei Tag und Nacht die paar Fenster geschlossen, die ohnehin schon allzu wenig Luft hereinließen. Sie steckten sich in schwere Kleidungsstücke, die sich wie Zwiebelschalen übereinanderschichteten und den Hautporen die heilsame Atmung unmöglich machten. Die Körperwelt des Menschen war gegen das Leben abgeschirmt.

M &S: Nicht nur der Körper wurde vergessen! Wir leben in einer immer schnelleren Welt, in der alte Menschen, Behinderte und Benachteiligte kaum mehr Fuß fassen können. Auch die Kinder sind nach wie vor davon betroffen!

Maria Montessori: Allmählich aber hat die Zivilisation dem Kind seinen sozialen Lebensbereich entzogen. Alles ist nun übertrieben geregelt, alles ist eingeengt, alles geht viel zu hastig. Der beschleunigte Lebensrhythmus des Erwachsenen ist für das Kind zu einem Hemmnis geworden, vor allem aber hat ihm die stürmisch um sich greifende Herrschaft der Maschine die letzten schützenden Zufluchtsstätten genommen. So kann das Kind kein aktives Leben führen.

M &S: Wir sind uns wohl einig, wenn wir beim Kinde, wie beim Erwachsenen, Bewegung fordern.

Maria Montessori: Immer wieder muß auf die Wichtigkeit hingewiesen werden, die der Bewegung beim Aufbau der Seele zukommt.

M &S: Jawohl, Bewegung, nicht nur Sport! Bewegung ist mehr...

Maria Montessori: Wie falsch es wäre, die Bewegung lediglich von körperlichen Gesichtspunkten aus zu beurteilen, zeigt uns der Sport: Dieser hat nicht nur eine günstige Wirkung auf den körperlichen Zustand, sondern erfüllt seine Anhänger auch mit Mut und Selbstvertrauen, hebt ihre Moral und weckt enorme Begeisterung bei den Massen. Das bedeutet, daß seine seelischen Auswirkungen weit bedeutsamer sind als die rein körperlichen.

M &S: Das ist einleuchtend! Der Mensch denkt, wie er geht und geht, wie er denkt. Thomas Bernhard hat das in seinem Roman »Gehen« exzessiv beschrieben. Aber in der Tat gibt es einen engen Zusammenhang zwischen der Bewegung und der Persönlichkeit eines Menschen.

Maria Montessori: Die Bewegung ist das Mittel, wodurch der Wille alle Fibern zu durchdringen und sich selbst zu verwirklichen vermag. Wir können beobachten, welche Anstrengung das Kind aufwendet und welche Kämpfe es besteht, um dieses Ziel zu erreichen. Sein Wunsch, besser gesagt sein Impuls, treibt es dazu an, die Beherrschung des Organs immer weiter zu vervollkommnen, ohne die es nichts weiter wäre als das Schattenbild eines Menschen ohne Willen.

M & S: Rein theoretisch ist also klar, daß sich Kinder bewegen müssen, nicht nur um die motorische Entwicklung voran zu bringen, sondern auch, um das Wachstum der Persönlichkeit zu fördern.

Maria Montessori: Man sieht in der Theorie unschwer ein, daß das Kind sich betätigen muß; in der Praxis aber stößt dies auf komplizierte Hindernisse, deren Wurzeln tief in der Seele des Erwachsenen liegen. Oft ist der Erwachsene zwar besten Willens, das Kind nach Belieben Dinge berühren und hin- und herrücken zu lassen, bringt es jedoch auf die Dauer nicht fertig, gewisse unklare, in ihm aufsteigende Impulse zu unterdrücken.

M & S: Ist Bewegung sozusagen der Katalysator zwischen Ich und Realität?

Maria Montessori: Worauf es ankommt, ist also nicht die Lebhaftigkeit der Bewegungen, sondern die Beherrschung seiner selbst. Es ist nicht wichtig, daß das Individuum sich auf irgendwelche Art und in irgendwelcher Richtung bewegt, sondern daß es dahin gelangt ist, die eigenen motorischen Organe zu beherrschen. Die Fähigkeit, sich gemäß der Leitung durch sein Ich zu bewegen und nicht nur gemäß der von den äußeren Dingen ausgehenden Anziehungskraft, führt das Kind dazu, sich auf ein einziges Ding zu konzentrieren, und diese Konzentration hat ihren Ursprung in seinem Innenleben. (...) Die Bewegung ist nicht nur Ausdruck des Ichs, sondern ein unerläßlicher Faktor für den Aufbau des Bewußtseins; bildet sie doch das einzige greifbare Mittel zur Herstellung klar bestimmter Beziehungen zwischen Ich und äußerer Realität.

M & S: Und diese Fähigkeit zur Konzentration ist oft der Garant für Erfolg, von dem meist tiefe Ermutigung ausgeht. Manche Kinder wollen nicht handeln, weil sie sich unter Erfolgsdruck setzen.

Maria Montessori: Mlle. D. erzählt von einer Vierjährigen, die es um keinen Preis zustande brachte, auch nur ein halbgefülltes Glas Wasser zu tragen, ohne etwas zu verschütten; so scheute sich das Mädchen schließlich davor, weil es ja wußte, daß es ihm nicht gelingen würde. Es interessierte sich aber für eine andere Übung mit anderem Material, und als es hier Erfolg hatte, konnte es plötzlich auch ohne Schwierigkeiten Gläser voll Wasser tragen.

M & S: Es geht also darum, die Ressourcen der entmutigten Kinder ausfindig zu machen! Mlle D. erzählte doch noch eine andere Geschichte eines entmutigten Jungen!

Maria Montessori: Seine Gedanken schweiften, und er war zu jeder konkreten Handlung unfähig, selbst zum Zuknöpfen seiner Schuhe. Da plötzlich vollzog sich in ihm ein Wunder: »Ich stellte mit Erstaunen fest, daß in ihm eine Veränderung vor sich ging; er machte zunächst *eine* unserer Übungen zu seiner Lieblingsbeschäftigung, dann nahm er alle anderen vor. Auf diese Weise kam er zur Ruhe.«

M &S: Alfred Adler, den Sie ja auch kennen und schätzen, hat einmal sinngemäß gesagt, daß die Macht des Helfens unbezwingbar ist. Dort wo enttäuschte Kinder sehen, daß sie gebraucht werden, daß ihre Hilfe anderen spürbar zu Gute kommt, stecken mächtige Möglichkeiten des Erziehens.

Maria Montessori: Die tiefste Entmutigung entspringt der Überzeugung, daß man »nicht kann«. Nehmen wir an, ein lahmes Kind und ein sehr bewegliches wären zu einem Wettrennen aufgefordert: natürlich wird das lahme nicht laufen wollen.

M &S: Vor allem gilt das für das Helfen. Wer nicht helfen kann, meint, nicht gebraucht zu werden.

Maria Montessori: Wir haben in diesem Zusammenhang keine Erfahrung anzuführen, wenn man absieht von einigen Äußerungen edlen Begehrens, das jedoch noch weit von wirklichem Heldentum entfernt ist. Was wir bei unseren Kindern aber allgemein feststellen können, ist, daß hinter ihren Handlungen eine Umsicht steht, die es ihnen möglich macht, Gefahren zu meiden und doch in deren Mitte zu leben.

M &S: Wir möchten auf unsere Frage zurückkommen! Es gibt doch Beispiele, wo Kinder, die geholfen haben, ermutigt wurden, diesen Weg weiter zu gehen – und die dann den Weg aus ihrem Unglück fanden.

Maria Montessori: Einmal war in der Schule von der Erdbebenkatastrophe die Rede, die soeben die Stadt Messina zerstört und Hunderttausende von Opfern gefordert hatte. Ein etwa fünfjähriger Junge erhob sich, trat an die Tafel und begann zu schreiben. Er fing mit den Worten an: »Ich bin traurig...«, und wir vermuteten; er wolle seiner Betrübnis über das Unglück Ausdruck geben. Aber was er schließlich schrieb, war folgendes: »Ich bin traurig, daß ich so klein bin.« Seltsamer Gedanke! Wie überrascht waren wir jedoch, als er fortfuhr: »Wenn ich groß wäre, würde ich hingehen und mithelfen.«

M &S: Das ist ein wunderbares Beispiel! Aber auch mit viel Gefahren verbunden!

Maria Montessori: Man könnte geradezu behaupten, daß beim Kind die Bereitschaft, einer Gefahr die Stirn zu bieten, sehr groß ist und entwickelter als beim Erwachsenen. Kinder setzen sich sogar immer wieder derselben Gefahr aus, etwa in der Stadt, wenn sie sich auf der Straße an ein Fahrzeug anhängen, oder auf dem Land, wenn sie auf hohe Bäume steigen oder einen Abhang hinunterklettern; ja sie springen sogar ins Meer oder in einen Fluß und lernen oft ohne jede Hilfestellung schwimmen; unzählig sind die Fälle, in denen Kinder ihre Kameraden retteten oder zu retten versuchten. In der Blindenabteilung eines kalifornischen Kinderheims war ein Brand ausgebrochen: unter den Leichen fanden sich auch die einiger nichtblinder Kinder, die, obschon sie in einem ganz anderen Teil des Gebäudes wohnten, im Augenblick der Gefahr den Blinden zu Hilfe geeilt waren. In Kinderorganisationen von der Art der Pfadfinder sind täglich Beispiele von kindlichen Heldentum zu verzeichnen.

M &S: Nun, das klingt sehr spektakulär. Oft sind es winzige Kleinigkeiten, die von uns große Bedeutung erhalten und dann zu Wendepunkten in unserem Leben werden.

Maria Montessori: Mitunter genügt eine winzige Kleinigkeit, um unbegrenzte Ausblicke aufzureißen, denn der Mensch ist seiner Natur nach ein Sucher, ein Forscher. Aber kein Fortschritt wäre möglich ohne die Entdeckung und Kenntnisnahme jener winzigen Kleinigkeiten.

M &S: Auch dieses Beispiel bewegt uns sehr. Aber nicht selten schränken die Erzieherinnen und Erzieher das Kind in seinem Bewegungsdrang ein.

Maria Montessori: Der Erwachsene, der von der Wichtigkeit der Bewegungstätigkeit beim Kinde keine Ahnung hat, sucht diese Aktivität einzuschränken, als könnte sie Störungen verursachen. Sogar den Männern der Wissenschaft und den Erziehern war die große Bedeutung der Tätigkeit für den Aufbau des Menschen entgangen. Dabei enthält doch bereits das Wort »animalisch« in sich den Begriff animatio, belebende Kraft, und der Unterschied zwischen Pflanzen und Tieren besteht darin, daß die ersteren an ihren Standort gebunden sind, während die letzteren sich bewegen können. Wie kann man da daran denken, der Bewegung des Kindes Beschränkungen aufzuerlegen?

M &S: Manche Lehrer haben Angst vor den vielen bürokratischen Bestimmungen. Kinder, die nichts tun, sind nicht in Gefahr. Besser wäre es wohl, der Lehrer täte weniger oder nichts – er würde so den Tätigkeitsdrang des Kindes fördern.

Maria Montessori: Wir sprechen von dem passiven Lehrer, der sich bemüht, das Hindernis beiseitezuräumen, das seine eigene Tätigkeit und Autorität darstellen könnte, und der somit bewirkt, daß das Kind von sich aus tätig werden kann. Wir meinen den Lehrer, der erst dann zufrieden ist, wenn er sieht, wie das Kind ganz aus sich selbst heraus handelt und Fortschritte macht und der nicht selbst das Verdienst dafür in Anspruch nimmt.

M &S: Nun, Frau Montessori, wenn wir schon so viel über Bewegung reden – gehen wir doch nach Scanno. Auch wenn wir gemütlich wandern, können wir zum Abendessen dort sein. Wer rastet, der rostet.

Maria Montessori: Ein Mensch, dessen Tätigkeitsorgane in der Zeit seines Aufbaues künstlich verkrüppelt würden, wäre dazu verurteilt, unweigerlich zurückzubleiben und in einen Zustand der Minderwertigkeit zu verfallen, schlimmer als der durch das Fehlen eines intellektuellen Sinnes verursachte.

Mit Maria Montessori in den Abruzzen

M & S: So deutlich haben wir das noch gar nicht gesehen, aber Sie haben recht!

Maria Montessori: Indem wir der Bewegung größere Bedeutung für die Entwicklung der Intelligenz und damit des ganzen Menschen beimessen als den intellektiven Sinnen, stürzen wir scheinbar grundlegende Ideen um.

M & S: Zu Ihrer Zeit war das in der Tat revolutionär, heute wissen wir über den Zusammenhang zwischen Sport, Denken und intellektueller Entwicklung besser Bescheid. Jean Piaget hat einmal gesagt: Das Denken funktioniert wie das Klettern im Baum.

Maria Montessori: Sogar die abstrakten Vorstellungen reifen ja aus den Kontakten mit der Wirklichkeit, und die Wirklichkeit kann nur durch Bewegung aufgenommen werden. Abstrakteste Vorstellungen, wie die des Raumes und der Zeit, erwachsen aus der Bewegung, die den Geist mit der Außenwelt verbindet.

M & S: Bedeutet das nicht, daß ein bewegungsreiches und freies Leben der wichtigste Garant für eine erfolgreiche Erziehung ist?

Maria Montessori: Bei dem Kinde, das ein freies Leben führen darf, beobachten wir Handlungen, aus denen nicht nur das Bestreben spricht, Außeneindrücke in sich aufzunehmen, sondern auch die Liebe zur Genauigkeit in der Auffassung seiner Handlungen. Man erhält von solchen Kindern den Eindruck, als treibe eine innere Kraft ihren Geist der Verwirklichung seiner selbst entgegen. Das Kind ist ein Entdecker; ein Mensch, geboren aus einem gestaltlosen Nebel, auf der Suche nach seiner eigenen, strahlenden Form begriffen.

M & S: Bewegung als Grundmuster menschlichen Seins – das gilt für Kinder wie für Erwachsene gleichermaßen.

Maria Montessori: Der Mensch, der sich nicht bewegt, verletzt sich selbst in seinem tiefsten Wesen, verzichtet auf sein Leben, stürzt in einen ausweglosen Abgrund, verwandelt sich lebenslang in einen Gefangenen und gleicht den biblischen Gestalten der ersten Menschen nach der Vertreibung aus dem Paradies, die voll Scham und Schmerz den unbekannten Leiden einer unbekannten Welt entgegenwandern.

M & S: Wenn wir Bewegung lebensnotwendig brauchen, dann führt mangelnde Bewegung zur psychischen Erkrankung. Das heißt,...

Maria Montessori: (...) die psychische Energie muß sich in der Bewegung inkarnieren und die Einigung der handelnden Persönlichkeit bewirken. Ist eine solche Einigung nicht gelungen (weil ein Erwachsener eingriff oder weil es in der Umwelt an Anlässen zur Aktivität fehlte), dann entwickeln sich psychische Energie und Bewegung getrennt, und das Ergebnis ist der »gespaltene Mensch«.

M & S: Setzt dies alles nicht den vollkommenen Erzieher voraus?

Mit Maria Montessori in den Abruzzen

Maria Montessori: Um Erzieher zu werden, braucht man nicht »vollkommen« und von Schwächen frei zu sein.

M &S: Was ist Ihrer Meinung nach die wichtigste Voraussetzung für die gute Erzieherin?

Maria Montessori: Wir müssen erzogen sein, wenn wir erziehen wollen

M &S: Diese Forderung setzt sehr viel voraus und kann nicht immer, oder vielleicht sehr selten, erfüllt werden. Neben dem umsichtigen Pädagogen, der Fürsprecher des Kindes ist, wirken Bewegung und Sport, der Dienst an der Gemeinschaft und, darüber haben wir noch nicht gesprochen, die Arbeit.

Maria Montessori: Die Tätigkeit der Kinderhand dagegen, die man das Stammeln des arbeitenden Menschen nennen könnte, erfordert angepaßte Gegenstände, die das Kind zur Tätigkeit auffordern.

M &S: Und mit diesen angepaßten Gegenständen soll das Kind nicht spielen, sondern arbeiten?

Maria Montessori: Es steht außer Zweifel, daß beim Kind die Haltung der Arbeit gegenüber von einem Naturtrieb bestimmt ist; denn ohne Arbeit kann sich die Persönlichkeit nicht bilden, es sei denn, sie entwickelte sich abwegig: *der Mensch bildet sich durch Arbeit*. Und die Arbeit ist durch nichts anderes zu ersetzen: weder durch Wohlergehen noch durch zärtliche Liebe.

M &S: Wir erreichen Scanno und es duftet bereits nach gutem Essen! Diese kleine Stadt paßt wunderbar in diese Berge. Manchmal schaffen es auch Erwachsene, in vollkommener Harmonie zu leben!

Maria Montessori: Der Erwachsene vervollkommnet die Umwelt, das Kind aber vervollkommnet sein eigenes Sein: sein Streben gleicht dem eines Wanderers, der unablässig und rastlos dem Ziel entgegengeht. Darum hängt die Vollkommenheit des erwachsenen Menschen vom Kinde ab.

Alle Zitate aus:

Maria Montessori: Kinder sind anders. München 1998

Das Buch Hiob und vorzüglich die Stelle,
wo dieser mit Gott rechtet und sich
über die Ungerechtigkeit des Schicksals beklagt,
war seine Lieblingslektüre. (K.F. Klischnig)

Ein tiefes psychologisches Gespräch
mit Karl Philipp Moritz

Karl Philipp Moritz
* 15. 9. 1756 Hameln
† 26. 6. 1793 Berlin
Romanschriftsteller, Kunsttheoretiker, Sprachphilosoph und Grammatiker,
Poetiker, Altertumskundler, Psychologe und Pädagoge.

Ein tiefes psychologisches Gespräch mit Karl Philipp Moritz

Die beste Auskunft über das Leben von Karl Philipp Moritz erhält man, wenn man seinen weitgehend autobiografischen Roman »Anton Reiser« liest, der auch heute noch eines der wichtigsten Dokumente über das Leben der einfachen Leute in der Goethezeit ist. Wie Anton Reiser wuchs Moritz in großer Armut auf; seine Eltern waren beständig über religiöse Fragen zerstritten. Der Vater, quietistischer Anhänger des Separatisten J. F. von Fleischbein, stand im Militärdienst. Die Mutter war dagegen kirchentreue, pietistische Lutheranerin. 1763, nach dem siebenjährigen Krieg, zog die Familie nach Hannover, wo Karl Philipp zunächst vom Vater erzogen wurde. 1768 wurde Moritz zu einem Hutmacher nach Braunschweig in die Lehre gegeben, wo sein eigentliches Leiden begann. Von kränklicher Konstitution, ständig unterdrückt und ausgebeutet, unternahm Karl Philipp Moritz nach eineinhalb Jahren einen Selbstmordversuch, mit dem die Lehre vorzeitig endete. Er kehrte nach Hannover zurück, wo der Garnisonspfarrer auf den begabten Jungen aufmerksam wurde. Durch ein Stipendium und sogenannte Freitische, Familien, bei denen er kostenlos essen konnte, gelang ihm 1771 der Besuch des Gymnasiums.

Wie sein Romanheld Anton Reiser wurde Moritz von der damals grassierenden Theaterleidenschaft erfaßt und versuchte mehrmals vergeblich, Schauspieler zu werden. 1776 schrieb er sich in Erfurt als Theologiestudent ein und entschloß sich schließlich notgedrungen zum Lehrerberuf. Seine Reise nach England im Jahr 1782 münzte Moritz in den ersten literarischen Erfolg um (»Reisen eines Deutschen in England im Jahre 1782«). Obwohl er 1784 an einer renommierten Klosterschule Gymnasialprofessor geworden war, schied er schon 1786 aus dem Schuldienst aus und ging nach Italien. Dort trat er in einen intensiven und freundschaftlichen Austausch mit Goethe, der in ihm eine Art jüngeren, vom Schicksal mißgünstig behandelten Bruder sah. Moritz wanderte 1788 von Italien nach Weimar, wo er zwei Monate Gast in Goethes Haus war und Herzog Karl August im Englischen unterrichtete. Diesem Kontakt verdankte es Moritz, daß er wenig später zum Professor der Theorie der schönen Künste an der Berliner Akademie ernannt wurde. Seine Vorlesungen hörten u. a. A. v. Humboldt, Tieck und Wackenroder. Schließlich konnte sich Moritz etablieren und wurde zum Hofrat.

Eine tragikomische Note hatte sein später Entschluß zur Heirat kurz vor seinem Tod. Innerhalb eines einzigen Jahres (1792/93) verlobte und verheiratete sich der 36jährige Moritz mit der 16jährigen Friederike Matzdorf, deren früherer Geliebter sich damit nicht abfinden wollte und sie entführte. Es folgte die Scheidung und neuerliche Verheiratung der Getrennten. Mit 36 Jahren verstarb Karl Philipp Moritz nur wenige Monate später an einem Lungenleiden.

Karl Philipp Moritz´ Werk zeichnet sich nicht nur durch die enorme Bildung und Vielseitigkeit seines Verfassers aus, sondern durch die psychologische Durchdringung und Feindifferenzierung, die ihresgleichen sucht. Noch während er am »Anton Reiser« arbeitete, begann Moritz mit der Herausgabe des »Magazins zur Erfahrungsseelenkunde«, der ersten deutschen Zeitschrift für

Ein tiefes psychologisches Gespräch mit Karl Philipp Moritz

Psychologie. In beiden Schriften nimmt er viele Erkenntnisse der modernen Psychologie vorweg, er beschreibt Phänomene, die wir unter den Termini Verdrängung, Minderwertigkeitskomplex, Ersatzbefriedigung und Kompensation kennengelernt haben. In dieser Eigenschaft als empirischer Psychologe und als aufklärerischer Pädagoge ist er von überzeitlichem Interesse geblieben.

M&S: Ihr Zeitgenosse Jean Paul, der Ihnen an Berühmtheit einiges voraus hat, schreibt Ihnen am 19.6.1792: »Und wenn Sie am Ende der Welt wären, und müßt' ich hundert Stürme aushalten, um zu Ihnen zu kommen, so flieg' ich in Ihre Arme! – Wo wohnen Sie? Wie heißen Sie? Wer sind sie? – Ihr Werk ist ein Juwel; es haftet mir, bis sein Urheber sich mir näher offenbart.« Wir haben heute die große Ehre, mit Ihnen, der schon der »Große Vergessene der deutschen Literatur« genannt wurde, persönlich zu sprechen.

Berühmt wurde sie ja mit ihrem stark autobiographischen Bildungsroman »Anton Reiser«, der den Lebensweg des aus ärmlichen Verhältnissen stammenden, jedoch hochintelligenten, nach geistiger Nahrung begierigen Anton schildert. Ihr Interesse für Bildung und Erziehung, das sich darin offenbart, machte Sie für viele zu einem deutschen Rousseau.

Wir sehen uns in unserer pädagogischen Arbeit ebenfalls immer wieder mit Jugendlichen aus schwierigen Familienverhältnissen konfrontiert. Auch Ihr Anton Reiser stammt aus problematischem Elternhaus. Wie schätzen Sie die Auswirkungen auf das jugendliche Gemüt ein?

Karl Philipp Moritz: Ob er gleich Vater und Mutter hatte, so war er doch in seiner frühesten Jugend schon von Vater und Mutter verlassen, denn er wußte nicht, an wen er sich anschließen, an wen er sich halten sollte, da sich beide haßten, und ihm doch einer so nahe wie der andere war.

In seiner frühesten Jugend hat er nie die Liebkosungen zärtlicher Eltern geschmeckt, nie nach einer kleinen Mühe ihr belohnendes Lächeln.

Wenn er in das Haus seiner Eltern trat, so trat er in ein Haus der Unzufriedenheit, des Zorns, der Tränen und der Klagen.

Diese ersten Eindrücke sind nie in seinem Leben aus der Seele verwischt worden, und haben sie oft zu einem Sammelplatz schwarzer Gedanken gemacht, die er durch keine Philosophie verdrängen konnte.

M&S: Wie gelang es Anton Reiser, sich angesichts der deprimierenden äußeren Umstände psychisch zu behaupten, zumal er Jahre seiner Kindheit in schwerer Krankheit zubrachte?

Ein tiefes psychologisches Gespräch mit Karl Philipp Moritz

Karl Philipp Moritz: Durch das Lesen war ihm nun auf einmal eine neue Welt eröffnet, in deren Genuß er sich für all das Unangenehme in seiner wirklichen Welt einigermaßen entschädigen konnte. Wenn nun rund um ihn her nichts als Lärmen und Schelten und häusliche Zwietracht herrschte, oder er sich vergeblich nach einem Gespielen umsah, so eilte er hin zu seinem Buche.

M&S: Das Literaturerleben spielt zwar auch im handlungsorientierten Erfahrungslernen eine wachsende Rolle, im Vordergrund steht jedoch die Auseinandersetzung mit der Natur.

Anton Reiser, war kein Natur-, sondern ein Stadtkind; in Hannover großgeworden, im Laufe seiner Wanderjahre von Stadt zu Stadt gereist, Braunschweig, Erfurt, Leipzig waren Stationen. Gab es da auch Raum für bedeutsame Natureindrücke?

Karl Philipp Moritz: Die Vorstellungen von den ersten Wiesen, die er sahe, von dem Kornfelde, das sich einen sanften Hügel hinanerstreckte, und oben mit grünem Gebüsch umkränzt war, von dem blauen Berge, und den einzelnen Gebüschen und Bäumen, die am Fuß desselben auf das grüne Gras ihre Schatten warfen, und immer dichter und dichter wurden, je höher man hinaufstieg, mischen sich noch immer unter seine angenehmsten Gedanken, und machen gleichsam die Grundlage aller täuschenden Bilder aus, die oft seine Phantasie sich vormalt.

M&S: Gameboy und Tamagotchi sind die Spielgefährten und Begleiter heutiger Kinder. Psychologen warnen vor den Folgen des virtuellen, naturfernen Spiels auf das kindliche Erleben. Hatten denn Ihre oder Anton Reisers kindliche Spiele noch stärkeren Naturbezug?

Karl Philipp Moritz: Wenn er auf der Wiese ging, so machte er eine Scheidung, und ließ in seinen Gedanken zwei Heere gelber und weißer Blumen gegeneinander anrücken. Den größten unter ihnen gab er Namen von seinen Helden, und eine benannte er auch wohl von sich selber. Dann stellte er eine Art von blindem Fatum vor, und mit zugemachten Augen hieb er mit seinem Stabe, wohin er traf.

Wenn er dann seine Augen wieder eröffnete, so sah er die schreckliche Zerstörung, hier lag ein Held und dort einer auf den Boden hingestreckt, und oft erblickte er mit einer sonderbaren wehmütigen und doch angenehmen Empfindung sich selbst unter den Gefallenen.

Er betrauerte dann eine Weile seine Helden, und verließ das fürchterliche Schlachtfeld.

(...) So liefen alle seine Spiele auch mit Kirsch- und Pflaumenkernen auf Verderben und Zerstörung hinaus.

Ein tiefes psychologisches Gespräch mit Karl Philipp Moritz

M&S: Na, daran wird zumindest deutlich, daß kindliche Zerstörungslust und virtuelle Tötungsakte nicht den technischen Materialisationen an sich erwachsen.

Worin sehen Sie eigentlich die größte Gefahr für die pädagogische Arbeit?

Karl Philipp Moritz: (...) gewiß ist wohl bei niemandem die Empfindung des Unrechts stärker, als bei Kindern, und niemandem kann auch leichter Unrecht geschehen; ein Satz, den alle Pädagogen täglich und stündlich beherzigen sollten.

M&S: Lange Zeit hat sich die Pädagogik an den Defiziten ihrer Klienten orientiert – mit fragwürdigen Ergebnissen. Hatten nicht auch auf Anton Reiser die schlechten Einschätzungen seiner Eltern negative Auswirkungen?

Karl Philipp Moritz: Ihr unaufhörliches Verbieten von Kleinigkeiten und beständiges Schelten und Strafen zu unrechter Zeit, verleidete ihm alle edleren Empfindungen, die er hier vor einem Jahr gehabt hatte; sein Gefühl für Lob und Beifall ward dadurch so sehr unterdrückt, daß er zuletzt, beinahe seiner Natur zuwider eine Art von Vergnügen darin fand, sich mit den schmutzigsten Gassenbuben abzugeben, und mit ihnen gemeine Sache zu machen, bloß weil er verzweifelte, sich je die Liebe und Achtung in P(yrmont) wieder zu erwerben, die er durch seine Mutter einmal verloren hatte, welche nicht nur gegen seinen Vater, sooft er nach Hause kam, sondern auch gegen ganz fremde Leute, beständig von nichts, als von seiner schlechten Aufführung sprach, wodurch dieselbe denn wirklich anfing, schlecht zu werden und sein Herz sich zu verschlimmern schien.

M&S: Damit stimmen Sie ganz mit unserer heutigen Pädagogik überein, die überzeugt ist, daß eine positive Einschätzung es dem jungen Menschen erst erlaubt, sich seiner guten Seiten zu vergewissern.

Als Kritiker Ihrer zeitgenössischen Erziehungsmethoden sind Sie Experte, und Ihr Anton Reiser liest sich über Strecken als deren Sammlung. Bitte geben Sie uns ein Beispiel!

Karl Philipp Moritz: Ob nun gleich zum Teil schon erwachsene Leute von siebzehn bis achtzehn Jahren in dieser Klasse saßen, so herrschten doch darin noch sehr erniedrigende Strafen. Der Konrektor sowohl als der Kantor teilten Ohrfeigen aus, und bedienten sich zu schärferen Züchtigungen der Peitsche, welche beständig auf dem Katheder lag; auch mußten diejenigen welche etwas verbrochen hatten, manchmal zur Strafe am Katheder knien.

M&S: Hat sich denn die körperliche Züchtigung zumindest disziplinierend ausgewirkt?

Karl Philipp Moritz: (...) da der Konrektor nun einmal in seinen Strafen weiter keinen Unterschied machte, so achtete Reiser eine Ohrfeige oder einen Peitschenschlag von ihm ebenso wenig, als ob irgendein unvernünftiges Tier an ihn gerannt wäre. Und weil er nun sahe, daß es gleichviel war, ob er sich die Achtung dieses Lehrers zu erwerben suchte, oder nicht, so hing er nun auch seiner Neigung nach, und war nicht aus Pflicht, sondern bloß wenn ihn die Sache interessierte aufmerksam.

M&S: Sie bestätigen, was wir vermuteten.

Erfahrungsorientiertes Lernen findet in der Praxis statt, und die Aneignung von Kenntnissen erweist sich in der praktischen Erprobung. Herkömmlicher Unterricht baut dagegen immer noch stark auf theoretischer Aneignung, nicht selten auf Auswendiglernen. Sehen Sie hier Probleme?

Karl Philipp Moritz: Antons Vater ließ ihn auf Zureden einiger Bekannten in der öffentlichen Stadtschule einige lateinische Privatstunden besuchen, damit er wenigstens auf alle Fälle, wie es hieß, einen Kasum solle setzen lernen. (...)

Er mußte nun anfangen, den Donat auswendig zu lernen, allein freilich hatte er einen wunderbaren Akzent, der sich bald zeigte, da er gleich in der zweiten Stunde sein Mensa auswendig hersagen mußte, und indem er Singulariter und Pluraliter sagte, immer den Ton auf die vorletzte Silbe legte, weil er sich beim Auswendiglernen dieses Pensums, wegen der Ähnlichkeit dieser Wörter mit *Amoriter, Jebusiter*, usw. fest einbildete, die Singulariter wären ein besonderes Volk, das Mensae gesagt hätte.

Wie oft mögen ähnliche Mißverständnisse veranlaßt werden, wenn der Lehrer sich mit den ersten Worten des Lehrlings begnügen läßt, ohne in den Begriff desselben einzudringen!

M&S: Was deprimierte Anton Reiser eigentlich am meisten, woran fehlte ihm am gründlichsten?

Karl Philipp Moritz: Wenn er dann die Glocken von Erfurt läuten hörte, so wurde allmählig alle seine Erinnerungen an das Vergangene rege – der gegenwärtige Moment beschränkte das Daseyn nicht – sondern er faßte alles das mit, was schon entschwunden war.

Und dies waren die glücklichsten Momente seines Lebens, wo sein eigenes Daseyn erst anfing ihn zu interessiren, weil er es in einem gewissen Zusammenhange, und nicht einzeln und zerstückt, betrachtete.

Das Einzelne, Abgerissene und Zerstückte in seinem Daseyn, war es immer, das ihm Verdruß und Eckel erweckte.

M&S: Da hätte ihm vielleicht die Erlebnispädagogik ...

Gestatten Sie mir, einige Fragen hinsichtlich der pädagogischen Methodik an Sie zu richten. Um die Wirkung der Aktivitäten in der Natur zu verstärken oder ihnen eine bestimmte Richtung zu verleihen, wird zunehmend mit metaphorischen

Ein tiefes psychologisches Gespräch mit Karl Philipp Moritz

Erzählungen, Märchen oder Sagen gearbeitet. Welche Rolle spielen für Sie solche Anregungen der Einbildungskraft? Vielleicht können Sie das nochmals am Anton Reiser verdeutlichen?

Karl Philipp Moritz: (...) seine Einbildungskraft (machte) die meisten Leiden und Freuden seiner Kindheit. Wie oft, wenn er an einem trüben Tage bis zum Überdruß und Ekel in der Stube eingesperrt war, und etwa ein Sonnenstrahl durch eine Fensterscheibe fiel, erwachten auf einmal in ihm Vorstellungen vom Paradiese, vom Elysium, oder von der Insel Kalypso, die ihn ganze Stunden lang entzückten.

Aber von seinem zweiten und dritten Jahr an erinnert er sich auch der höllischen Qualen, die ihn die Märchen seiner Mutter und seiner Base im Wachen und im Schlafen machten: (...)

Als seine Mutter noch mit ihm im Dorfe wohnte, jagte jede alte Frau ihm Furcht und Entsetzen ein, so viel hörte er beständig von Hexen und Zaubereien; und wenn der Wind oft mit sonderbarem Getön durch die Hütte pfiff, so nannte seine Mutter dies im allegorischen Sinn den handlosen Mann, ohne weiter etwas dabei zu denken.

Allein, sie würde es nicht getan haben, hätte sie gewußt, wie manche grauenvolle Stunde und wie manche schlaflose Nacht dieser handlose Mann ihrem Sohne noch lange nachher gemacht hat.

M & S: Der Wirkungsgrad scheint, bei aller negativen Tendenz, immens zu sein. Zu den Grundprinzipien des Lernens durch herausfordernde Aktivitäten in der Natur zählt Freiwilligkeit. Sind wir damit auf dem richtigen Weg?

Karl Philipp Moritz: Insbesondere ist es noch der äußere Zwang in der Jugend, welcher die Verstellung am meisten befördert; und alle Vortheile, welche man durch den Zwang erreicht, können das niemals aufwiegen, was der Mensch dadurch auf sein ganzes künftiges Leben an Wahrheit verliert.

M & S: Ein prominenter amerikanischer Erlebnispädagoge, der Psychologe Stephen Bacon, glaubt, daß die Natur deshalb auf unser Gemüt wirkt, weil in ihr archetypische Allegorien unseres eigenen Inneren entdeckt werden können. Teilen Sie diese Überzeugung?

Karl Philipp Moritz: In Morgenlands Bildersprache ist daher die Wohnung Gottes ein ewiger Berg, ein hoher Fels; und bey den Geheimschreibern alter Erfahrungsweisheit ist sie die edelste göttliche Wesenskraft in uns, das oberste Theil der Seele, ihr Gipfel, die Spitze des Gemüths. (...) Die tiefste Lebenswahrheit ist in der größten Einfalt der Natur verborgen. Die Natur selbst hat die Brust des Menschen zur Wohnung der größten Kraft gemacht, zur Quelle der größten Bewegungen, zum Hauptsitz des Lebens, der Empfindlichkeit und Springkraft aller Lebensregungen, zum Mittelpunkt des Zusammenflusses, des Austheilens und

Ein tiefes psychologisches Gespräch mit Karl Philipp Moritz

Umlaufs vom Anfang zum Ende, vom Ende zum Anfang aller strömenden Lebenskräfte. So ist das Herz das lebendigste Bild des Ursprungs, von dem alles entspringt, zu dem alles wiederkehret, wie die Sonne in der Mitte unseres Weltgebäudes, die alle Kräfte des Himmels an sich ziehet und wieder von sich strahlet, um alle Sphären ihres lichten Feuerreiches um sich her beherrschend zu beleben und in ewigem Umlauf zu erhalten.

M &S: Gibt es für Sie weitere Parallelen zwischen der Erforschung der Natur und unseres Seelenlebens?

Karl Philipp Moritz: (...) was giebt es wohl Edles und Schönes, wodurch unser Auge nicht unwillkürlich auf uns selbst, und die verborgene Natur unsers Wesens zurückgelenkt würde, das noch von keines Menschen Gedanken umfaßt worden ist.

Der kühne Fuß des Menschen steigt in die tiefen Schachten der Erde hinab, und unser denkendes Wesen sollte es nicht wagen, in seine eigenen Tiefen hinabzusteigen, und dem edelsten Metalle da nachzuspähen, wo es so selten gesucht wird.

M &S: Die Höhlenforscher unter den Erlebnispädagogen werden Ihnen beipflichten. Glauben Sie denn, daß man Wege zur pädagogisch und therapeutisch notwendigen Selbsterkundung curricular festlegen kann?

Karl Philipp Moritz: Wenn man sonst in irgend einer Sache eine Zeitlang fortgeschritten ist, so ist es nöthig, seine Gedanken wieder einmal auf den Hauptgegenstand zurückzurufen, und zu untersuchen, wohin der Weg uns eigentlich führen soll – dieß kann aber in dem Fall, wo man Wahrheit sucht, nicht wohl stattfinden, weil man sich hier das Ziel nicht selber setzen darf, sondern abwarten muß, wohin der Weg führen wird.

M &S: In unseren Programmen gibt es Elemente der Grenzerfahrung, die die Teilnehmer auf verschüttete Urgründe in ihrem Inneren zurückführen. Beim Felsklettern z. B. spielt die Gefahr des Fallens offenbar eine große psychologische Rolle. Wie erklären Sie sich diese Zusammenhänge?

Karl Philipp Moritz: Die Idee des Fallens wird in unserer Sprache durch alle die verwandten Begriffe, die sich daran knüpfen, mit einer bewundernswürdigen Einfachheit durchgeführt.–

Der dem *Fallen* so nah verwandte Begriffs des *Fehlens* wird auch beinahe mit dem Laute bezeichnet, nur daß der Ausdruck weniger schnell, und durch das dehnende *h* gehemmter ist. (...)

Was aber emporstehend und doch schwer fallend sich niedersenkt, heißt Fels – Das Feld liegt da – der Fels aber steht und steigt empor. – Das *s* am Ende hebt

Ein tiefes psychologisches Gespräch mit Karl Philipp Moritz

gleichsam den Fall, und dieser einzige Laut erweckt eine Menge Nebenbegriffe, welche unvermerkt an die bezeichnete Sache erinnern.

M &S: Sehr subtil ausgeführt. Unsere freizeitindustrielle Gesellschaft läßt nichts unversucht, um dem Einzelnen zu permanenter Zerstreuung zu verhelfen. In unsere Programme bauen wir häufig ein sogenanntes Solo, einen Ort der Einsamkeit, des Rückzugs und der Selbstbesinnung ein. Können Sie dem einen erzieherischen Stellenwert zuerkennen?

Karl Philipp Moritz: Die Welt ist ein Feld der Zerstreuung, die Einsamkeit ein Feld der Sammlung, doch kann die Einsamkeit ein tartarisches Gefilde der Quaal seyn für die, die sich nicht darin zu finden wissen. Allein laßt sie nun ein Feld der Sammlung seyn, was hilfts, wenn ich in die Welt, in die Zerstreuung hinaus muß? Jedermann hat zwar seine einsamen Orte und Stündgen, ehe er in die Welt, in Gesellschaft der Arbeit oder Vergnügung geht. Was helfen aber die stillen Orte und Stündgen, wenn man sie nicht gehörig zu benutzen weiß? Es kömmt also bloß darauf an, ob, wenn man nun einen Sammlungsplatz der Kräfte von außen hat, man auch einen Sammelplatz oder Sammlungspunkt der Seele von innen habe? Denn wenn man sich gleich sammeln wollte, und man wüßte nicht recht worzu, man wüßte nicht den festen Punkt, wohin alles zu richten wäre, so würde man in der schönsten Einsamkeit selber nur schwärmen, wiewohl dieses, um seinen aufgebrachten Bewegungen einsam freyen Lauf zu lassen, und sich derselben und ihrer Unruhe nur zu entladen, zuweilen nötig und dienlich seyn mag, damit man sich endlich ruhig in einen festen Punkt setzen möge. Allein nun, welch ein Sammlungspunkt soll dann in der Seele seyn, wohin alle Kräfte zu richten sind, alle Richtung zusammengezogen werden muß, um eine gute Stärkung von Grund aus zu sammeln, die in der Arbeit und Zerstreuung aushalten möge, um ein rechtschaffen erwünschtes Ziel zu erhalten, um wenigstens davon nicht zu weit abzukommen unter tausend Reizen und Anstößen? Erstlich muß nun ein jeder selbst, weil die Natur- und Gewohnheitsanlagen unendlich verschieden sind, in seiner eignen Seele beobachten, was eigentlich am meisten, am besten, am stärksten ihn zum höchsten Gut reizen, und seine Kräfte insgesamt am meisten darzu ziehen, sammeln, und halten könne.

M &S: Mit zunehmender Popularität einzelner erfahrungsorientierter Methoden hat man bisweilen den Eindruck, daß sie sich im Gebrauch abnutzen und an Wirksamkeit verlieren. Wie sehen Sie das, Herr Moritz?

Karl Philipp Moritz: Alle solchen Hülfsmittel, die jeder für sich selbst finden mag, sollen blos dienen, den Weg zum Zwecke zu erleichtern und zu fördern, so weit und so lang sie für jeden dieses zu leisten vermögen; an diese Mittel muß man sich nicht wie an den Zweck selber binden, sondern man mag sie nach verschiedener Disposition und Gutfinden zur Förderung abändern; denn manche Mittel können auch an der Seele nach und nach abgenutzt werden.

Ein tiefes psychologisches Gespräch mit Karl Philipp Moritz

M&S: Wie gesagt sind Sie einer breiteren Öffentlichkeit fast nur durch Ihren Anton Reiser bekannt, nicht aber als Psychologe und Herausgeber des *Magazins für Erfahrungsseelenkunde*. Welche moralische Intention verfolgt diese umfangreiche Sammlung psychologischer Beobachtungen?

Karl Philipp Moritz: Ein Magazin zur Erfahrungsseelenkunde soll ja nicht unmittelbar Moral lehren, und eben so wenig unmittelbar dem Aberglauben entgegenarbeiten. – Dies ist sein *Zweck* nicht, sondern nur eine sichre *Folge*, sobald man der Wahrheit *um ihrer selbst willen* näher zu kommen sucht.

M&S: Die humanistische Psychologie, der sich die Erlebnispädagogik in Teilen verpflichtet fühlt, versteht sich ganz klar wertorientiert und scheut sich nicht, verbindliche Überzeugungen zu vermitteln. Worin sehen Sie den Auftrag des Psychologen?

Karl Philipp Moritz: Was geht den Psychologen, als Psychologen irgend ein einreißender Glaube an? Wozu will er irgend einen einreißenden Glauben beschämen?

Er ist ja nicht zum Glaubensreformator bestellt; er soll nur beobachten – ihm liegt ob, Acht zu geben, wie die Dinge wirklich sind, und Untersuchungen anzustellen, warum sie so sind; nicht aber, zu bestimmen, wie sie nach seiner Meinung seyn sollen.

M&S: Das unterscheidet ihn vielleicht in der Tat vom Pädagogen in unserem Sinn.

Was wünschen Sie sich, um den Schritt von der Erforschung des jugendlichen Seelenlebens zur Therapie machen zu können?

Karl Philipp Moritz: Möchte ich doch viele Beiträge von Eltern, Erziehern und Schulleuten, oder andern Personen, denen das Wohl der Menschheit am Herzen liegt, erhalten, worin ausführliche und specielle Nachrichten gegeben würden, durch welche Mittel es jemanden gelungen ist, irgend einen verirrten nach und nach auf den Weg der Tugend wieder zurückzubringen, oder ihn von diesem oder jenem eingewurzelten Laster allmählig abzuziehen; wie äußerst wichtig und allgemeinnützig würde die Bekanntmachung solcher wirklich in Ausübung gebrachten Verfahrensarten seyn!

M&S: Glauben Sie denn an das heilkräftige Wirken der Natur für die Psyche?

Karl Philipp Moritz: Der in die ganze Natur, in so manche Quelle, und in so manches Kraut heilenden Balsam legte, um den kranken, hinfälligen Körper zu stärken und wiederherzustellen, sollte der nicht auch Arznei geschaffen haben, für kranke, verwundete Seelen?

M&S: Wir sind oft mit unserer pädagogischen Fachliteratur nicht so ganz zufrieden. Was empfehlen Sie uns?

Ein tiefes psychologisches Gespräch mit Karl Philipp Moritz

Karl Philipp Moritz: Als vor einiger Zeit eine Schrift unter dem Titel *der Jugendbeobachter* erschien, freute ich mich sehr darauf, fand aber, daß sie gerade nicht eine einzige Jugendbeobachtung enthielt. Eine solche Schrift, die ihrem Titel entspräche, möchte wohl auch etwas schwerer zu schreiben seyn, und es würden nicht so leicht so viele Bände aufeinander folgen können.

Garve über die Prüfung der Köpfe verdient gewiß von jedem Jugendbeobachter fleißig studiert zu werden. – Zur Seelenzeichenkunde überhaupt ist *Lavaters Physiognomik* wohl nicht ohne Nutzen. *Engels Mimik* aber, wenn sie erscheinet, wird gewiß eine vortreffliche *Seelenzeichenlehre* seyn.

M &S: Nach wie vor sind sich Fachleute uneins, ob die Erlebnispädagogik uns die Möglichkeit zu langfristig wirksamer Therapie an die Hand gibt. Können Sie uns abschließend Ihre Einschätzung mitteilen?

Karl Philipp Moritz: Die Wirklichkeit ist der beste Beweis der Möglichkeit.

M &S: Dies allen Empirikern als Leitsatz für die Evaluation. Herr Moritz, wir danken Ihnen für das Gespräch.

Alle Zitate aus:

Karl Philipp Moritz: Anton Reiser. Stuttgart 1972
ders. (Hrsg.): Gnoti s'auton. Magazin für Erfahrungsseelenkunde. Bd. 1–10, Nördlingen 1986
Uwe Nettelbeck: Karl Philipp Moritz, Lesebuch. Nördlingen 1986

Alle Dinge haben etwas Lässiges und liegen wie Kühe auf der Wiese.

Eine Bergwanderung mit Friedrich Nietzsche

Friedrich Nietzsche
* 15. 10. 1844 Röcken b. Lützen
† 25. 8. 1900 Weimar
Philosoph, Lyriker, klassischer Philologe

Eine Bergwanderung mit Friedrich Nietzsche

Der Sohn eines protestantischen Pfarrers studierte in Bonn und Leipzig klassische Philologie. Sein Denken wurde zunächst beeinflußt von der Philosophie Arthur Schopenhauers und der Musik Richard Wagners. 1870 nahm er die Stelle eines außerordentlichen Professors in Basel an. Aus gesundheitlichen Gründen mußte er 1879 seine Basler Professur aufgeben. Zehn Jahre lebte er in menschlicher Einsamkeit, zog ruhelos von Ort und Ort – Rapallo. St. Margerita, Sorrent, Genua, Nizza, Turin, Sils Maria – und wurde von ständigen Schmerzen gequält. 1882 traf er Lou Andreas-Salomé in Rom. In Turin kam es 1889 zum geistigen Zusammenbruch. Von nun an lebte Nietzsche in geistiger Umnachtung, zunächst in der Irrenanstalt von Basel, dann wurde er von Mutter und Schwester gepflegt.

Er stellte ungewöhnliche, tiefschürfende und radikale Gedanken über alle Themen an, die bislang die Philosophen beschäftigten. Seine Gedanken zum »Übermenschen«, von der »Umwertung aller Werte«, vom »Tode Gottes«, vom »Willen zur Macht« inspirierten nicht nur die folgenden Philosophengenerationen, sie wurden nachhaltig durch die Nationalsozialisten mißbraucht. Zudem war er ein Meister der Prosa und der Lyrik – seine Aphorismen, Gedankensplitter und Gedichte sind auch heute noch eine unermeßliche Schatztruhe

In der Erlebnispädagogik spielt Nietzsche als Kulturkritiker des ausgehenden 19. Jahrhunderts eine bedeutende, aber zwielichtige Rolle. Positiv wird seine Kritik an den vorherrschenden Bildungseinrichtungen gesehen und seine Hoffnung auf die Rebellion der Jugend. In seinen »Unzeitgemäßen Betrachtungen« schreibt er: »(...) ich vertraue der Jugend, daß sie mich recht geführt hat, wenn sie mich jetzt zu einem Proteste gegen die historische Jugenderziehung des modernen Menschen nötigt und wenn der Protestierende fordert, daß der Mensch vor allem zu leben lerne (...)«. Das Gymnasium und die Universitäten bezeichnete er als »Bildungsmaschinen«, in denen, der eine »(...) ungefähr reden (kann, M&S), was er will, der andere ungefähr hören, was er will (...)«.

M &S: Eine lange Reise in die Schweiz! Aber um Sie zu treffen hätten wir noch viel mehr auf uns genommen. Sind nicht alle Reisenden aus dem gleichen Grund unterwegs?

Friedrich Nietzsche: Unter den Reisenden unterscheide man nach fünf Graden: die des ersten niedrigsten Grades sind solche, welche reisen und dabei gesehen werden – sie werden eigentlich gereist und sind gleichsam blind; die nächsten sehen wirklich selber in die Welt; die dritten erleben etwas infolge des Sehens; die vierten leben das Erlebte in sich hinein und tragen es mit sich fort; endlich gibt es einige Menschen der höchsten Kraft, welche alles Geschehene, nachdem es erlebt und eingelebt worden ist, endlich auch notwendig wieder aus sich her-

Eine Bergwanderung mit Friedrich Nietzsche

ausleben müssen, in Handlungen und Werken, sobald sie nach Hause zurückgekehrt sind.

M&S: Nun ist uns die Schweiz sehr wohl vertraut, aber kann man nicht gerade durch die Gegensätze, die exotische Landschaft, die fremden Menschen und Sitten, sehr viel über die eigene Kultur lernen?

Friedrich Nietzsche: Es hat große Vorteile, seiner Zeit sich einmal in stärkerem Maße zu entfremden und gleichsam von ihrem Ufer zurück in den Ozean der vergangenen Weltbetrachtungen getrieben zu werden. Von dort aus nach der Küste zu blicken, überschaut man wohl zum ersten Male ihre gesamte Gestaltung und hat, wenn man sich ihr wieder nähert, den Vorteil, sie besser im Ganzen zu verstehen als die, welche sie nie verlassen haben.

M&S: Schön, Herr Nietzsche, mit Ihnen in dieser herrlichen Bergwelt bei Sils Maria spazierengehen zu dürfen. Welch ein Geschenk: die klare Luft, der quirlige Fluß, die Berge...

Friedrich Nietzsche: Ich hasse jene angeblichen Naturschönheiten, welche im Grunde nur durch das Wissen, namentlich das geographische, etwas bedeuten, an sich aber dem schönheitsdurstigen Sinne dürftig bleiben: zum Beispiel die Ansicht des Mont Blanc von Genf aus – etwas Unbedeutendes ohne die zu Hilfe eilende Gehirnfreude des Wissens; die näheren Berge sind alle schöner und ausdrucksvoller – aber »lange nicht so hoch«, wie jenes absurde Wissen zur Abschwächung hinzufügt.

M&S: Versetzen Sie die Berge hier nicht in eine besondere Stimmung?

Friedrich Nietzsche: Die Neutralität der großen Natur (in Berg, Meer, Wald und Wüste) gefällt, aber nur eine kurze Zeit: nachher werden wir ungeduldig. »Wollen denn diese Dinge gar nichts zu uns sagen? Sind wir für sie nicht da?« Wir sind so gern in der freien Natur, weil diese keine Meinung über uns hat.

M&S: Ist die Natur nicht eine Lehrmeisterin? Wenn man ihre Gesetze beachtete, so würde womöglich die Menschheit eine ökologische Katastrophe vermeiden. Wir sollten gemäß der Natur leben!

Friedrich Nietzsche: Gemäß der Natur wollt ihr leben? Oh ihr edlen Stoiker, welche Betrügerei der Worte! Denkt euch ein Wesen, wie es die Natur ist, verschwenderisch ohne Maass, gleichgültig ohne Maass, ohne Absichten und Rücksichten, ohne Erbarmen und Gerechtigkeit, fruchtbar und öde und ungewiss zugleich, denkt euch die Indifferenz selbst als Macht – wie könntet ihr gemäss dieser Indifferenz leben? Leben – ist das nicht gerade ein Anders-sein-wollen, als diese Natur ist?

M&S: Das klingt sehr ernüchternd. Sind jene Menschen, die der Natur verbunden sind, nicht davor gefeit, sie zu gefährden?

Eine Bergwanderung mit Friedrich Nietzsche

Friedrich Nietzsche: Ist ein Mensch nicht ziemlich genau beschrieben, wenn man hört, daß er gern zwischen gelben hohen Kornfeldern geht; daß er die Waldes- und Blumenfarben des abglühenden und vergilbten Herbstes allen anderen vorzieht, weil sie auf Schöneres hindeuten, als der Natur je gelingt; daß er unter großen fettblättrigen Nußbäumen sich ganz heimisch unter Blutsverwandten fühlt; daß im Gebirge seine größte Freude ist, jenen kleinen abgelegenen Seen zu begegnen, aus denen ihn die Einsamkeit selber mit ihren Augen anzusehn scheint; daß er jene graue Ruhe der Nebeldämmerung liebt, welche an Herbst- und Frühwinterabenden an die Fenster heranschleicht und jedes seelenlose Geräusch wie mit Samtvorhängen abschließt; daß er unbehauenes Gestein als übriggebliebne, der Sprache begierige Zeugen der Vorzeit empfindet und von Kind an verehrt; und zuletzt, daß ihm das Meer mit seiner beweglichen Schlangenhaut und Raubtierschönheit fremd ist und bleibt? – Ja, etwas von diesem Menschen ist allerdings damit beschrieben, aber der Spiegel der Natur sagt nichts darüber, daß derselbe Mensch bei all seiner idyllischen Empfindsamkeit (und nicht einmal »trotz ihrer«) ziemlich lieblos, knauserig und eingebildet sein könnte.

M&S: Sie sind also gegen die Inspiration durch die Natur. Gibt es denn keine Chancen, etwas aus ihr zu lernen?

Friedrich Nietzsche: Man muß den Blumen, Gräsern und Schmetterlingen auch noch so nahe sein wie ein Kind, das nicht viel über sie hinwegreicht. Wir Älteren dagegen sind über sie hinausgewachsen und müssen uns zu ihnen herablassen; ich meine, die Gräser hassen uns, wenn wir unsre Liebe für sie bekennen. Wer an allem Guten teilhaben will, muß auch zu Stunden klein zu sein verstehen.

M&S: Gibt es nicht Bilder in der Natur die unsere Gedanken weiterschweifen lassen, Metaphern, aus denen wir Weisheiten schöpfen können? Sehen Sie diesen Wasserfall, zum Beispiel, einmalig in seinen Strudeln und Wellen, unberechenbar, ein Naturdenkmal.

Friedrich Nietzsche: Beim Anblick des Wasserfalls meinen wir in den zahllosen Biegungen, Schlängelungen, Brechungen der Wellen: Freiheit des Willens und Belieben zu sehn; aber alles ist notwendig, jede Bewegung mathematisch auszurechnen. So ist es auch bei den menschlichen Handlungen; man müßte jede einzelne Handlung vorher ausrechnen können, wenn man allwissend wäre; ebenso jeden Fortschritt der Erkenntnis, jeden Irrtum, jede Bosheit. Der Handelnde selbst steckt freilich in der Illusion der Willkür; wenn in einem Augenblick das Rad der Welt stillstünde und ein allwissender rechnender Verstand da wäre, um diese Pause zu benützen, so könnte er bis in die fernsten Zeiten die Zukunft jedes Wesens weitererzählen und jede Spur bezeichnen, auf der jenes Rad noch rollen wird. Die Täuschung des Handelnden über sich, die Annahme des freien Willens, gehört mit hinein in diesen auszurechnenden Mechanismus.

Eine Bergwanderung mit Friedrich Nietzsche

M &S: Vergleichen Sie doch einfach diesen Wasserfall mit dem Charakter eines Menschen! Was fällt Ihnen dazu ein?

Friedrich Nietzsche: Wie ein Wasserfall im Sturz langsamer und schwebender wird, so pflegt der große Mensch der Tat mit mehr Ruhe zu handeln, als seine Begierde vor der Tat es erwarten ließ.

M &S: Uns schwindelt, wenn wir in den Wasserfall blicken. Er zieht uns magnetisch an, saugt uns ein, verschlingt uns.

Friedrich Nietzsche: Hier stürzen Wildwasser von mehreren Seiten einem Schlunde zu: ihre Bewegung ist so stürmisch und reißt das Auge so mit sich, daß die kahlen oder bewaldeten Gebirgshänge ringsum nicht abzusinken, sondern wie hinabzufliehen scheinen. Man wird beim Anblick angstvoll gespannt, als ob etwas Feindseliges hinter alledem verborgen liege, vor dem alles flüchten müsse und gegen das uns der Abgrund Schutz verliehe. Diese Gegend ist gar nicht zu malen, es sei denn, daß man wie ein Vogel in der freien Luft über ihr schwebe.

M &S: Ja, die Abgründe, die Schluchten, immer haben sie Menschen fasziniert – und manche sind dieser Faszination erlegen.

Friedrich Nietzsche: Wer mit Ungeheuern kämpft, mag zusehn, dass er nicht dabei zum Ungeheuer wird. Und wenn du lange in einen Abgrund blickst, blickt der Abgrund auch in dich hinein.

M &S: Keine Angst, wir würden Sie retten, wenn Sie einen Fehltritt machen sollten!

Friedrich Nietzsche: Man springt einem Menschen, der ins Wasser fällt, noch einmal so gerne nach, wenn Leute zugegen sind, die es nicht wagen.

M &S: Sehen Sie, ein schmaler Pfad über dem Abgrund, dann geht der Weg den Berg hinauf. Jetzt passen Sie aber auf! Es wird gefährlich! Benützen Sie doch das Geländer!

Friedrich Nietzsche: Wie man, um an einem Abgrund vorbeizugehen oder einen tiefen Bach auf einem Balken zu überschreiten, eines Geländers bedarf, nicht um sich daran festzuhalten – denn es würde sofort mit einem zusammenbrechen –, sondern um die Vorstellung der Sicherheit für das Auge zu erwerben: so bedarf man als Jüngling solcher Personen, welche uns unbewußt den Dienst jenes Geländers erweisen. Es ist wahr, sie würden uns nicht helfen, wenn wir uns wirklich in großer Gefahr auf sie stützen wollten, aber sie geben die beruhigende Empfindung des Schutzes in der Nähe.

M &S: Man braucht Mut, um diesen hohen Steg zu gehen. Aber es gibt mutige Menschen für die dieser Steg geradezu lächerlich erscheint. Es ist schwierig, sie zu solch scheinbar kindischen Wagnissen zu überreden.

Eine Bergwanderung mit Friedrich Nietzsche

Friedrich Nietzsche: Mutige Leute überredet man dadurch zu einer Handlung, daß man dieselbe gefährlicher darstellt, als sie ist.

M &S: Und doch passieren die meisten Unfälle oft erst nach diesen gefährlichen Passagen, wenn die Spannung nachläßt!

Friedrich Nietzsche: Man ist am meisten in Gefahr, überfahren zu werden, wenn man gerade einem Wagen ausgewichen ist.

M &S: Wenn der Mensch die Gefahr nicht findet, dann sucht er sie im Abenteuer.

Friedrich Nietzsche: Die jetzigen Engländer welche im ganzen auch dem Kriege abgesagt zu haben scheinen, ergreifen ein anderes Mittel, um jene schwindenden Kräfte neu zu erzeugen: jene gefährlichen Entdeckungsreisen, Durchschiffungen, Erkletterungen, zu wissenschaftlichen Zwecken, wie es heißt, unternommen, in Wahrheit, um überschüssige Kraft aus Abenteuern und Gefahren aller Art mit nach Hause zu bringen. Man wird vielerlei Surrogate des Krieges ausfindig machen (...)

M &S: Lord Byron sagte einmal » Das große Ziel des Erlebens ist Empfindung – zu spüren, daß wir da sind, wenn auch mit Schmerzen.«

Friedrich Nietzsche: Die müßigeren Empfindungen erscheinen dagegen schal; man will, wie es scheint, die heftigere Unlust immer noch lieber als die matte Lust. (...) Man wird selten irren, wenn man extreme Handlungen auf Eitelkeit, mittelmäßige auf Gewöhnung und kleinliche auf Furcht zurückführt. (...) Vor allem will etwas Lebendiges seine Kraft auslassen – Leben selbst ist Wille zur Macht – : die Selbsterhaltung ist nur eine der indirekten und häufigsten Folgen davon.

M &S: Welch lieblicher Bergpfad und wie er sich durch Wiesen schlängelt! Wer hier durch die Berge hetzt, wie viele sogenannte Bergwanderer, versäumt viel. Gehen sie nicht am eigentlichen Leben zu hastig vorbei?

Friedrich Nietzsche: Sie steigen wie Tiere den Berg hinauf, dumm und schwitzend; man hatte ihnen zu sagen vergessen, daß es unterwegs schöne Aussichten gebe. (...) Die Liebe, der Frühling, jede schöne Melodie, das Gebirge, der Mond, das Meer – alles redet nur einmal zum Herzen: wenn es überhaupt je zu Wort kommt. Denn viele Menschen haben jene Momente gar nicht und sind selber nur Intervalle und Pausen in der Symphonie des wirklichen Lebens.

M &S: Die schönen Dinge des Lebens geschehen nicht einfach, sie müssen erkämpft werden, und dann tritt der Zufall als Glücksbringer dazu. Oft glaubt man nicht mehr daran. Und erst dann tritt der von den Göttern geschenkte Augenblick ein, der »kairos«, wie die alten Griechen ihn bezeichneten.

Friedrich Nietzsche: Es sind Glücksfälle dazu nöthig und vielerlei Unberechenbares, dass ein höherer Mensch, in dem die Lösung eines Problems schläft, noch

Eine Bergwanderung mit Friedrich Nietzsche

zur rechten Zeit zum Handeln kommt – »zum Ausbruch«, wie man sagen könnte. Es geschieht durchschnittlich nicht, und in allen Winkeln der Erde sitzen Wartende, die es kaum wissen, in wiefern sie warten, noch weniger aber, dass sie umsonst warten. Mitunter auch kommt der Weckruf zu spät, jener Zufall, der die »Erlaubniss« zum Handeln gibt, – dann, wenn bereits die beste Jugend und Kraft zum Handeln durch Stillsitzen verbraucht ist; (...). Das Genie ist vielleicht gar nicht so selten, aber die fünfhundert Hände, die es nötig hat, um den »kairos«, »die rechte Zeit« – zu tyrannisieren, um den Zufall am Schopf zu fassen.

M &S: Auf diese Geschenke des Zufalls muß man hoffen; nicht selten ereilen sie uns beim Gehen und Wandern. Aber vorher stehen die Leiden und die Langeweile, der Frust und Frage, warum man sich das antut.

Friedrich Nietzsche: So mag es wohl einem Wanderer ergehen; aber dann kommen, als Entgelt, die wonnevollen Morgen anderer Gegenden und Tage, wo er schon im Grauen des Lichts die Musenschwärme im Nebel des Gebirges nahe an sich vorbeitanzen sieht, wo ihm nachher, wenn er still, in dem Gleichmaß der Vormittagsseele, unter Bäumen sich ergeht, aus deren Wipfeln und Laubverstekken heraus lauter gute und helle Dinge zugeworfen werden, die Geschenke aller jener freien Geister, die in Berg, Wald und Einsamkeit zu Hause sind und welche, gleich ihm, in ihrer bald fröhlichen, bald nachdenklichen Weise, Wanderer und Philosophen sind.

M &S: Trotzdem, das gemeinsame Leiden verbindet – das ist doch auch eine Leitlinie der Erlebnispädagogik!

Friedrich Nietzsche: Die Zucht des Leidens, des grossen Leidens – wißt ihr nicht, daß nur diese Zucht alle Erhöhungen des Menschen bisher geschaffen hat? Jene Spannung der Seele im Unglück, welche ihr die Stärke anzüchtet, ihre Schauer im Anblick des grossen Zugrundegehens, ihre Erfindsamkeit und Tapferkeit im Tragen, Ausharren, Ausdeuten, Ausnützen des Unglücks, und was ihr nur je von Tiefe, Geheimniss, Maske, Geist, List, Größe geschenkt worden ist: – ist es nicht ihr unter Leiden, unter der Zucht des grossen Leidens geschenkt worden. Im Menschen ist Geschöpf und Schöpfer vereint: im Menschen ist Stoff, Bruchstück, Überfluss, Lehm, Koth, Unsinn, Chaos; aber im Menschen ist auch Schöpfer, Bildner, Hammer-Härte, Zuschauer-Göttlichkeit und siebenter Tag: – versteht ihr diesen Tag?

M &S: Also erst das Leiden bringt die schöpferischen Kräfte zur Entfaltung! Führt es nicht auch zu einer gewissen Gleichberechtigung? Jeder ist den gleichen Anforderungen ausgesetzt!

Friedrich Nietzsche: Einige Stunden Bergsteigens machen aus einem Schuft und einem Heiligen zwei ziemlich gleiche Geschöpfe. Die Ermüdung ist der kürzeste Weg zur Gleichheit und Brüderlichkeit – und die Freiheit wird endlich durch den Schlaf hinzugegeben.

Eine Bergwanderung mit Friedrich Nietzsche

M & S: Man muß sich, wie Lord Byron sagt, gelegentlich selbst spüren!

Friedrich Nietzsche: (...) der Mensch muß von Zeit zu Zeit glauben, zu wissen, warum er existiert, seine Gattung kann nicht gedeihen ohne ein periodisches Zutrauen zu dem Leben!

M & S: Schauen Sie, wie klein jetzt die Häuser geworden sind!

Friedrich Nietzsche: Es gibt sichere Anzeichen dafür, daß du vorwärts und höher hinauf gekommen bist: Es ist jetzt freier und aussichtsreicher um dich als vordem. Die Luft weht dich kühler, aber auch milder an, (...) dein Gang ist lebhafter und fester geworden, Mut und Besonnenheit sind zusammen gewachsen -: aus allen diesen Gründen wird dein Weg jetzt einsamer sein dürfen und jedenfalls gefährlicher sein als dein früherer, wenn auch gewiß nicht in dem Maße, als die glauben, welche dich, Wanderer, vom dunstigen Tale aus auf dem Gebirge schreiten sehen. Von dem, was du erkennen und messen willst, mußt du Abschied nehmen, wenigstens für eine Zeit. Erst wenn du die Stadt verlassen hast, siehst du, wie hoch sich ihre Türme über die Häuser erheben.

M & S: Lassen Sie uns eine Pause machen und diese Stimmung auf uns wirken. Bietet nicht die Natur uns großzügig solche Vertiefungen an?

Friedrich Nietzsche: (...) sie meinen, mit tiefen Gefühlen komme man tief ins Innere, nahe man sich dem Herzen der Natur. Aber diese Gefühle sind nur insofern tief, als mit ihnen, kaum bemerkbar, gewisse komplizierte Gedankengruppen regelmäßig erregt werden, welche wir tief nennen; ein Gefühl ist tief, weil wir den begleitenden Gedanken für tief halten. Aber der »tiefe« Gedanke kann dennoch der Wahrheit sehr fern sein, (...)

M & S: Wollen wir nun eine Ruhepause einlegen oder nicht?

Friedrich Nietzsche: Man schämt sich jetzt schon der Ruhe; das lange Nachsinnen macht beinahe Gewissensbisse. Man denkt mit der Uhr in der Hand, wie man zu Mittag ißt, das Auge auf das Börsenblatt gerichtet, – man lebt wie einer, der fortwährend etwas »versäumen könnte«. »Lieber irgend etwas tun als nichts« – auch dieser Grundsatz ist eine Schnur, um aller Bildung und allem höheren Geschmack den Garaus zu machen. (...) Aus Mangel an Ruhe läuft unsere Zivilisation in eine neue Barbarei aus. Zu keiner Zeit haben die Tätigen, das heißt die Ruhelosen, mehr gegolten. Es gehört deshalb zu den notwendigen Korrekturen, welche man am Charakter der Menschheit vornehmen muß, das beschauliche Element in großem Maße zu verstärken. (...) Denn das Leben auf der Jagd nach Gewinn zwingt fortwährend dazu, seinen Geist bis zur Erschöpfung auszugeben, im beständigen Sich-Verstellen oder Überlisten oder Zuvorkommen: die eigentliche Tugend ist jetzt, etwas in weniger Zeit zu tun als ein anderer.

M & S: In der Tat leben wir in einer hektischen Welt...

Eine Bergwanderung mit Friedrich Nietzsche

Friedrich Nietzsche: Zum Zeichen dafür, daß die Schätzung des beschaulichen Lebens abgenommen hat, wetteifern die Gelehrten jetzt mit den tätigen Menschen in einer Art von hastigem Genusse, wie wenn sie (also) diese Art zu geniessen, höher schätzten als die, welche ihnen eigentlich zukommt und welche in der Tat viel mehr Genuß ist. Die Gelehrten schämen sich des Otium (der Muße). Es ist aber ein edel Ding um Muße und Müßiggehen. – Wenn Müßiggang wirklich der Anfang aller Laster ist, so befindet er sich also wenigstens in der nächsten Nähe aller Tugenden; der müßige Mensch ist doch immer noch ein besserer Mensch als der tätige.

M&S: Das rechte Verhältnis zwischen Müßiggang und Tätigkeit ist in der Tat ein zentrales Problem!

Friedrich Nietzsche: Es ist das Unglück der Tätigen, daß ihre Tätigkeit fast immer ein wenig unvernünftig ist. Man darf zum Beispiel bei dem geldsammelnden Bankier nach dem Zwecke seiner rastlosen Tätigkeit nicht fragen: sie ist unvernünftig. Die Tätigen rollen, wie der Stein rollt, gemäß der Mechanik. – Alle Menschen zerfallen, wie zu allen Zeiten so auch jetzt noch, in Sklaven und Freie; denn wer von seinem Tage nicht zwei Drittel für sich hat, ist ein Sklave, er sei übrigens, wer er wolle: Staatsmann, Kaufmann, Beamter, Gelehrter.

M&S: Manchmal kann man nicht warten, man muß handeln!

Friedrich Nietzsche: Die Leidenschaft will nicht warten; das Tragische im Leben großer Männer liegt häufig nicht in ihrem Konflikte mit der Zeit und der Niedrigkeit ihrer Mitmenschen, sondern in der Unfähigkeit, ein Jahr, zwei Jahre ihr Werk zu verschieben; sie können nicht warten.

M&S: Gut, daß wenigstens wir endlich zur Ruhe kommen. Wir wollen mit Ihnen ein wenig über den Begriff Erlebnis plaudern. Er ist zu einem unerträglichen Modewort verkommen – und dabei so wichtig, in der Erziehung und in der Beziehung zwischen Menschen.

Friedrich Nietzsche: Sieht man zu, wie einzelne mit ihren Erlebnissen – ihren unbedeutenden alltäglichen Erlebnissen – umzugehen wissen, so daß diese zu einem Ackerland werden, das dreimal des Jahres Frucht trägt; während andere – und wie viele! – durch den Wogenschlag der aufregendsten Schicksale, der mannigfachen Zeit- und Volksströmungen hindurchgetrieben werden und doch immer leicht, immer obenauf, wie Kork, bleiben: so ist man doch versucht, die Menschheit in eine Minorität (Minimalität) solcher einzuteilen, welche aus wenigem viel zu machen verstehen, und in eine Majorität derer, welche aus vielem wenig zu machen verstehen; ja man trifft auf jene umgekehrten Hexenmeister, welche, statt die Welt aus Nichts, aus der Welt ein Nichts schaffen.

M&S: Erleben Kinder anders als Erwachsene?

Eine Bergwanderung mit Friedrich Nietzsche

Friedrich Nietzsche: Das Kind sieht ebenso wie der Mann in allem, was erlebt, erlernt wird, Türen: aber jenem sind es Zugänge, diesem immer nur Durchgänge.

M &S: Manche Menschen suchen immer nur die gleichen Erlebnisse!

Friedrich Nietzsche: Hat man Charakter, so hat man auch sein typisches Erlebniss, das immer wiederkommt.

M &S: Kann der Erzieher mit Erlebnissen erziehen? So, wie der Lyriker doch von Stimmungen und Erlebnissen zehrt, für die er Worte finden will...

Friedrich Nietzsche: Die Dichter sind gegen ihre Erlebnisse schamlos: sie beuten sie aus. (...) Alle stärkeren Stimmungen bringen ein Miterklingen verwandter Empfindungen und Stimmungen mit sich; sie wühlen gleichsam das Gedächtnis auf. Es erinnert sich bei ihnen etwas in uns und wird sich ähnlicher Zustände und deren Herkunft bewußt.

M &S: Kehren wir zurück zum Verhältnis von Erleben und Erziehen. Erlebnispädagogik sucht die einfache Natur, in der Ursache und Wirkung augenscheinlich sind, und sie erzeugt auch eine gewisse Not, damit Jugendliche den selbstverständlichen Wohlstand etwas hinterfragen.

Friedrich Nietzsche: Gesetzt nun, dass die Noth von jeher nur solche Menschen einander angenähert hat, welche mit ähnlichen Zeichen ähnliche Bedürfnisse, ähnliche Erlebnisse andeuten konnten, so ergiebt sich im Ganzen, daß die leichte Mittheilbarkeit der Noth, das heisst im letzten Grunde das Erleben von nur durchschnittlichen und gemeinen Erlebnissen, unter allen Gewalten, welche über den Menschen bisher verfügt haben, die gewaltigste gewesen sein muss.

M &S: Voraussetzung der Wirksamkeit erlebnispädagogischen Handelns ist freilich auch, daß Jugendliche sich überhaupt angesprochen fühlen. Gehört dazu nicht auch eine Ergriffenheit, wie wir sie beim Spiel des Kindes nicht selten beobachten können?

Friedrich Nietzsche: Solange man etwas erlebt, muß man dem Erleben sich hingeben und die Augen schließen, also nicht darin schon den Beobachter machen. Das nämlich würde die gute Verdauung des Erlebnisses stören: statt einer Weisheit trüge man eine Indigestion davon.

M &S: Wie überall in Lernprozessen geht es darum, ganz bei der Sache zu sein!

Friedrich Nietzsche: Wer etwas Neues wirklich kennen lernen will (es sei ein Mensch, ein Ereignis, ein Buch), der tut gut, dieses Neue mit seiner ganzen Liebe aufzunehmen, von allem, was ihm daran feindlich, anstößig, falsch vorkommt, schnell das Auge abzuwenden, ja es zu vergessen (...)

M &S: Manchmal geht man so im Erlebnis auf, daß man sozusagen jenseitig wird, jenseits von Gut und Böse oder von Leben und Tod.

Eine Bergwanderung mit Friedrich Nietzsche

Friedrich Nietzsche: Das ewige Leben-Wollen und Nicht-sterben-können ist aber selber schon ein Zeichen von Greisenhaftigkeit der Empfindung: je voller und tüchtiger man lebt, um so schneller ist man bereit, das Leben für eine einzige gute Empfindung daranzugeben. Ein Volk, das so lebt und empfindet, hat die Kriege nicht nötig.

M &S: Erlebnis und Erziehung können, so gesehen, zwei gefährliche Partner werden. An Erlebnissen kann man wachsen, aber auch zerbrechen.

Friedrich Nietzsche: Um weise zu werden, muß man gewisse Erlebnisse erleben wollen, also ihnen in den Rachen laufen. Sehr gefährlich ist dies freilich; mancher »Weise« wurde dabei aufgefressen.

M &S: Ist es nicht so, daß ein Erlebnis so subjektiv interpretiert wird, daß einer daran zerbricht und beim anderen ungeahnte Ressourcen geweckt werden?

Friedrich Nietzsche: Selbst inmitten der seltsamsten Erlebnisse machen wir es noch ebenso: wir erdichten uns den größten Teil des Erlebnisses und sind kaum dazu zu zwingen, nicht als Erfinder irgend einem Vorgang zuzuschauen.

M &S: Wie hängen Denken und Erleben zusammen?

Friedrich Nietzsche: Wer viel denkt, und zwar sachlich denkt, vergißt leicht seine eigenen Erlebnisse, aber nicht so die Gedanken, welche durch sie hervorgerufen wurden.

M &S: Denken wir zuviel oder erleben wir zuviel?

Friedrich Nietzsche: Die Menschen durchleben jetzt alle zu viel und durchdenken zu wenig: sie haben Heißhunger und Kolik zugleich und werden deshalb immer magerer, soviel sie auch essen.- Wer jetzt sagt: »Ich habe nichts erlebt« – ist ein Dummkopf.

M &S: Sollten wir uns nicht auf uns selbst konzentrieren und durch Selbstbeobachtung und Selbsterfahrung lernen?

Friedrich Nietzsche: Die unmittelbare Selbstbeobachtung reicht lange nicht aus, um sich kennenzulernen: wir brauchen Geschichte, denn die Vergangenheit strömt in hundert Wellen in uns fort; wir selber sind ja nichts als das, was wir in jedem Augenblick von diesem Fortströmen empfinden.

M &S: Manchmal scheint es, als sei der Charakter unveränderlich!

Friedrich Nietzsche: Daß der Charakter unveränderlich sei, ist nicht im strengen Sinne wahr; vielleicht heißt dieser beliebte Satz nur so viel, daß während der kurzen Lebensdauer eines Menschen die einwirkenden (neuen) Motive gewöhnlich nicht tief genug ritzen können, um die aufgeprägten Schriftzüge vieler Jahrtausende zu zerstören.

Eine Bergwanderung mit Friedrich Nietzsche

M&S: Ist das nicht die Grundfrage, wie wirksam die Erziehung ist, ob sie schlechte Anlagen vertreiben und Talente fördern kann?

Friedrich Nietzsche: In einer so hochentwickelten Menschheit, wie die jetzige ist, bekommt von Natur jeder den Zugang zu vielen Talenten mit. Jeder hat angeborenes Talent, aber nur wenigen ist der Grad von Zähigkeit, Ausdauer, Energie angeboren und anerzogen, der nötig ist, damit einer wirklich ein Talent wird, also wird, was er ist, das heißt: es in Werken und Handlungen entladet.

M&S: Also müssen wir die Funktion der Erziehung stärken?

Friedrich Nietzsche: Das Interesse an der Erziehung wird erst von dem Augenblick an große Stärke bekommen, wo man den Glauben an einen Gott und seine Fürsorge aufgibt: ebenso wie die Heilkunst erst erblühen konnte, als der Glaube an Wunderkuren aufhörte.

M&S: Wieviel Erlebnis, wieviel Erziehung? Die Erzieher können viel versäumen, aber auch sehr rasch zu viel erziehen!

Friedrich Nietzsche: Wenn man viel hineinzustecken hat, so hat ein Tag hundert Taschen.

M&S: Es dämmert bereits. Sind nicht die Nacht und die Einsamkeit besonders wirksame Zustände der Erziehung, oft ohne daß wir bewußt damit umgehen?

Friedrich Nietzsche: Sobald die Nacht hereinbricht, verändert sich unsre Empfindung über die nächsten Dinge. Da ist der Wind, der wie auf verbotenen Wegen umgeht, flüsternd, wie etwas suchend, verdrossen, weil er's nicht findet. Da ist das Lampenlicht, mit trübem rötlichen Scheine, ermüdet blickend, der Nacht ungern widerstrebend, ein ungeduldiger Sklave des wachen Menschen. Da sind die Atemzüge des Schlafenden, ihr schauerlicher Takt, zu der eine immer wiederkehrende Sorge die Melodie zu blasen scheint – wir hören sie nicht, aber wenn die Brust des Schlafenden sich hebt, so fühlen wir uns geschnürten Herzens, und wenn der Atem sinkt und fast ins Totenstille erstirbt, sagen wir uns: »Ruhe ein wenig, du armer gequälter Geist!« – Wir wünschen allem Lebenden, weil es so gedrückt lebt, eine ewige Ruhe; die Nacht überredet zum Tode. – Wenn die Menschen der Sonne entbehrten, und mit Mondlicht und Öl den Kampf gegen die Nacht führten, welche Philosophie würde um sie ihre Schleier hüllen!

M&S: Das Solo ist eine erlebnispädagogische Übung, in deren Mittelpunkt das Alleinsein in der Natur steht. Was halten Sie davon?

Friedrich Nietzsche: Man erntet als Lohn für vielen Überdruß, Mißmut, Langeweile – wie dies alles eine Einsamkeit ohne Freunde, Bücher, Pflichten, Leidenschaften mit sich bringen muß – jene Viertelstunden tiefster Einkehr in sich und die Natur. Wer sich völlig gegen die Langeweile verschanzt, verschanzt sich auch

167

Eine Bergwanderung mit Friedrich Nietzsche

gegen sich selber: den kräftigsten Labtrunk aus dem eignen innersten Born wird er nie zu trinken bekommen.

M &S: Wenn wir nach einem Tag in einer Höhle mit unseren sonst so hektischen und oft abweisenden Jugendlichen wieder in die Zivilisation zurückkehren, kommt bei ihnen richtige Freude auf, die wir sonst kaum bei ihnen verspüren!

Friedrich Nietzsche: Hält sich einer, mit entsagendem Sinne, absichtlich in der Einsamkeit, so kann er sich dadurch den Verkehr mit Menschen, selten genossen, zum Leckerbissen machen.

M &S: Wir könnten viel lernen von den Anachoreten, den urchristlichen Einsiedlern!

Friedrich Nietzsche: Wer Jahraus, Jahrein und Tags und Nachts allein mit seiner Seele im vertraulichen Zwiste und Zwiegespräche zusammengesessen hat, wer in seiner Höhle – sie kann ein Labyrinth, aber auch ein Goldschacht sein – zum Höhlenbär oder Schatzgräber oder Schatzwächter und Drachen wurde: dessen Begriffe selber erhalten zuletzt eine eigne Zwielicht-Farbe, einen Geruch ebenso sehr der Tiefe als des Moders, etwas Unmitteilsames und Widerwilliges, das jeden Vorübergehenden kalt anbläst.

M &S: Uns faszinieren auch Philosophen wie Sie, die uns außergewöhnliche Einsichten voraushaben. Es wird dunkel, wir sollten umkehren! Ein letzter Satz!

Friedrich Nietzsche: Ein Philosoph: das ist ein Mensch, der beständig ausserordentliche Dinge erlebt, sieht, hört, argwöhnt, hofft, träumt; der von seinen eignen Gedanken wie von Aussen her, wie von Oben und Unten her, als von einer Art Ereignissen und Blitzschlägen getroffen wird; der selbst vielleicht ein Gewitter ist, welches mit neuen Blitzen schwanger geht; ein verhängnisvoller Mensch, um den herum es immer grollt und brummt und unheimlich zugeht.

M &S: Auf Wiedersehen Herr Nietzsche! Herzlichen Dank für das Gespräch. Geben Sie uns doch noch ein Motto mit auf den Weg!

Friedrich Nietzsche: Alle Dinge haben etwas Lässiges und liegen wie Kühe auf der Wiese.

Alle Zitate aus:

Friedrich Nietzsche: Menschliches, Allzumenschliches. München 1960. Band 1 und 2
Ders.: Jenseits von Gut und Böse. Stuttgart 1988
Ders.: Die fröhliche Wissenschaft. München 1955

…aus dem Honig der Lust und dem nüchternen Wasser der Einsicht…

Mit Sokrates beim Gastmahl des Agathon

Sokrates
* 427 v. Chr. Athen
† 347 v. Chr. Athen

Mit Sokrates beim Gastmahl des Agathon

Platon war ein Abkömmling attischen Hochadels. Seine Eltern waren Ariston und Periktione, die ihren Sohn eigentlich Aristokles genannt hatten. Wegen seiner schönen Gestalt wurde er jedoch Platon, »der Breitschultrige« genannt. Platon war nicht nur Geistesmensch, sondern hatte viele Begabungen. Er tat sich beim Ringkampf ebenso hervor, wie als Kriegsreiter im korinthischen Krieg. Bevor er mit der Verehrung zu Sokrates die Liebe zur Philosophie entdeckte, erprobte er andere Tätigkeitsfelder für sich. Seinem Hang zur Politik widersprach seine aristokratische Abneigung gegen die Demokratie. Auch die Dichtkunst, der er sich zeitweise verschrieb, vermochte ihn nicht auszufüllen. Zur Lebensaufgabe wurde ihm die Philosophie. Er wurde acht Jahre lang, bis zu dessen Ermordung, treuer Schüler des Sokrates, den er mit ausgeprägtem Kunstsinn als den großen Fragenden zur zentralen Figur seiner philosophischen Dialoge machte. Im Philosophieren sieht Platon die höchste erstrebenswerte Seinsart, nur durch die Philosophie könne das private und öffentliche Leben gesunden und der Staat auf eine vernünftige Ordnung gegründet werden.

Als Sokrates ermordet wurde, erschütterte dies Platon tief. Um selbst möglicher Verfolgung zu entgehen, reiste er zu Euklid nach Megara, anschließend nach Ägypten und Kyrene, wo er in die Kunst der Geometrie eingeführt wurde. 395 kehrte er nach Athen zurück, um als Reiter am korinthischen Krieg teilzunehmen.

Gegen 390 v. Chr. reiste Platon zum ersten Mal nach Sizilien, wo er in den Bann des Philosophen und Feldherrn Archyas von Tarent geriet und zum begeisterten Anhänger der pythagoreischen Schule wurde. Von weitreichender Bedeutung wurde seine Einführung an den Hof des Tyrannen Dionysios I. in Syrakus, wo er sich mit dessen Schwager Dion befreundete. Platons Ideen über den Idealstaat trafen nicht auf Gegenliebe des Tyrannen, der ihn als Sklaven verkaufen ließ. Der Sokratiker Annikeris kaufte ihn dort glücklicherweise wieder los, und Platon kehrte nach Athen zurück. 387 gründete er dort seine berühmte Akademie, die bis 529 n. Chr. fortbestehen sollte. Unterrichtet wurde im mündlichen Vortrag, der ungleich höher geschätzt war, als die schriftlichen Darlegungen. Dies ging so weit, daß Platon von seinen Schriften sagte, sie seien nur Spielereien für Anfänger und endeten genau da, wo der mündliche Vortrag mit dem eigentlichen Philosophieren beginne. Gelehrt wurden in erster Linie Arithmetik und Geometrie, daneben Astronomie, Rechtswissenschaft und Philosophie. Nach pythagoreischem Vorbild wurden auch Frauen in Platons Akademie aufgenommen.

Sizilien ließ Platon jedoch nicht ruhen. Als 367 Dionysios II. an die Macht kam, versuchte Platon aufs Neue, den Herrscher zu überzeugen, was nur dazu führte, daß sein Freund Dion verbannt und er selbst davongejagt wurde. Zur Katastrophe kam es, als Platon 361 einen Versöhnungsversuch unternahm. Dion wurde ermordet, Platon gefangengenommen und erst dank Fürsprachen wieder freigelassen.

Mit Sokrates beim Gastmahl des Agathon

Der Tod Dions, den Platon geliebt hatte, zerbrach ihn innerlich und ließ ihn körperlich und seelisch altern. Die Antike verehrte in ihm jedoch das Ideal der harmonisch gereiften Persönlichkeit.

M &S: Oh, welch überaus freudige Überraschung, o Sokrates! Darf ich fragen, wohin Dich Dein Weg führt, so ungewöhnlich schön herausgeputzt, wie Dich kaum jemand kennt?

Sokrates: Zum Gastmahl bei Agathon. Denn gestern bei seiner Siegesfeier machte ich mich davon aus Scheu vor dem Gedränge, habe ihm aber zugesagt, mich heute bei ihm einzufinden. Darum habe ich mich auch so schön herausgeputzt, um als Schöner bei dem Schönen zu erscheinen. Aber was dich anbelangt, (...) wie steht's mit deiner etwaigen Bereitschaft, ungeladen mit zum Gastmahl zu kommen?

M &S: Ich bin nicht sicher, ob ich würdig bin, an dieser Tafel unter den besten und intelligentesten Athenern zu sitzen. Aber wenn Du mich mitnimmst und den Gastgeber um Nachsicht für mich bittest, komme ich gern mit.

Sokrates: Wandern wir zwei miteinander(...), so werden wir um die Wette darüber beraten, was wir sagen sollen. Doch es ist Zeit, also vorwärts.

M &S: He, hallo, Sokrates! Warum bleibst Du denn so in Dich versunken stehen? Ich denke, Du hast es eilig? – Na, dann gehe ich eben schon mal vor, Sokrates wird schon nachkommen.

Agathon: (...) du kommst mir wie gerufen, um am Mahl mit teilzunehmen; hat dich aber eine andere Absicht hergeführt, so schiebe die betreffende Absicht auf; suchte ich doch gestern schon nach dir, um dich einzuladen, konnte dich aber nicht finden. Aber wie kommt's, daß du den Sokrates nicht mitbringst?

M &S: Ja, merkwürdig. Sokrates ist einfach völlig in Gedanken versunken stehengeblieben, wo er mich doch überredete, mit zu Dir ungeladen zum Gastmahl zu kommen und bei Dir um Nachsicht für mich bitten wollte. Bestimmt kommt er gleich nach.

Sklave: Euer Sokrates steht etwas abseits in der Vortür eines Nachbarhauses, und mein Rufen, er solle doch eintreten, findet kein Gehör.

Agathon: Du aber (...), nimm deinen Platz neben Eryximachos ein.

M &S: Vielen Dank für die freundliche Aufnahme. Hallo, Eryximachos, wie geht's? – Oh, da kommt ja endlich Sokrates!

Agathon: Hier, Sokrates, neben mir nimm deinen Platz ein, damit auch mir der Weisheitsfunke zugute komme, der dir dort am Hauseingang aufblitzte. Denn offenbar hast du das Gesuchte gefunden; eher würdest du ja gewiß nicht abgelassen haben.

Sokrates: Das wäre ja schön, mein Agathon, wenn es mit der Weisheit so stünde, daß sie aus dem Volleren von uns in den Leereren flösse, wenn wir einander berühren, wie es bei den Bechern der Fall ist, wo vermittelst eines Wollfadens das Wasser aus dem volleren in den leereren überfließt. Denn wenn es sich auch mit der Weisheit so verhält, dann darf ich es mir hoch anrechnen, daß ich meinen Platz neben dir habe. Denn ich glaube, viel herrliche Weisheit wird von dir auf mich überströmen. Denn mit meiner Weisheit steht es flau und zweifelhaft, sie gleicht einem Traumbild, die deine aber ist glänzend und in starker Zunahme begriffen (...)

Agathon: Du bist ein Spötter, Sokrates. Nur noch ein wenig Geduld, und wir werden diesen Streit über die Weisheit entscheiden: denn Dionysos soll der Schiedsrichter sein. Jetzt aber sprich der Tafel zu.

M&S: Oh bitte, nicht schon wieder ein Wettrinken! Ich bekomme noch einen Leberschaden, wenn das so weitergeht!

Pausanias: Wie stellen wir es an, ihr Männer, um dem Gelage die freieste und leichteste Form zu geben? Ich für meine Person verschweige nicht, daß mir das gestrige Gelage noch schwer in den Gliedern liegt und daß ich der Erholung bedarf.

Aristophanes: Du hast ganz recht, Pausanias, wenn du vorschlägst, das Gelage möglichst zwanglos zu gestalten; bin doch auch ich einer derer, die sich gestern ganz gehörig benebelt haben.

M&S: Wie steht's mit Dir, Nachbar? Hast Du gestern wohl auch einen über den Durst getrunken?

Eryximachos: Euer Vorschlag ist sehr wohl angebracht. Ich möchte nur noch von einem unter euch hören, wie es mit des Agathon Aufgelegtheit zum Trinken steht.

M&S: Ja, natürlich, er ist schließlich der Gastgeber. Es ist sein Fest. Wir sollten uns schon nach ihm richten.

Agathon: Auch ich (...) fühle mich durchaus nicht frisch genug.

Eryximachos: Das kommt uns ja wie gerufen (...), mir und dem Aristodemos und Phaidros und den übrigen da, wenn ihr, die kräftigsten Trinker, jetzt versagt; denn was uns – schwache Trinker – anlangt, so sind wir in dieser Beziehung immer Schwächlinge, den Sokrates nehme ich aus; denn er versteht sich auf beides, wird also mit unserer Wahl einverstanden sein, wie sie auch ausfallen mag. Da mir also keiner der Anwesenden besonders aufgelegt zu reichem Weingenuß zu sein scheint, so wäre dies vielleicht eine Gelegenheit euch über das Wesen der

Trunkenheit die Wahrheit mitzuteilen, ohne euer Mißfallen zu erregen. So viel nämlich, denke ich, ist mir aus meiner ärztlichen Erfahrung klar geworden, daß die Trunkenheit ihre schweren Bedenken für die Menschen hat; und ich möchte daher weder selbst freiwillig ins Gelage hinein trinken noch einem anderen dazu raten, zumal wenn ihm von gestern her der Kopf noch wüst ist.

M &S: Ich kann Dir nur zustimmen. Auch ich habe mit aufeinanderfolgenden Trinkgelagen keine guten Erfahrungen gemacht. Wenn ich nur an die Kirchweih denke! – Aber diese Form des Wettrinkens kennt Ihr ja zum Glück nicht, oh Freunde. Das kultivierte Gespräch genießt dort – keinen allzu hohen Rang! Jedesmal wünscht man sich hinterher zu sterben!

Eryximachos: Da nun darüber (...) volle Übereinstimmung erzielt ist, daß jeder nach Belieben trinke und jeder Zwang ausgeschlossen sei, so schlage ich ferner vor, die eben eingetretene Flötenbläserin zu entlassen – sie mag sich selber etwas vorspielen oder wenn sie will, den Weibern dort drinnen – unsererseits aber uns heute auf die Unterhaltung durch Reden zu beschränken.

M &S: Das trifft sich ja hervorragend, da ich doch schon immer einmal den gelehrten Gesprächen der gebildeten Athener beiwohnen wollte. Vielleicht ergibt sich gar die Gelegenheit, den Sokrates das eine oder andere zu fragen. Hat denn jemand schon eine Idee für ein Thema?

Menon: Kannst Du mir sagen, Sokrates, ist die Tugend lehrbar? Oder ist sie nicht lehrbar, sondern eine Sache der Übung? Oder ist sie weder Sache der Übung noch des Lernens, sondern etwas, das den Menschen von der Natur oder auf irgendeine Weise sonst zuteil wird?

M &S: Ich hatte ja eigentlich erwartet, daß sich die Gespräche um etwas weniger gewichtige, leichtfertigere Themen drehen könnten. Aber die Fragestellung ist für mich natürlich besonders interessant. – Sklave, schenk noch mal nach!

Sokrates: O Menon, vordem waren die Thessalier berühmt unter den Hellenen und Gegenstand ihrer Bewunderung nur wegen ihrer Reitkunst und ihres Reichtums; jetzt aber sind sie es auch, wie mir scheint, wegen ihrer Weisheit (...). Hier aber, mein lieber Menon, hat sich nun alles umgekehrt gemacht. Es ist sozusagen eine Weisheitsteuerung ausgebrochen, und fast sieht es aus, als ob die Weisheit aus hiesigen Landen zu euch entwichen sei. Wenigstens wenn du bei uns jemand die Frage vorlegen würdest, würde jedermann in Lachen ausbrechen und sagen: »O Fremdling, wie es scheint, hältst du mich für der Glücklichen einen, welche etwas wissen, wenigstens von der Tugend, ob sie lehrbar sei, oder auf welche Weise man ihrer sonst teilhaftig werde. Ich aber, weit entfernt, daß ich wüßte, ob sie lehrbar oder nicht lehrbar ist, weiß ja nicht einmal so viel, was überhaupt Tugend ist.«

Und auch mir, Menon, geht es nicht besser. Ich bin in dieser Hinsicht so arm, wie meine Mitbürger und muß mich selbst darüber anklagen, daß ich so gar nichts von der Tugend weiß. Weiß ich aber von etwas nicht, *was* es ist, wie könnte ich wissen, *wie beschaffen* es ist? Oder hältst du es wohl für möglich, daß einer, der den Menon von Person ganz und gar nicht kennt, doch wisse, ob er schön, ob er reich, ob er ein edler Mensch, oder auch, ob er das Gegenteil hiervon sei? Hältst du das für möglich?

Menon: Gewiß nicht! Aber du, Sokrates, weißt du in der Tat nicht einmal, was Tugend ist? Und dürfen wir dir das auch zu Hause bei uns nachsagen?

M &S: Ja, wenn mir die Bemerkung erlaubt ist, das klingt ja so dekadent, als wären wir im 20. Jahrhundert. Wenn schon Sokrates nicht mal weiß, was Tugend ist, dann kann man das unseren heutigen Jugendlichen kaum vorwerfen!

Sokrates: Ja, nicht nur das, mein Freund, sondern daß ich auch sonst meines Bedünkens noch nirgends mit einem zusammengetroffen bin, der es wußte. (...)

M &S: Also, Menon, mach doch Du mal einem Vorschlag, was die Tugend sein könnte. Das ist doch kein so fernliegender Diskussionsgegenstand, dazu muß einem doch was einfallen!

Menon: Nun ja (...), Tugend dünkt mir zu sein, wie der Dichter sagt, *sich freuen des Schönen, und es vermögen.* Auch ich nenne das Tugend, daß man des Schönen begehrt und es sich zu erwerben vermag.

Sokrates: Willst du damit sagen, daß, wer des Schönen begehrt, nach dem Guten begierig sei?

Menon: Allerdings.

Sokrates: Wohl so, als ob es einige gebe, welche das Böse begehren, andere aber, welche das Gute begehren? Nicht alle, mein Bester, scheinen dir das Gute zu begehren?

Menon: Mir nicht.

M &S: Das widerspräche in der Tat jedem Erfahrungswert.

Sokrates: Sondern einige das Böse?

Menon: Ja. Willst du damit sagen, weil sie meinen, das Böse sei gut, oder aber, daß sie zwar erkennen, daß es Böses ist und es dennoch begehren?

Menon: Beides, dünkt mich.

M &S: Also Sokrates, jetzt, glaube ich, hast Du den Menon ganz durcheinandergebracht.

Menon: O Sokrates, noch ehe ich mit dir zusammengekommen bin, habe ich schon gehört, daß du nichts kannst, als, wie du selber immer ratlos bist, so auch andere in Ratlosigkeit setzen. Und nun, wie du mir vorkommst, hast du mich verhext und bezaubert und recht eigentlich verblendet, so daß ich ganz voll von Ratlosigkeit geworden bin. Und wenn ich ein wenig scherzen darf, so scheinst du mir vollkommen sowohl nach Gestalt als auch in anderen Beziehungen jenem Meerfisch, dem breiten Zitterrochen, ähnlich zu sein. Denn dieser macht auch jeden, der mit ihm in Berührung kommt, erzittern. Und so, kommt es mir vor, hast du mit mir etwas Ähnliches, nämlich mich erzittern gemacht. Denn wahrhaftig, ich erzittere an Seele und Leib, und ich weiß nicht, was ich dir antworten soll. Und doch habe ich schon tausendmal über die Tugend gar viele Reden und vor vielen Menschen gehalten und dabei recht brav gesprochen, wie es mir wenigstens dünkte. Nun aber weiß ich nicht einmal zu sagen, was sie ist. Auch glaube ich, daß du gut daran tust, daß du weder zu Wasser noch zu Lande von hier wegreisest; denn wenn du als Fremdling solche Dinge in einer anderen Stadt machen würdest, so würde man dir wohl gar als einem Zauberer den Prozeß machen.

M&S: Also, wenn ich mich noch mal in Euer Gespräch einschalten darf, die Tugend muß doch für die Menschen irgendeinen Nutzen haben, oder glaubt Ihr, daß die Guten immer die Dummen sind?

Sokrates: So: Daß die tugendhaften Menschen nützlich sein müssen, darüber haben wir uns doch mit Recht geeinigt, daß es nicht anders sich verhalte. Nicht wahr?

M&S: Also, ich bin schon dieser Ansicht. Denn wenn ihnen ihr Gutes tun nichts brächte, hätten sie irgendwann auch keine Veranlassung mehr dazu.

Sokrates: Und daß sie nützlich sein werden, wenn sie uns in unseren Angelegenheiten auf rechte Art leiten, auch darüber sind wir wohl im Grund einig?

M&S: Schon, also ich denke mir, daß jemand der selbst tugendhaft wäre, einen ungleich besseren Lehrer abgäbe, als jemand, dem ethisches Verhalten fremd wäre.

Sokrates: Der weitere Satz aber, daß es nicht möglich ist, richtig zu leiten, ohne einsichtsvoll zu sein, wird wohl einem Zugeständnis gleich sehen, das wir nicht richtig gemacht haben.

Menon: Wie meinst du das «richtig»?

Sokrates: Ich will dir's sagen: Wenn einer, der den Weg nach Larissa, oder wohin du sonst irgend willst, weiß, dahin ginge und andere leitete, würde er sie nicht gewiß richtig und gut leiten?

Menon: Gewiß.

M &S: Klar!

Sokrates: Wie aber, wenn es einer täte, der zwar richtig meint, welches der Weg ist, ihn aber selbst noch nicht gegangen wäre und ihn auch nicht wüßte – würde der nicht doch auch richtig leiten können?

Menon: Allerdings.

Sokrates: (...) Die wahre Meinung ist also zur Richtigkeit des Handelns noch gar keine schlechtere Leiterin als die Einsicht. Und dies ist es, was wir vorhin bei unserer Untersuchung über die Tugend, was sie ihrem Wesen nach sei, außer acht gelassen haben, indem wir nämlich behaupteten, daß nur Einsicht zu richtigem Handeln leite, während dies doch auch wahre Meinung vermag.

Menon: Notwendig freilich, so daß ich mich wundern muß, Sokrates, warum, wenn dem so ist, die Erkenntnis doch so viel höher geschätzt wird als die richtige Meinung und weshalb das eine von dem anderen unterschieden wird.

Sokrates: (...) Die wahren Meinungen! (...) auch die wahren Meinungen, solange sie dableiben, sind eine schöne Sache und bewirken lauter Gutes. Lange Zeit aber wollen sie nicht dableiben, sondern reißen aus aus der Seele des Menschen, so daß sie so lange nicht viel wert sind, bis man sie durch den Gedanken des Grundes anbindet. Das aber ist, Freund Menon, aber die Wiedererinnerung, wie wir uns im früheren bereits verständigt haben. Hat man sie aber nun angebunden, so werden sie zuerst Erkenntnisse, sodann auch bleibend. Und deshalb ist Erkenntnis mehr wert als richtige Meinung, und es unterscheidet sich Erkenntnis von richtiger Meinung also durch dieses Band.

M &S: Also, wenn ich Dir richtig folgen konnte, dann geht es jetzt doch darum, worin sich die alltäglichen Auffassungen der Leute von den wahren Ideen der Philosophen unterscheiden. Wäre es sehr vermessen, Dich zu bitten, mir diesen Unterschied noch etwas deutlicher vor Augen zu führen? – Aber Du wolltest dem Menon noch was sagen, entschuldige bitte, Sokrates!

Sokrates: Gemäß unserem Schlusse also, Menon, scheint es uns, daß die Tugend denen, welchen sie zuteil wird, durch ein göttliches Geschick zuteil werde. Das Sichere hierüber aber werden wir erst dann erkennen, wenn wir, statt zuerst zu fragen, *auf welche Weise* den Menschen die Tugend zuteil werde, zuvor zu untersuchen unternehmen, was die Tugend *an und für sich* sei.

M &S: O.k. Also jetzt zu den wahren Ideen! Sokrates, ich habe keine rechte Vorstellung davon. Wäre es zuviel verlangt, wenn Du mir die Sache vielleicht mit einem Beispiel oder einem Gleichnis verdeutlichen würdest?

Sokrates: Stelle dir Menschen vor in einer unterirdischen Wohnstätte mit lang aufwärts gestrecktem Eingang, entsprechend der Ausdehung der Höhle; (...)

M&S: Gut, die wohnen also in einer Höhle mit einem Eingangsschacht. Kann ich mir vorstellen.

Sokrates: (...) von Kind auf sind sie in dieser Höhle festgebannt mit Fesseln an Schenkeln und Hals; sie bleiben also immer an der nämlichen Stelle und sehen nur geradeaus vor sich hin, durch die Fesseln gehindert ihren Kopf herumzubewegen;(...)

M&S: Scheußlicher Gedanke. Ja und weiter...

Sokrates: (...) von oben her aber aus der Ferne von rückwärts leuchtet ihnen ein Feuerschein; zwischen dem Feuer aber und den Gefesselten läuft oben ein Weg hin, längs dessen eine niedrige Mauer errichtet ist ähnlich der Schranke, die die Gaukelkünstler vor den Zuschauern errichten, um über sie weg ihre Kunststücke zu zeigen.

M&S: Also noch mal: Die sitzen regungslos in der Höhle, können sich nicht rühren und starren vor sich hin, hinter ihren Rücken wird das Dunkel durch ein Feuer erhellt und hinter ihnen ist eine Mauer aufgebaut. Was soll das Ganze?

Sokrates: Längs dieser Mauer – so mußt du dir es nun weiter vorstellen – tragen Menschen allerlei Gerätschaften vorbei, die über die Mauer hinausragen und Bildsäulen und andere steinerne und hölzerne Bilder und Menschenwerk verschiedenster Art, wobei, wie begreiflich, die Vorübertragenden teils reden, teils schweigen.

Glaukon: Ein sonderbares Bild, das du da vorführst und sonderbare Gestalten!

M&S: Finde ich allerdings auch. Bin gespannt, was das soll.

Sokrates: Nichts weiter als unseresgleichen. Denn können denn ernstlich solche Gefesselten von sich selbst sowohl wie gegenseitig voneinander etwas anderes gesehen haben als die Schatten, die durch die Wirkung des Feuers auf die ihnen gegenüberliegende Wand der Höhle geworfen werden?

M&S: Kann ich mich jetzt zwar nicht identifizieren, aber wenn die sich nicht rühren können...

Glaukon: Wie wäre das möglich, wenn sie ihr Leben lang den Kopf unbeweglich halten müssen?

M&S: Genau!

Sokrates: Und ferner: gilt von den vorübergetragenen Gegenständen nicht dasselbe?

M&S: Na klar, die Dinger werden angestrahlt und werfen auch ihre Schatten auf die Höhlenwand. Umdrehen können sie sich ja nicht.

Sokrates: Wenn sie nun miteinander reden könnten, glaubst du nicht, daß sie der Meinung wären, die Benennungen, die sie dabei verwenden, kämen den Dingen zu, die sie unmittelbar vor sich sehen.

M &S: Na ja, mit der gleichen Berechtigung, mit der wir den Dingen unseres täglichen Gebrauchs Namen geben, oder?

Sokrates: Durchweg also würden diese Gefangenen nichts anderes für wahr gelten lassen als die Schatten der künstlichen Gegenstände.

M &S: Sie kennen ja nichts anderes, beim Zeus! Aber was, wenn einer von ihnen plötzlich dem ganzen Schwindel auf die Schliche käme?

Sokrates: Wenn einer von ihnen entfesselt und genötigt würde plötzlich aufzustehen, den Hals umzuwenden, sich in Bewegung zu setzen und nach dem Lichte empor zu blicken, und dies alles nur unter Schmerzen verrichten könnte, und geblendet von dem Glanze nicht imstande wäre jene Dinge zu erkennen, deren Schatten er vorher sah, was, glaubst du wohl, würde er sagen, wenn man ihm versichert, er hätte damals lauter Nichtigkeiten gesehen, jetzt aber, dem Seienden nahegerückt und auf Dinge hingewandt, denen ein stärkeres Sein zukäme, sehe er richtiger?

M &S: Na er würde sich wohl verhalten wie der Patient in der Psychoanalyse: erst mal alles abwehren.

Sokrates: Und wenn man ihn nun zwänge, seinen Blick auf das Licht selbst zu richten, so würden ihn doch seine Augen schmerzen und er würde sich abwenden und wieder jenen Dingen zustreben, deren Anblick ihm geläufig ist, und diese würde er doch für tatsächlich gewisser halten als die, die man ihm vorzeigte?

M &S: So, wie die Fliege, die stundenlang gegen die Fensterscheibe prallt, davon überzeugt ist, daß die äußere Welt nur Illusion ist. Macht man allerdings das Fenster auf...

Sokrates: Wenn man ihn nun aber von da gewaltsam durch den holperigen und steilen Aufgang aufwärts schleppte und nicht eher ruhete als bis man ihn an das Licht der Sonne gebracht hätte, würde er diese Gewaltsamkeit nicht schmerzlich empfinden und sich dagegen sträuben, und wenn er an das Licht käme, würde er dann nicht, völlig geblendet von dem Glanze, von alledem, was ihm jetzt als das Wahre angegeben wird, nichts, aber auch gar nichts zu erkennen vermögen?

M &S: Glaukon, was denkst Du darüber?

Glaukon: Nein, wenigstens für den Augenblick nicht.

Sokrates: Er würde sich also erst daran gewöhnen müssen, wenn es ihm gelingen soll, die Dinge da oben zu schauen, und zuerst würde er wohl am leichtesten die Schatten erkennen, darauf die Abbilder der Menschen und der übrigen Dinge im

Wasser, später dann die wirklichen Gegenstände selbst; in der Folge würde er dann zunächst bei nächtlicher Weile die Erscheinungen am Himmel und den Himmel selbst betrachten, das Licht der Sterne und des Mondes schauend, was ihm leichter werden würde als bei Tage die Sonne und das Sonnenlicht zu schauen.

M&S: Na, man hätte ihn ja nicht unbedingt so brutal da raufzerren müssen. Vielleicht wäre er selbst auf die Idee gekommen, mal nachzusehen, was da oben los ist.

Sokrates: Zuletzt dann, denke ich, würde er die Sonne (...) selbst in voller Wirklichkeit an ihrer eigenen Stelle zu schauen imstande sein.

M&S: Irgendwann käme er dann wohl auch drauf, daß sie gewissermaßen auch für die Erscheinungen in der Höhle, die er einmal für das wahre Sein hielt, verantwortlich war. Für die Länge der Schatten beispielsweise. Die anderen, die in der Höhle geblieben waren, würden ihn allerdings für schön verrückt halten, wenn er ihnen erzählen würde, was er alles gesehen hat.

Sokrates: Wenn er nun wieder, bei noch anhaltender Trübung des Blicks mit jenen ewig Gefesselten wetteifern müßte in der Deutung jener Schattenbilder, ehe noch seine Augen sich der jetzigen Lage wieder völlig angepaßt haben (...) würde er sich da nicht lächerlich machen und würde es nicht von ihm heißen, sein Aufstieg nach oben sei schuld daran, daß er mit verdorbenen Augen wieder zurückgekehrt sei, und schon der bloße Versuch nach oben zu gelangen sei verwerflich? Und wenn sie den, der es etwa versuchte, sie zu entfesseln und hinaufzuführen, irgendwie in die Hand bekommen und umbringen könnten, so würden sie ihn doch auch umbringen.

Glaukon: Sicherlich.

M&S: Ja, der Prophet gilt nichts in der eigenen Heimat... Sokrates, mir ist noch ganz wirr im Kopf vor Gefesselten und Schattenbildern. Erklärs mir noch mal, was das mit den Ideen zu tun hat, bitte.

Sokrates: Die durch das Gesicht erscheinende Raumwelt setze der Wohnstätte der Gefesselten gleich, den Lichtschein des Feuers aber in ihr der Kraft der Sonne; den Aufstieg nach oben aber und die Betrachtung der oberen Welt mußt du der Erhebung der Seele in das Reich des nur Denkbaren vergleichen, wenn du eine richtige Vorstellung von meiner Meinung bekommen willst, da du sie ja zu hören begehrst.

M&S: Ja, natürlich! Genau darum geht es mir.

Sokrates: Gott mag wissen, ob sie richtig ist. Was sich mir also als richtig darstellt, ist dies: in dem Gebiete des Denkbaren zeigt sich zuletzt und schwer erkennbar die Idee des Guten; hat sie sich aber einmal gezeigt, so muß sich bei einiger Überlegung ergeben, daß sie für alle die Urheberin alles Rechten und Guten ist, indem sie im Sichtbaren das Licht und den Quell und den Herrn desselben (die Sonne) erzeugt, in dem Denkbaren aber selbst als Herrscherin waltend uns zu Wahrheit und Vernunft verhilft, so daß also diese Idee erkannt haben muß, wer einsichtig handeln will sei es in persönlichen oder öffentlichen Angelegenheiten.

M &S: Dann hieße das ja, das all jene, die vernünftig handeln wollen, eigentlich Philosophen sein müßten. Also die Lehrer, Politiker, Wirtschaftsbosse...

Sokrates: Ja, allem Anschein nach.

M &S: Na, ich habe da so meine Zweifel...

Sokrates: Kann aber darüber ein Zweifel obwalten, ob ein Blinder oder ein Scharfsehender als Wächter über irgendetwas die Obhut führen soll?

Glaukon: Wie könnte man darüber im Zweifel sein?

Adeimantos: Niemand dürfte imstande sein, dir gegen dieses Ergebnis eine Einwendung zu machen. Aber deinen jeweiligen Zuhörern bei dieser Art von Erörterung, wie du sie jetzt vorträgst, ergeht es regelmäßig folgendermaßen: unerfahren in der Kunst des Fragens und des Antwortens, wie sie sind, haben sie das Gefühl, daß sie durch den Gang der Erörterung mit jeder Frage ein klein wenig abseits gelenkt werden; werden nun am Schluß der Erörterung diese kleinen Abweichungen summiert, so erscheint die Abirrung dann ganz erheblich und das Ergebnis den ersten Behauptungen widersprechend.(...) In Wahrheit aber – meinen sie – hätten sie mit ihrer ursprünglichen Ansicht doch recht.

M &S: Jetzt laß ihn doch mal den Gedanken entwickeln, warum die Staaten nicht eher zu vernünftigen Gebilden werden, bevor sie nicht durch Philosophen gelenkt würden. Wobei ich, um ehrlich zu sein, kaum einen Politiker kenne, der den Titel eines Philosophen beanspruchen dürfte. Ebensowenig kann ich mir einen unserer Philosophen als Staatsmann vorstellen. Oder Sokrates, hältst Du Dich vielleicht für einen verkannten Staatenlenker?

Sokrates: Nur immer zu. Erst bürdest du mir die Last eines so schwierigen Nachweises auf, und nun spottest du auch noch.

M &S: Entschuldige, war nicht so gemeint! Hast Du vielleicht noch einmal ein Gleichnis auf Lager?

Sokrates: Höre denn mein Gleichnis, damit du noch besser erkennst, wie gierig ich nach Gleichnissen bin. (...) Denke dir nämlich folgenden Vorgang (...): Einen Schiffsherren, der zwar an Größe und Stärke alle überragt, aber harthörig ist; auch mit seinem Gesicht ist es schlecht bestellt und ebenso schlecht mit seiner Kenntnis des Schiffswesens;

Mit Sokrates beim Gastmahl des Agathon

M&S: Das trifft wohl auf manch Auserwählte der parlamentarischen Demokratie ganz gut zu...

Sokrates: Die Schiffsleute aber denke dir in Fehde miteinander über die Führung des Steuers, indem jeder meint, ihm käme dieses Amt zu, ohne daß er doch jemals diese Kunst erlernt hat oder seine Lehrmeister angeben kann, oder auch nur die Zeit, in der er sie erlernt hätte.

M&S: Heute Verkehrsminister, morgen Gesundheitsminister, ja, ich verstehe, was Du meinst, Sokrates.

Sokrates: So segeln sie denn zechend und schmausend weiter, ganz so, wie es von solchen Leuten zu erwarten ist;

M&S: Aber Sokrates, so was ist bei uns als Neidkampagne verpönt!

Sokrates: Überdies aber preisen sie als Meister im Schiffswesen und gründlichen Kenner der Steuermannskunst sowie alles dessen, was zur Ausrüstung eins Schiffes gehört einen jeden, der sich als geschickter Helfer zeigt bei ihrem Bemühen die Herrschaft in die Hand zu bekommen durch Überredung oder Vergewaltigung des Schiffsherrn; wer ihnen aber nicht zu Willen ist, den tadeln sie als unbrauchbar.

M&S: Ist das nicht genau das Problem? Solch ein Schiff bräuchte zwar einen einsichtsvollen Führer, vielleicht einen mit philosophischem Geist – so wie Du den Zustand schilderst aber wohl eher einen mit starker Hand – aber wie soll er unter solchen Umständen an die Macht kommen?

Sokrates: (...) es ist doch ein unnatürliches Verhältnis, daß ein Steuermann das Schiffsvolk bitten soll sich unter seine Leitung zu stellen (...); in Wahrheit steht es damit so, daß, wer krank ist, mag er nun reich oder arm sein, vor die Tür des Arztes kommen muß, und jeder, der der Leitung bedarf, zu dem, der sich aufs Leiten versteht, nicht aber so, daß der Leiter, sofern er in Wahrheit etwas taugt, die der Leitung bedürftigen bittet sich leiten zu lassen.

M&S: Dafür müßte der Kranke erst mal Einsicht zeigen, daß er krank ist und zum Arzt muß. Aber Sokrates, lassen wir doch jetzt mal das Politisieren, ich höre gerade, daß sich am Tisch äußerst interessante Gespräche über die Liebe und den Gott Eros entwickelt haben. Und ich habe Dich so lange mit Beschlag belegt, verzeih mir, bester Sokrates. – Sklave, unsere Gläser sind schon wieder leer, schenk uns doch noch mal nach, sei so gut.

Agathon: Es regt sich aber in mir der dichterische Trieb, der mir den Vers eingibt, daß er, Eros, es ist, der da schafft / Friede den Menschen und Stille dem Meer nach ersehnter Befreiung / Von dem erregenden Sturm, den Bekümmerten Schlafeserquickung.

Mit Sokrates beim Gastmahl des Agathon

Er nimmt von uns, was uns entfremdet, und spendet in Fülle, was uns einander vertraut macht, er ist der Stifter all solcher Geselligkeit wie der unseren hier, er ist der Führer bei Festen, Reigentänzen und Opfern, Mildheit erzeugend, Wildheit verscheuchend, die Freundlichkeit wohlwollend mehrend, der Feindlichkeit wehrend, huldvoll den Guten, geschätzt von den Weisen, geachtet von den Göttern; mit Neid zu schauen den Bedrückten; der Üppigkeit, der Pracht, der Weichlichkeit, der Anmut, des Verlangens, der Sehnsucht Vater, den Guten bereit zum Schutz, den Schlechten zum Trutz, in Hangen und Bangen, in Sehnsucht und Ratverlangen; ein Leiter und Helfer, ein Beistand und trefflicher Retter, aller Götter und Menschen Zier, schönster und trefflichster Heerführer, dem Mann für Mann folgen muß mit Lobgesang und Einstimmung in das Lied, mit dem er aller Götter und Menschen Sinn bezaubert.

M&S: Nur gut, daß wir unser Gespräch unterbrochen haben, da hätten wir das Beste beinah verpaßt. Aber Du hattest ja schon vorher gesagt, daß Agathon ein vorzüglicher Redner sei.

Sokrates: Wie meinst du, Sohn des Akumenos? (...) war ich nicht ein guter Prophet, als ich vorher sagte, Agathon würde hinreißend sprechen und mich in eine peinliche Lage versetzen?

Eryximachos: (...) daß er dich (...) in Verlegenheit bringen werde, das glaube ich nicht.

M&S: Ach, ist es jetzt wohl an Sokrates, Agathons Lob des Eros zu überbieten?

Sokrates: Wie, mein Verehrtester? Muß ich nicht in Verlegenheit geraten, ich so gut wie jeder beliebige andere, wenn ich nach einer so schönen und reichhaltigen Rede das Wort ergreifen soll?

M&S: Sokrates, wie wir Dich kennen, bist Du sicher keinesfalls um Worte verlegen. Und bestimmt hast Du inhaltlich an Agathons Rede das eine oder andere auszusetzen!

Sokrates: Also Gott befohlen! Auf diese Weise geb' ich mich zu keinem Lobe her. Ich könnte es ja nicht. Indes die Wahrheit, wenn es euch recht ist, will ich doch sagen auf meine Art, nicht im Ton eurer Reden, um mich nicht lächerlich zu machen.

M&S: Meint Ihr nicht, er solle...

Phaidros: (...) reden und zwar ganz wie er es für gut hielte.

Sokrates: Gewiß, mein lieber Agathon: mit dem Anfang deiner Rede hast du es sehr glücklich getroffen, mit deiner Bemerkung nämlich, man müsse zunächst dartun, welches Wesen der Eros ist, sodann die von ihm ausgehenden Wirkungen schildern. Dieser Anfang hat meinen vollen Beifall.

Mit Sokrates beim Gastmahl des Agathon

M&S: Den hab ich mal wieder gar nicht mitgekriegt!

Sokrates: Wohlan denn, sage mir vom Eros (...) auch noch folgendes: Ist der Eros von solcher Beschaffenheit, daß sich in ihm die Liebe zu irgend etwas darstellt, oder zu nichts?

Agathon: Unbedingt ist er Liebe zu etwas.

Sokrates: Dies »etwas« halte treu in deinem Gedächtnis fest. Jetzt aber sage mir nur so viel: Begehrt der Eros nach dem, worauf seine Liebe gerichtet ist, oder nicht?

Agathon: Gewiß.

Sokrates: Wenn er es begehrt und liebt, tut er das als einer, der im Besitz dessen ist, was er begehrt und liebt, oder als einer, der es noch nicht besitzt?

Agathon: Als einer, der es noch nicht besitzt, aller Wahrscheinlichkeit nach(...).

Sokrates: Also steht die Sache doch so: Er sowohl wie jeder andere Begehrende begehrt etwas, was ihm nicht zur Verfügung steht und für ihn noch nicht vorhanden ist; was man nicht hat und was man nicht selbst ist, wohl aber zu sein wünscht, dies und dergleichen sind die Dinge, auf welche die Begierde und die Liebe gerichtet sind.

M&S: Was folgerst Du daraus?

Sokrates: Also entbehrt Eros der Schönheit und besitzt sie nicht.

Agathon: Notwendig.

Sokrates: Willst du also noch festhalten an deiner Behauptung, Eros sei schön, wenn die Dinge wirklich so liegen?

Agathon: Was ich damals sagte, scheine ich durchweg ohne klares Bewußtsein gesagt zu haben.

Sokrates: Und doch sprachst du so schön, mein Agathon.

M&S: Aber nun sagt mir doch, welcher Natur ist Eros dann? Was ist sein Wesen? Ist er göttlicher Abkunft? – Oh, seht nur, da kommt die kluge und schöne Diotima, wir wollen sie fragen, wie es sich mit dem Eros verhält. Hallo Diotima, sei uns gegrüßt. Wir unterhalten uns gerade über das Wesen des Eros und können uns nicht einigen, was es mit ihm auf sich hat. Ich kenne mich nicht so gut aus, aber vielleicht kannst Du mir sagen, welcher Herkunft er ist und wo sein Platz im Götterhimmel?

Sokrates: Von welchem Vater stammt er und von welcher Mutter?

Diotima: Das (...) erfordert eine längere Darlegung. Gleichwohl sollst du es hören. Als Aphrodite zur Welt kam, hielten die Götter einen Schmaus und mit den

Mit Sokrates beim Gastmahl des Agathon

anderen auch Poros (Erwerb, Reichtum), der Sohn der Metis (Klugheit). Nach beendigter Mahlzeit kam Penia, eine Gabe zu erbitten – denn es ging hoch her – und weilte an der Tür. Poros nun, berauscht vom Nektar (denn Wein gab es noch nicht) begab sich in den Garten des Zeus und schlief schwer benebelt ein. Penia aber, getrieben durch ihre Dürftigkeit, sann darauf, sich listig zu einem Kinde von Poros zu verhelfen, legte sich zu ihm und empfing den Eros. So ist es denn gekommen, daß der Eros auch der Aphrodite Begleiter und Diener ward, erzeugt am Tage ihrer Geburt, und zugleich von Natur ein Liebhaber des Schönen, da ja auch Aphrodite eine Schönheit ist. Als Sohn des Poros und der Penia ist ihm folgendes Los gefallen: erstens ist er immer arm, und weit gefehlt, daß er zart und schön wäre, wie die meisten wähnen, ist er vielmehr rauh und struppig, barfuß und obdachlos, zum Lager hat er nie etwas anderes als die bloße Erde ohne Decke, an den Türen und auf der Straße sucht er seine Ruhestätte unter freiem Himmel, die Natur der Mutter teilend stets der Dürftigkeit gesellt. Vom Vater her ist er der listige Späher nach dem Schönen und Guten, tapfer, waghalsig und unermüdlich, ein gewaltiger Jäger, unerschöpflich im Ansinnen von Anschlägen, dabei beseelt nach dem lebhaftesten Streben nach Erkenntnis der Wahrheit und nie verlegen um Auskunft, der Weisheit Freund sein lebelang, ein gewaltiger Zauberer, Giftmischer und Sophist; und weder wie ein Unsterblicher ist er geartet noch wie ein Sterblicher, sondern an dem selben Tage ist er bald obenauf, solange ihm die Mittel zufließen, bald sinkt er wie tot dahin, lebt aber immer wieder auf vermöge der Natur seines Vaters, doch, was er gewonnen, zerrinnt immer wieder; niemals also ist er der Mittel völlig ledig, niemals aber auch wirklich reich.

M &S: Das war eine wirklich kenntnisreiche Darstellung

Sokrates: Wahrlich, liebe Diotima, (...); könnt ich dies sagen, dann würd' ich nicht zu den Bewunderern deiner Weisheit gehören und nicht als Schüler in eben diesen Fragen zu dir in die Lehre gehen.

M &S: Warum, liebe Diotima, scheint es uns so, daß die Liebe so ein flüchtiges und zartes Ding ist, wo doch alle Lust Ewigkeit will?

Diotima: Glaubst du denn, du würdest es je zur Kennerschaft in Sachen der Liebe bringen, wenn du das nicht begreifst? (...) auch in der Tierwelt strebt aus dem nämlichen Grunde die sterbliche Natur danach, soweit wie möglich fortzudauern und ewig zu sein. Sie vermag dies aber nur durch Zeugung, indem sie immer ein neues Junges hinterläßt für das dahinschwindende Alte. Bezeichnet man doch auch jedes einzelne Geschöpf während seiner Lebenszeit als das nämliche, wie man z. B. von einem Knäbchen als von der selben Person spricht bis ins Greisenalter; seine Stoffmasse ist in beständigem Wechsel und doch bezeichnet man ihn als denselben, während er tatsächlich sich beständig erneuert und das alte verliert als da sind die Haare, Fleisch, Knochen, Blut, kurz den ganzen Körper. Und das gilt nicht etwa bloß vom Körper, sondern auch von der Seele: Sinnesart, Charakter, Ansichten, Begierden, Gefühle der Lust, der Unlust, der Furcht – nichts von

185

Mit Sokrates beim Gastmahl des Agathon

alledem bleibt beim einzelnen immer gleich, sondern es findet ein beständiger Wechsel von Entstehen und Vergehen statt. (...) Durch diese Veranstaltung, mein Sokrates, (...) hat das Sterbliche Anteil an der Unsterblichkeit, der Körper nicht nur, sondern auch alles andere.

Sokrates: Daher behaupte ich denn, jedermann müsse den Eros ehren und ich selbst halte die Liebeskunst in Ehren und befleißige mich ihrer aufs angelegentlichste und empfehle sie den anderen und preise jetzt und immerdar die Macht und den Wagemut des Eros, soweit meine Kraft nur reicht.

Von draußen hört man ein heftiges Poltern und Rufen, es erscheint der stark betrunkene Alkibiades, gestützt von Flötenbläserinnen und mit einem Efeukranz und Bändern geschmückt.

Alkibiades: Wollt ihr einen schwer berauschten Mann als Mitzecher aufnehmen oder sollen wir wieder abziehen, nach Bekränzung nur des Agathon, was der Zweck unseres Kommens war? (...) Kann sein, ihr werdet über mich lachen als über einen Berauschten. Aber lacht immerhin, ich sage die Wahrheit, dessen bin ich gewiß. Doch nun sagt mir auf der Stelle (...): Wollt ihr meine Mitzecher sein oder nicht?(...) – Beim Herakles! Sokrates hier? Mir wieder aufzulauern hast du hier deinen Platz genommen, wie du so oft plötzlich auftauchtest, wo ich dich am wenigsten vermutete. Und wozu bist du jetzt da? Und warum hast du deinen Platz gerade hier gewählt und nicht neben Aristophanes oder einem anderen Spaßmacher, der seine Witze leuchten lassen will, sondern hast mit Aufbietung aller Kunst es zuwege gebracht, gerade neben dem Schönsten aller Tischgenossen deinen Platz zu finden?

Sokrates: Agathon, jetzt ist es an dir, mir beizuspringen; denn die Liebe zu diesem Menschen ist eine wahre Qual für mich geworden. Denn von jener Zeit an, wo ich ihm meine Liebe zuwandte, darf ich auch nicht ein einziges schönes Menschenkind mehr anblicken oder gar mit ihm reden, ohne daß er nicht aus Eifersucht oder Neid sich wunder wie anstellt und mich schilt und am liebsten mich die Kraft seiner Arme fühlen lassen möchte.

Alkibiades: Wie nun ihr Genossen? Es scheint, ihr seid noch nüchtern; das darf euch nicht gestattet sein; nein! Trinken müßt ihr; denn das haben wir miteinander abgemacht. Zum Leiter des Gelages, bis ihr genug getrunken habt, erwähle ich mich selbst.

M &S: Verzeiht mir, teure Freunde, aber ich werde mich nun allmählich zurückziehen. Lange genug habe ich deine Gastfreundschaft in Anspruch genommen, lieber Agathon, und das Gespräch mit Sokrates an mich gerissen, was Du mir hoffentlich nachsiehst. Aber ich habe weniger Gelegenheit mit diesem weisen Mann zu sprechen als du.

Sokrates, von dir möchte ich mich besonders herzlich verabschieden und dir und deinen Freunden zum Dank dieses Fäßchen aus einer kleinen fränkischen Privatbrauerei hierlassen.

Sokrates: Gut. Ich nehme diese Gabe an und würde jedes Geschenk aus deiner Hand mit Freuden annehmen.

Alle Zitate aus:

Geschichte der Philosophie in Text und Darstellung. Antike. Stuttgart 1985. Menon S. 111–159
Platon: Sämtliche Dialoge Band III. Hamburg 1988. Alkibiades der Zweite, S. 250; Das Gastmahl. S. 2–87
Platon: Sämtliche Dialoge Band V. Hamburg 1988. Der Staat. 6. Und 7. Buch, S. 225–274

Ich habe Hymnen, die ich schweige

Mit Rainer Maria Rilke in der Salzgrabenhöhle

Rainer Maria Rilke
* 4. 12. 1875 Prag
† 29. 12. 1926 Val Mont bei Montreux
Lyriker

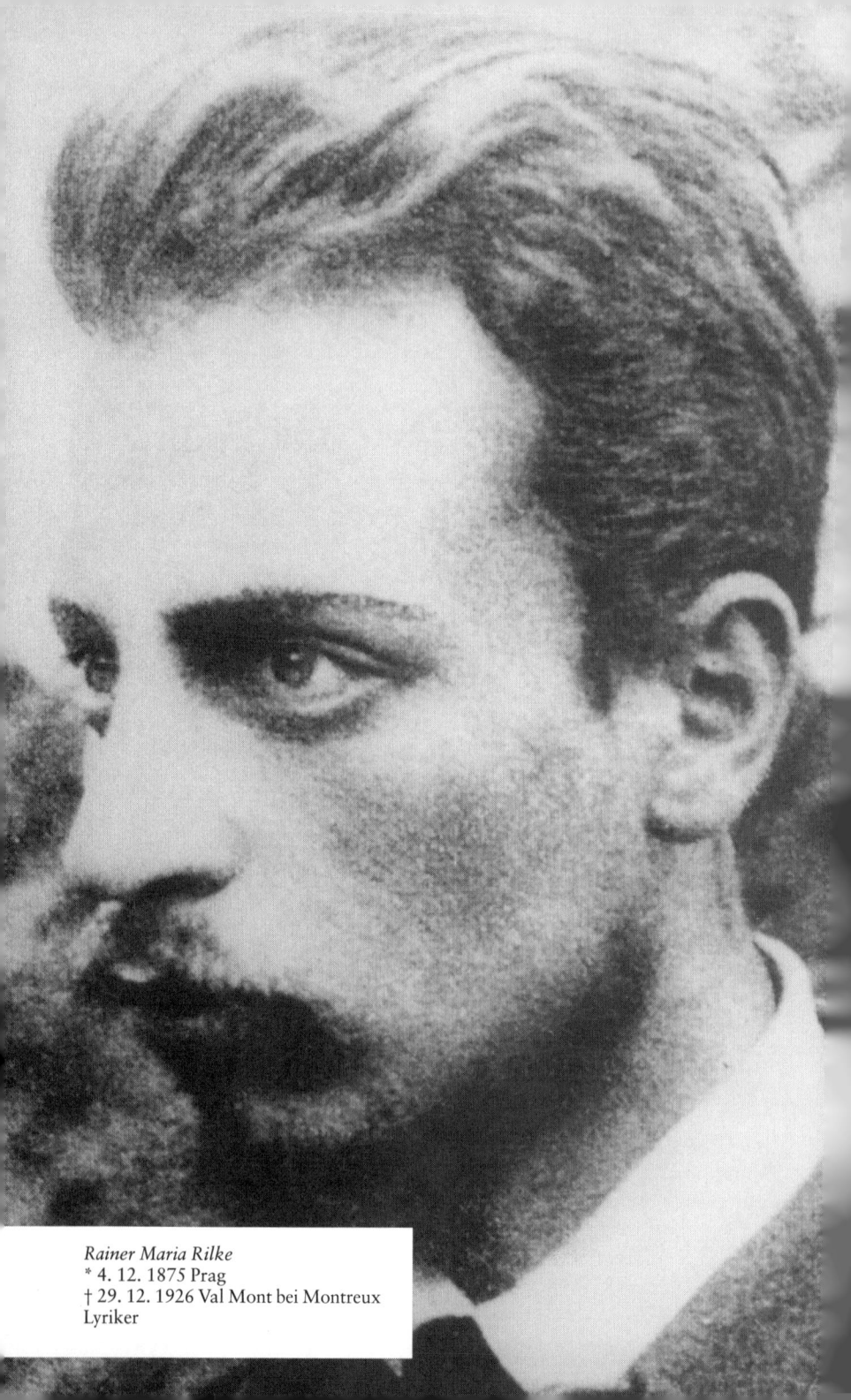

Mit Rainer Maria Rilke in der Salzgrabenhöhle

Rainer Maria Rilke war und ist einer der bedeutendsten deutschsprachigen Lyriker des 20. Jahrhunderts. Schon als Kind war Rilke kränklich und verschlossen und galt als Einzelgänger; nach der Kadettenschule und Studien der Kunst- und Literaturgeschichte (Prag, München und Berlin) entschloß er sich 1897 dazu, freier Schriftsteller zu werden. In diesem Jahr lernte er auch Lou Andreas-Salomé kennen. Auf seinen Reisen mit Lou Andreas-Salomé nach Italien und Rußland traf er Tolstoi und Rodin. 1900 ließ er sich in Worpswede nieder und heiratete die Bildhauerin Clara Westhoff. Nach Auflösung der Ehe übersiedelte er nach Paris und wurde Privatsekretär von Auguste Rodin. 1910/11 reiste er nach Nordafrika und Ägypten. Auf Schloß Duino – er folgte einer Einladung der Fürstin Marie von Thurn und Taxis – entstanden 1911/12 die weltberühmten »Duineser Elegien«. Während des ersten Weltkrieges hielt er sich in München auf; nach Kriegsende ging er in die Schweiz, wo er 1922 die »Duineser Elegien« abschloß. Er starb auf Schloß Muzot im Wallis an Leukämie. Auf seinem Grabstein ist ein Spruch eingemeißelt, den er selbst dafür bestimmt hat: »Rose, oh reiner Widerspruch, Lust, niemandes Schlaf zu sein unter soviel Lidern.« Schon zu Lebzeiten war Rilke erfolgreich und wurde bewundert.

Rilke erschloß der deutschen Sprache neue Bereiche des Sagbaren und beeinflußte nachhaltig die deutsche Lyrik der Folgezeit. Geprägt wurde er durch seine Prager Heimat, den Weiten Rußlands, vom französischen Symbolismus und der bildenden Kunst von Auguste Rodin. Berühmt wurde er durch seine 1899 geschaffene lyrische Romanze »Die Weise von Liebe und Tod des Cornets Christoph Rilke«. Seine Erlebnisse in Rußland prägten das Thema seines »Stundenbuches«. Beeinflußt von Auguste Rodin versuchte er, die Dinge der Welt solange zu betrachten, bis sie ihm das ihnen Eigene lehrten. Nach langen Jahren einer schöpferischen Pause empfing er »Signale aus dem Weltraum« und konnte so seine zehn Jahre zuvor begonnenen »Duineser Elegien« vollenden.

M&S: Schön, mit Ihnen in der Salzgrabenhöhle zu sitzen, gemeinsam langsam zu werden, zu schweigen, still zu sein und miteinander zu reden... Warum sagen Sie nichts?

Rainer Maria Rilke: Ich habe Hymnen, die ich schweige.

M&S: Das ist aber keine gute Grundlage für ein Interview! Wir wollen mit Ihnen über Schweigen und Stille, Dunkelheit und Dämmerung, Höhlen, Berge und Städte reden! Freilich könnten wir auch gemeinsam dazu schweigen!

Rainer Maria Rilke: Schweigen. Wer inniger schwieg,
rührt an die Wurzel der Rede.
Einmal wird ihm dann jede
erwachsene Silbe zum Sieg.

Mit Rainer Maria Rilke in der Salzgrabenhöhle

M &S: Die Dunkelheit hier führt hin zu Stille und Schweigen.

Rainer Maria Rilke: Aber der Mann
schweige erschütterter. Er, der
pfadlos die Nacht im Gebirg
seiner Gefühle geirrt hat:
schweige.
Wie der Seemann schweigt, der ältere,
und die bestandenen
Schrecken spielen in ihm wie in zitternden Käfigen.

M &S: Höhlen sind ganz besondere Orte. Ihre Ruhe strahlt etwas Heiliges aus, etwas Geheimnisvolles und Geborgenes. Stellen Sie sich im Gegensatz dazu vor, Sie wären jetzt am Münchner Stachus. Was würden Sie sich dann wünschen?

Rainer Maria Rilke: Wenn es nur einmal so ganz stille wäre.
Wenn das Zufällige und Ungefähre
verstummte und das nachbarliche Lachen,
wenn das Geräusch, das meine Sinne machen,
mich nicht so sehr verhinderte am Wachen –...

M &S: Die großen Städte scheinen Sie nicht zu inspirieren?

Rainer Maria Rilke: Die großen Städte sind nicht wahr; sie täuschen
den Tag, die Nacht, die Tiere und das Kind;
ihr Schweigen lügt, sie lügen mit Geräuschen
und mit den Dingen, welche willig sind.

M &S: Kann man aus der Stille in dieser Höhle etwas hören?

Rainer Maria Rilke: Aber das Wehende höre,
die ununterbrochene Nachricht, die aus Stille sich bildet.

M &S: Gut, daß wir gemeinsam hier drei Tage und Nächte bleiben dürfen. Wir haben viel Zeit und keine Eile. Genießen Sie es wie wir, einfach nicht in die Hektik des Alltags geraten zu müssen?

Rainer Maria Rilke: Mein Leben ist nicht diese steile Stunde,
darin du mich so eilen siehst.
Ich bin ein Baum vor meinem Hintergrunde,
ich bin nur einer meiner vielen Munde
und jener, welcher sich am frühesten schließt.

M &S: Drei Tage in dieser Dunkelheit. Wie sollen wir uns die Zeit vertreiben?

Rainer Maria Rilke: Wunderliches Wort: die Zeit vertreiben!
Sie zu halten, wäre das Problem.

Mit Rainer Maria Rilke in der Salzgrabenhöhle

denn, wen ängstigts nicht: wo ist ein Bleiben,
wo ein endlich *Sein* in alledem? –

M & S: Der Begriff der Zeit wird sehr relativ in der Welt der Höhlen. Wir spüren hier den Hauch von Ewigkeit.

Rainer Maria Rilke: Die Zeit ist wie ein welker Rand
an einem Buchenblatt.

M & S: Je mehr wir tun, um so schneller eilt die Zeit vorbei. Heute können wir die Langsamkeit zelebrieren, ganz in der Gegenwart sein.

Rainer Maria Rilke: Alles das Eilende
wird schon vorüber sein;
denn das Verweilende
erst weiht uns ein.

M & S: Aber es ist uns nicht vergönnt, lange zu verweilen!

Rainer Maria Rilke: Verweilung, auch am Vertrautesten nicht,
ist uns gegeben; aus den erfüllten
Bildern stürzt der Geist zu plötzlich zu füllenden; Seen
sind erst im Ewigen. Hier ist Fallen
das Tüchtigste. Aus dem gekonnten Gefühl
überfallen hinab ins geahndete, weiter.

M & S: Normalerweise beherrscht uns die Zeit; wir sind Getriebene...

Rainer Maria Rilke: Wir sind die Treibenden.
Aber den Schritt der Zeit,
nehmt ihn als Kleinigkeit
im immer Bleibenden.
Du nur, einzig du *bist*...
Wir aber gehn hin, bis einmal
unsres Vergehens so viel ist,
daß du entstehst: Augenblick,
schöner, plötzlicher,
in der Liebe entstehst oder,
entzückt, in des Werkes Verkürzung.

M & S: Das rechte Maß zwischen Ruhe und Tat zu finden, ist das nicht eine der schwierigsten Aufgaben der Pädagogik?

Rainer Maria Rilke: Du wirst nur mit der Tat erfaßt,
mit Händen nur erhellt;
ein jeder Sinn ist nur ein Gast
und sehnt sich aus der Welt.

Mit Rainer Maria Rilke in der Salzgrabenhöhle

M & S: Vielleicht leben wir zu wenig aktiv? Womöglich werden wir von den Dingen gelebt?

Rainer Maria Rilke: (...) ich fühle: alles Leben wird gelebt.
Wer lebt es denn? Sind das die Dinge, die
wie eine ungespielte Melodie
im Abend wie in einer Harfe stehn?
Sind das die Winde, die von Wassern wehn,
sind das die Zweige, die sich Zeichen geben,
sind das die Blumen, die die Düfte weben,
sind das die langen alternden Alleen?
Sind das die warmen Tiere, welche gehn,
sind das die Vögel, die sich fremd erheben?

M & S: Tiefe Erlebnisse scheinen sich auf unser Zeitgefühl auszuwirken. Wir leben mehr in der Gegenwart, gehen in ihr auf. Stellen Sie sich vor, wir könnten in dieser riesigen Halle eine Symphonie von Beethoven hören. Wir würden in Raum und Zeit verschmelzen.

Rainer Maria Rilke: Musik: Atmen der Statuen. Vielleicht:
Stille der Bilder. Du Sprache, wo Sprachen
enden. Du Zeit,
die senkrecht steht auf der Richtung
vergehender Herzen.

M & S: Was werden Sie in drei Wochen über unser Höhlenabenteuer sagen, über unser Gefühl ganz in der Gegenwart zu sein?

Rainer Maria Rilke: Dort hätte ich gewagt, dich zu vergeuden,
du grenzenlose Gegenwart.
Wie einen Ball
hätt' ich dich in alle wogenden Freuden
hineingeschleudert, daß einer dich finge
und deinem Fall
mit hohen Händen entgegenspringe,
du Ding der Dinge.

M & S: Diese Dunkelheit...

Rainer Maria Rilke: Ich glaube an Nächte.

M & S: ... diese Dunkelheit führt uns zu uns selbst zurück. Die Dunkelheit und die Nacht haben Sie besonders inspiriert!

Rainer Maria Rilke: Du Dunkelheit, aus der ich stamme,
ich liebe dich mehr als die Flamme,
welche die Welt begrenzt,

Mit Rainer Maria Rilke in der Salzgrabenhöhle

indem sie glänzt
für irgend einen Kreis,
aus dem heraus kein Wesen von ihr weiß.

M&S: Mehr als das Lagerfeuer und das Licht konzentriert der dunkle Ort die Menschen und die Mächte.

Rainer Maria Rilke: Aber die Dunkelheit hält alles an sich:
Gestalten und Flammen, Tiere und mich,
wie sie's errafft,
Menschen und Mächte (...)

M&S: Unsere Karbidlampen sind die letzte Ahnung des Tages...

Rainer Maria Rilke: Die Lampen stammeln und wissen nicht,
lügen wir Licht?
Ist die Nacht die einzige Wirklichkeit
seit Jahrtausenden (...)

M&S: Daß Sie die Nacht verehren, zeigen auch Ihre Gedichte an die Nacht. Manche Höhlenforscher haben die »Hymnen an die Nacht« von Novalis entdeckt. Wir hoffen, daß sie demnächst als Folge unseres Gesprächs auf Ihre »Gedichte an die Nacht« stoßen. Die Nacht ist für Sie auch eine Quelle der Erkenntnis.

Rainer Maria Rilke: (...) Wer widerstrebt
dem wird nicht Welt. Und wer zuviel begreift
dem geht das Ewige vorbei. Zuweilen
in solchen großen Nächten sind wir wie
außer Gefahr, in gleichen leichten Teilen
den Sternen ausgeteilt. Wie drängen sie.

M&S: Aus den »Gedichten an die Nacht« spricht auch Ihre Verehrung der Gestirne, die die Raumvorstellung des Menschen sprengen.

Rainer Maria Rilke: Sei es Natur. Sei es nur *eine*
einige kühne Natur: dieses Leben und drüben
jenes gestalte Gestirn, das ich unwissend anweine:
o so will ich mich üben, gefaßt wie die Steine
zu sein in der reinen Figur.

M&S: Die Nacht im Freien, im Schlafsack unter dem glitzernden Sternenhimmel, spiegelt sie nicht einen Hauch Unvergänglichkeit?

Rainer Maria Rilke: Berge ruhn, von Sternen überprächtigt;–
aber auch in ihnen flimmert Zeit.
Ach, in meinem wilden Herzen nächtigt
obdachlos die Unvergänglichkeit.

Mit Rainer Maria Rilke in der Salzgrabenhöhle

M & S: Die Nacht beginnt mit dem Ende des Tages, mit dem Sonnenuntergang...

Rainer Maria Rilke: Nach jedem Sonnenuntergange
bin ich verwundet und verwaist

M & S: Die Nacht im Freien, unter sternklarem Himmel, hat andere Qualitäten als die ewige Finsternis in Höhlen. Hier alles unveränderlich, dort draußen fesselt uns der Schrei des Kauzes, der bleiche Mond oder eine Sternschnuppe.

Rainer Maria Rilke: Da fällt ein Stern! Und unser Wunsch an ihn,
bestürzten Aufblicks, dringend angeschlossen:
Was ist begonnen, und was ist verflossen?
Was ist verschuldet? Und was ist verziehn?

M & S: Wirkt die Nacht nicht auch wie das Innere der Höhle? Sie trennen die Menschen zunächst und führen sie dann wieder zusammen.

Rainer Maria Rilke: Überall Lust zu Bezug und nirgends Begehren;
Welt zu viel und Erde genug.

M & S: Und die Nacht?

Rainer Maria Rilke: Du weißt vielleicht nicht, wie die Nächte
für Menschen, die nicht schlafen, sind:
da sind sie alle Ungerechte,
der Greis, die Jungfrau und das Kind,...

M & S: Gut, gut! Es gibt schreckliche und wunderbare Nächte! Aber zurück zu unserer Frage: ist es nicht so, daß die Nacht uns trennt, um uns dann wieder zusammen zu führen?

Rainer Maria Rilke: Die Nächte sind nicht für die Menge gemacht.
Von deinem Nachbar trennt dich die Nacht,
und du sollst ihn nicht suchen trotzdem.

M & S: Kommen Sie hierher, an das nördliche Ende dieser kleinen Halle. Hier mündet links ein niedriger Gang. Spüren Sie den leichten Windhauch? Wir Höhlenforscher sprechen von Bewetterung. Wind und Nacht – zwei Elemente, die die Gefühlswelt des Menschen immer bewegt haben!

Rainer Maria Rilke: Die Nacht, vom wachsenden Sturme bewegt,
wie wird sie auf einmal weit –,
als bliebe sie sonst zusammengelegt
in der kleinlichen Falte der Zeit.

M & S: Wer die Sprache der Natur zu hören vermag, dem öffnet sich auch das eigene Seelenleben. Allein schon ein Sturm läßt uns erschaudern, er greift uns ans Herz, er fegt unser Denken weg und legt tiefere Schichten in uns offen.

Mit Rainer Maria Rilke in der Salzgrabenhöhle

M&S: Wenn die Wolken, von Stürmen geschlagen,
jagen:
Himmel von hundert Tagen
über einem einzigen Tag –

M&S: Dann dazu noch die Nacht. Ist diese Entfaltung der Gefühle, z. B. der Liebe, ein Verdienst der Nacht?

Rainer Maria Rilke: Horch, wie die Nacht sich muldet und höhlt. Ihr Sterne, stammt nicht von euch des Liebenden Lust zu dem Antlitz seiner Geliebten?

M&S: Die Nacht vervielfacht die Sehnsucht, die Angst, die Liebe. Alles wird deutlicher und intensiver...

Rainer Maria Rilke: Wir, in den rindenden Nächten,
wir fallen von Nähe zu Nähe;
und wo die Liebende taut,
sind wir ein stürzender Stein.

M&S: In einem Gedicht haben sie sich in einen Knaben versetzt, der sich nach Nacht und Wind und Pferden sehnt...

Rainer Maria Rilke: Ich möchte einer werden, so wie die,
die durch die Nacht mit wilden Pferden fahren,
mit Fackeln, die gleich aufgegangnen Haaren
in ihres Jagens großem Winde wehn.

M&S: Es ist eigenartig – immer wenn wir an Nächte denken, kommen uns zunächst Bilder der Ruhe, der Entspannung, der Beschaulichkeit in den Sinn, weniger die wilde nächtliche Jagd. Eher neigt der Mensch zum Rückzug in sicheres Terrain, in die Behausung – und zum Beginn der Menschheit: in die Höhle. Wenn Sie die Augen schließen, dann hören Sie das Rinnsal neben uns und gelegentlich das Tropfen von der Decke dieser Halle.

Rainer Maria Rilke: Ich höre nur dieses Klopfen
und mein Herz hält Schritt
mit dem Gehen der Tropfen
und vergeht damit.

M&S: Wissen Sie, daß die Salzgrabenhöhle die längste Höhle Deutschlands ist? Immer noch wird geforscht und kein Ende der Höhle ist absehbar!

Rainer Maria Rilke: Vielleicht, daß ich durch schwere Berge gehe
in harten Adern, wie ein Erz allein;
und bin so tief, daß ich kein Ende sehe
und keine Ferne: alles wurde Nähe
und alle Nähe wurde Stein.

Mit Rainer Maria Rilke in der Salzgrabenhöhle

M &S: Die Romantiker meinten, in der Tiefe der Höhle auf einen weisen Mann, auf einen Schatz oder auf die blaue Blume zu stoßen. Bleibt nicht ein Rest Ungewißheit, ob nicht doch irgendwo die blaue Blume verborgen ist?

Rainer Maria Rilke: Wenn wir auch alle Tiefen verwürfen:
wenn ein Gebirge Gold hat
und keiner mehr es ergraben mag,
trägt es einmal der Fluß zutag,
der in die Stille der Steine greift,
der vollen.

M &S: Höhlentouren sind für uns immer auch Wege ins Innere der Seele und Wege in die eigene Biografie, in die Kindheit. Können Sie das nachempfinden?

Rainer Maria Rilke: Wir, wie gebrochen vom Berg,
oft schon als Knaben scharf
an den Rändern, vielleicht
manchmal glücklich behaun;
wir, wie Stücke Gesteins,
über Blumen gestürzt.

M &S: Die Erlebnispädagogik will zu Erlebnissen und Erfahrungen hinführen, die die Schule meist zu vermitteln versäumt. Sehen Sie auch diese Defizite der Schulzeit?

Rainer Maria Rilke: Da rinnt der Schule lange Angst und Zeit
mit Warten hin, mit lauter dumpfen Dingen.
O Einsamkeit, o schweres Zeitverbringen...
Und dann hinaus: die Straßen sprühn und klingen
und auf den Plätzen die Fontänen springen
und in den Gärten wird die Welt so weit -.

M &S: Ist nicht die Natur das beste Schulzimmer, ein unvergleichliches Lernfeld? Auch für uns ist es unerklärlich, daß Kinder zehn bis dreizehn Jahre nur im Schulzimmer lernen sollen!

Rainer Maria Rilke:(...) hat denn für sie die Erde keinen Raum?
Wen sucht der Wind? Wer trinkt des Baches Helle?
Ist in der Teiche tiefem Ufertraum
kein Spiegelbild mehr frei für Tür und Schwelle?
Sie brauchen ja nur eine kleine Stelle,
auf der sie alles haben wie ein Baum.

M &S: Die Wirklichkeit wird unterschiedlich definiert, abhängig von Menschen, Zeitaltern, Stimmungen. Wie würden Sie unsere Wirklichkeit hier in der Salzgrabenhöhle beschreiben?

Mit Rainer Maria Rilke in der Salzgrabenhöhle

Rainer Maria Rilke: Das Wirkliche ist wie das Wunderbare:
es mißt die Welt mit eigenmächtigen Maßen;
Jahrtausende sind ihm zu jung.

M&S: Manchen Teilnehmern unserer Höhlentouren macht diese fremde Umgebung Angst. Sie fühlen nicht nur Geborgenheit; ein Teilnehmer glaubte, in einer Gruft zu sein.

Rainer Maria Rilke: Das Leben ist ein Ding des Übermuts.
Und wenn er stürbe. Sterben ist so echt.

M&S: Ihr radikales Denken geht uns zu weit! Die Erlebnispädagogik braucht keine Helden...

Rainer Maria Rilke:(...) denk: es erhält sich der Held, selbst der Untergang war ihm
nur ein Vorwand, zu sein: seine letzte Geburt.
Wunderlich nah ist der Held doch den jugendlich Toten. Dauern
ficht ihn nicht an. Sein Aufgang ist Dasein; beständig
nimmt er sich fort und tritt ins veränderte Sternbild
seiner steten Gefahr.

M&S: Wie gesagt, wir brauchen keine Helden – und keine Abenteurer! Das schöne, prägende Erlebnis darf nicht im schrecklichen Debakel enden!

Rainer Maria Rilke:(...) Denn das Schöne ist nichts
als des Schrecklichen Anfang, den wir noch grade ertragen
und wir bewundern es so, weil es gelassen verschmäht,
uns zu zerstören.

M&S: Vielleicht bleibt doch in der Erinnerung ein Gefühl des Glücks über? Es könnte doch sein...

Rainer Maria Rilke: (...) weil Glück *ist*, dieser voreilige Vorteil eines nahen Verlusts.

M&S: Kommen wir zurück zum Hören, Schauen und Atmen. Alles wird intensiver, bewußter erlebt in einer Höhle. Spüren Sie das?

Rainer Maria Rilke: Atmen, du unsichtbares Gedicht!
Immerfort um das eigne

Sein rein eingetauschter Weltraum. Gegengewicht,
in dem ich mich rhythmisch ereigne.

M&S: Es ist eine Schule der Sinne, hier in dieser Dunkelheit.

Rainer Maria Rilke: Lösch mir die Augen aus: ich kann dich sehn,
wirf mir die Ohren zu: ich kann dich hören,

Mit Rainer Maria Rilke in der Salzgrabenhöhle

und ohne Füße kann ich zu dir gehn,
und ohne Mund noch kann ich dich beschwören.
Brich mir die Arme ab, ich fasse dich
mit meinem Herzen wie mit einer Hand, (...)

M & S: Höhlen und Sinne, Sinnlichkeit und Sinn – haben Sie dafür ein Motto?

Rainer Maria Rilke: Von deinen Sinnen hinausgesandt,
geh bis an deiner Sehnsucht Rand; (...)

M & S: Dabei gibt es auch Grenzen der Wahrnehmung; sie werden uns gerade in Höhlen bewußt.

Rainer Maria Rilke: Denn des Anschauns, siehe, ist eine Grenze.
Und die geschautere Welt
will in der Liebe gedeihn.

M & S: Eigenartig dieses Erdinnere: Fels und Wasser bilden in Höhlen eine eigenwillige Symbiose; glucksende Rinnsale werden zu reißenden Höhlenbächen, die uns zu verschlingen drohen.

Rainer Maria Rilke: Wir, was erwidern wir
solcher Gebärde?
Ach, wie zergliedern wir
Wasser und Erde!
Und wenn dich das Irdische vergaß,
zu der stillen Erde sag: Ich rinne.
Zu dem Wasser sprich: Ich bin.

M & S: Was hier ins Wasser fällt, kann für immer in der Tiefe der Erde verschwinden, wird nie wieder gesehen, bleibt ein Geheimnis des Berges.

Rainer Maria Rilke: Wenn etwas mir vom Fenster fällt,
(und wenn es auch das Kleinste wäre)
wie stürzt sich das Gesetz der Schwere
gewaltig wie ein Wind vom Meere
auf jeden Ball und jede Beere
und trägt sie in den Kern der Welt.

M & S: Aber, irgendwann wird ein Teil dieses Baches hier in einem sanften Wiesenhang aufquellen und niemand wird ihm seinen Ursprung im Dunklen glauben.

Rainer Maria Rilke: Wasser, die stürzen und eilende ...
heiter vereinte, heiter sich teilende
Wasser (...) Landschaft voll Gang.
Wasser zu Wassern sich drängende

und die in Klängen hängende
Stille am Wiesenhang.

M &S: Sehnen Sie sich nach Sommer, Sonne und Licht?

Rainer Maria Rilke: Und du erbst das Grün
vergangner Gärten und das stille Blau
zerfallner Himmel.
Tau aus tausend Tagen,
die vielen Sommer, die die Sonnen sagen,
und lauter Frühlinge mit Glanz und Klagen
wie viele Briefe einer jungen Frau.

M &S: Manche Teilnehmer sagen nach drei Höhlennächten beim ersten Anblick des Tageslichts, daß sie sich wie neugeborenen fühlen. Auch Sie werden den Himmel wie mit neuen Augen erblicken.

Rainer Maria Rilke: Der Himmel, groß, voll herrlicher Verhaltung,
ein Vorrat Raum, ein Übermaß von Welt.
Und wir, zu ferne für die Angestaltung,
zu nahe für die Abkehr hingestellt.

M &S: Erinnern Sie sich noch an unseren langen Aufstieg, an unsere schwierige Suche nach dem Höhleneingang?

M &S: Felsen waren da
und wesenlose Wälder. Brücken über Leeres
und jener große graue blinde Teich,
der über seinem fernen Grunde hing
wie Regenhimmel über einer Landschaft,
erschien des einen Weges blasser Streifen,
wie eine lange Bleiche hingelegt.

M &S: Auf den Bergen fühlten Sie sich oft ausgesetzt.»Ausgesetzt auf den Bergen des Herzens...« beginnt ein berühmtes Gedicht von Ihnen. Wir möchten es aus Ihrem Munde hören!

Rainer Maria Rilke: Ausgesetzt auf den Bergen des Herzens. Siehe, wie klein dort,
siehe: die letzte Ortschaft der Worte, und höher,
aber wie klein auch, noch ein letztes
Gehöft von Gefühl. Erkennst du's?
Ausgesetzt auf den Bergen des Herzens. Steingrund
unter den Händen. Hier blüht wohl
einiges auf; aus stummem Absturz
blüht ein unwissendes Kraut singend hervor,
Aber der Wissende? Ach der zu wissen begann

Mit Rainer Maria Rilke in der Salzgrabenhöhle

schweigt nun, ausgesetzt auf den Bergen des Herzens.
Da geht wohl, heilen Bewußtseins,
manches umher, manches gesicherte Bergtier,
wechselt und weilt. Und der große geborgene Vogel
kreist um der Gipfel reine Verweigerung. – Aber
ungeborgen, hier auf den Bergen des Herzens(...)

M&S: Vielen Dank! Uns scheint, daß Sie als Dichter vollendete Gedichte geschaffen haben. Ist Ihr Leben ausgefüllt? Haben Sie Ihre Bestimmung vollendet?

Rainer Maria Rilke: Keiner lebt sein Leben.
Zufälle sind die Menschen, Stimmen, Stücke,
Alltage, Ängste, viele kleine Glücke,
verkleidet schon als Kinder, eingemummt,
als Masken mündig, als Gesicht – verstummt.

M&S: Unser Abstieg von der Höhle ins Tal wird nicht einfach werden! Zuerst geht es durch die Felsregion, durch Gebirge und Gestein...

Rainer Maria Rilke: Täglich stehst du mir steil vor dem Herzen,
Gebirge, Gestein,
Wildnis, Un-weg: Gott, in dem ich allein
steige und falle und irre..., täglich in mein
gestern Gegangenes wieder hinein
kreisend.
Weisend greift mich manchmal am Kreuzweg der Wind,
wirft mich hin, wo ein Pfad beginnt,
oder es trinkt mich ein Weg im Stillen.
Aber dein unbewältigter Willen
zieht die Pfade zusammen wie Alaun,
bis sie, als alte haltlose Rillen,
sich verlieren ins Abgrundsgraun...

M&S: ..., dann folgt die Baumregion. Unser Rückweg mutet an wie der Weg aus den Tiefen unserer Seele zurück in den Alltag.

Rainer Maria Rilke: Was dort jenseits eingebeugter Bäume
Überstürzung ist und Drang und Schwung,
spiegelt sich in deine Innenräume
als verhaltene Verdüsterung;
ungebogen steht um dich der Wald
voll von steigendem Verschweigen
Oben nur, im Wipfel-Ausblick, zeigen
Wolken sagenhafte Kampfgestalt.

Mit Rainer Maria Rilke in der Salzgrabenhöhle

M&S: Wir werden lange gehen müssen, aber Wandern und Erziehen gehören zusammen. Wissen Sie, daß sich Erzieher mit schwierigen Jugendlichen auf den mittelalterlichen Pilgerweg nach Santiago de Compostella machen? Ist nicht der Weg des Erziehers nach Santiago auch gleichzeitig sein Weg in die Psyche des Jugendlichen?

Rainer Maria Rilke: Daß er zu ihnen, wie nach Sankt-Jago di Compostella,
den härtesten Weg gehen will, lange,
alles verlassend. Daß ihn die Richtung
zu dir ergreift. Allein schon die Richtung
scheint ihm das Meiste. Er wagt kaum,
jemals ein Herz zu enthalten, das ankommt.

M&S: Vom letzten Hügel schließlich wird der Blick über den Königssee schweifen und wir werden uns fragen, was von diesen drei Tagen bleiben wird. Die Kritiker der Erlebnispädagogik zweifeln an der Möglichkeit eines Transfers.

Rainer Maria Rilke: (...) Wie er auf
dem letzten Hügel, der ihm ganz sein Tal
noch einmal zeigt, sich wendet, anhält, weilt –,
so leben wir und nehmen immer Abschied.

Bringt doch der Wanderer auch vom Hange des Bergrands
nicht eine Hand voll Erde ins Tal, die Allen unsägliche, sondern
ein reines erworbenes Wort, den gelben und blaun
Enzian.

M&S: In der Tat: uns droht der Abschied. Wie gehen Sie mit dem Abschied um?

Rainer Maria Rilke: Sei allem Abschied voran, als wäre er hinter
dir, wie der Winter, der eben geht.
Denn unter Wintern ist einer so endlos Winter,
daß, überwinternd, dein Herz überhaupt übersteht.

M&S: Wir danken für das Gespräch. Es hat uns berührt; zurück bleiben Besinnung und Ruhe!

Rainer Maria Rilke: Rühre einer die Welt: daß sie ihm stürze ins tiefe
fassende Bild; und sein Herz wölbe sich drüber als Ruh.

Alle Zitate aus:

Rainer Maria Rilke: Werke, Band I – V. Frankfurt a. M. 1986

Ein Erzieher! Welch erhabene Seele muß er haben!

Eine Konversation mit Jean-Jacques Rousseau

Jean-Jacques Rousseau
* 28. 6. 1712 Genf
† 2. 7. 1776 Ermenonville bei Paris
Philosoph, Romanautor, Erzieher, Musiklehrer, Handwerker

Eine Konversation mit Jean-Jacques Rousseau

Seine Mutter starb kurz nach seiner Geburt. Da sich sein Vater, ein protestantischer Uhrmacher, wenig um ihn kümmerte, übernahm der Onkel die Vormundschaft. Nach erfolgloser Lehrzeit begann 1728 ein abenteuerliches Wanderleben, das ihn nach Annecy, Turin, Fribourg, Lausanne, Neuchâtel und Paris führte. Dabei versuchte er sich in einer Vielzahl von Berufen und Tätigkeiten. Ohne Erfolg studierte er in Besancon Musik; vorübergehend war er Hauslehrer in Lyon. 1741 ging er wieder nach Paris. Seine fünf Kinder brachte er ins Findelhaus. Über Nacht berühmt wurde er durch seine preisgekrönte Abhandlung »Discours sur les sciences et les arts« (1750, Dijon). Er beantwortete damit die von der Akademie in Dijon 1749 gestellte Frage, ob »der Fortschritt der Wissenschaften und Künste zur Veredelung der Sitten beigetragen habe«. Mit Wortgewalt und Verve verneinte er diese These und warf damit den Philosophen, Denkern und Intellektuellen seiner Zeit den Fehdehandschuh hin. 1770 beendete er sein unstetes Wanderleben, ließ sich endgültig in Ermenonville bei Paris nieder und zog sich immer mehr zurück.

Der egozentrischste Denker der Philosopiegeschichte hat durch seinen »Émile« einen Erziehungsroman geschrieben, der die gesamte moderne Pädagogik prägte. Schon die Reformpädagogik berief sich auf Rousseau; die antiautoritäre Erziehung sah in ihm den Urvater und das weltberühmte Experiment Summerhill gründet auf den Gedanken Rousseaus. Im gleichen Jahr (1762) schrieb er eine Utopie des Staates (»Contrat Social«) und eine Utopie der Erziehung (»Émile«). Die neue Gesellschaft braucht den neuen Menschen. Er prägte den Begriff der negativen Erziehung bzw. der Minimalpädagogik, denn zunächst ist die Erziehung durch die Natur und durch die Dinge wichtiger. »Alles ist gut, wie es aus den Händen des Schöpfers kommt, alles entartet unter den Händen des Menschen.«, mit diesem berühmten Satz beginnt sein Erziehungsroman. Sein Émile lernt durch Erfahrungen und Handeln. Rousseau entdeckt die Lebensphase des Kindes, er postuliert ein Eigenrecht auf die Lebensphase Kindheit. Er bevorzugt das Lernen über die Sinne und über die Erfahrung. Sein Maßstab ist die Herzens- und Charakterbildung. Mit Rousseau beginnt eine neue Epoche des Weltverständnisses: noch nie wurde mit solcher Leidenschaft von der Erziehung und vom Eigenrecht des Kindes gesprochen. Seine Postulate sind zum festen Bestandteil der Pädagogik der Neuzeit geworden: Rousseau führt den Menschen auf die Natur zurück. Er versöhnt Kopf, Herz and Hand. Die echten Bedürfnisse wird nur finden, wer die Sprache der Natur achtet.

Eine Konversation mit Jean-Jacques Rousseau

Jean-Jacques Rousseau: Alles ist gut, wie es aus den Händen des Schöpfers kommt, alles entartet unter den Händen des Menschen.

M&S: Pardon, Jean-Jacques – wir wollten mit Ihnen ein Interview führen, nicht umgekehrt! Dieser Satz, mit dem der Emil beginnt, ist in der Tat sehr berühmt geworden. Wir danken Ihnen zunächst für Ihre Bereitschaft zu einem Interview. Die Ergebnisse werden wir übrigens als Buch veröffentlichen…

Jean-Jacques Rousseau: Ich hasse Bücher! Sie lehren nur, von dem zu reden, was man nicht weiß.

M&S: Nicht nur wir haben Ihre Bücher mit großem Gewinn gelesen. Sie haben dadurch das Verständnis von Erziehung in ganz Europa geprägt. Ihre Spuren finden sich noch heute überall. Auch die Erlebnispädagogik hat Sie wiederentdeckt, vor allem Ihre fundamentale Aussage über das Verhältnis von Natur und Mensch. Am besten steigen wir mit diesem Satz ein!

Jean-Jacques Rousseau: Die Natur oder die Menschen oder die Dinge erziehen uns. Die Natur entwickelt unsere Fähigkeiten und unsere Kräfte; die Menschen lehren uns den Gebrauch dieser Fähigkeiten und Kräfte. Die Dinge aber erziehen uns durch die Erfahrung, die wir mit ihnen machen, und durch die Anschauung.

M&S: Erfahrung, Erlebnisse und Handeln spielen in Ihrem Verständnis von Erziehung eine bedeutende Rolle.

Jean-Jacques Rousseau: Haltet eurem Zögling keine Reden: Er darf nur aus der Erfahrung lernen.

M&S: Würde man diese Behauptung konsequent weiterdenken, ergäben sich ganz andere Strukturen des Lernens!

Jean-Jacques Rousseau: Ich werde nicht müde zu wiederholen: Jeder Unterricht dieser Leute muß eher in den Handlungen als in Reden bestehen. Sie dürfen nichts aus Büchern lernen, was sie aus der Erfahrung lernen.

M&S: Könnten Sie das an einem Beispiel verdeutlichen?

Jean-Jacques Rousseau: Was liegt einem Schüler daran, wie es Hannibal anstellte, um seine Soldaten zum Überschreiten der Alpen zu bewegen? Wenn ihr ihm anstelle dieser prachtvollen Rede zeigt, wie man es anfangen muß, um von seinem Direktor schulfrei zu bekommen, so könnt ihr sicher sein, daß er euren Regeln mehr Aufmerksamkeit schenken wird.

M&S: Wie wäre es, wenn der Lehrer mit seinen Schülern Hannibals Alpenüberquerung nachvollziehen würde, z.B.: Mit dem Moutainbike auf den Spuren Hannibals. Aber kommen wir zum Verhältnis von Körper und Geist. Welche Rolle spielen die Bewegung und die Leibeserziehung.

Eine Konversation mit Jean-Jacques Rousseau

Jean-Jacques Rousseau: Es ist ein bedauernswerter Irrtum zu glauben, körperliche Betätigung schade dem Geist! Als ob die beiden nicht gemeinsam gehen und einander lenken müßten (...) Erst durch die Bewegung lernen wir, daß es Dinge gibt, die nicht wir sind. Durch unsere eigene Bewegung gelangen wir zum Begriff der Ausdehnung.

M &S: Und die Leibeserziehung?

Jean-Jacques Rousseau: Ich will mich nicht dabei aufhalten, den Nutzen der Handarbeit und der Leibesübungen für das Temperament und die Gesundheit zu beweisen. Niemand bestreitet ihn, und Beispiele langen Lebens findet man nur bei Menschen, die viel Bewegung gehabt und Mühe und Arbeit haben ertragen müssen (...). Das große Geheimnis der Erziehung ist, daß die Leibeserziehung und die geistige Arbeit sich zur gegenseitigen Entspannung dienen.

M &S: Wie setzen Sie das Prinzip des handlungsorientierten Lernens um? Muß ein Pädagoge seine Begeisterung dafür deutlich machen?

Jean-Jacques Rousseau: Indem man Gutes tut, wird man gut. Ich kenne kein Verfahren, das sicherer wäre. Laßt euren Schüler an allen guten Handlungen teilnehmen, die seinen Kräften angemessen sind. Übrigens verleiten Beschäftigungen, für die sich der Lehrer selbst begeistert, zur Voraussetzung, das Kind habe die gleiche Neigung. Nimmt euch eine Arbeit gefangen, so paßt auf, daß sich das Kind nicht langweilt und nur nicht wagt, es euch zu sagen!

M &S: Na, das ist sehr allgemein. Ein Lehrer, der z.B. Geographie unterrichtet, hätte gerne konkretere Hinweise!

Jean-Jacques Rousseau: Ihr wollt z.B. diesem Kind die Geographie beibringen und holt Erd- und Himmelsgloben und -karten herbei: welcher Apparat! Wozu alle diese Abbildungen? (...) Geht lieber an einem schönen Abend auf ein freies Feld, wo man den Sonnenuntergang ganz beobachten kann.

M &S: Sie glauben, daß durch diese Dramaturgie der Natur die Lernmotivation erheblich gesteigert wird?

Jean-Jacques Rousseau: Macht euren Schüler auf die Naturerscheinungen aufmerksam, dann wird er neugierig. Aber um seine Neugier zu nähren, beeilt euch niemals, sie zu befriedigen. Stellt ihm Fragen, die seiner Fassungskraft entsprechen; laßt sie ihn selber lösen. Er darf nichts wissen, weil ihr es ihm gesagt habt, sondern weil er es selbst verstanden hat. Er soll die Naturwissenschaften nicht lernen, sondern erfinden. (...) Da er also gezwungen ist, selbst zu lernen, gebraucht er seinen eigenen Verstand und nicht den anderer. Denn wenn man nichts von der fremden Meinung hält, darf man auch nichts auf die Autorität geben. Die meisten Irrtümer rühren weniger von uns als von anderen her. Durch diese fortgesetzte Übung wird der Geist ähnlich gestärkt wie der Körper durch Arbeit und Müdigkeit.

Eine Konversation mit Jean-Jacques Rousseau

M &S: Braucht es da überhaupt noch Schule, wenn die Natur die große Lehrmeisterin ist?

Jean-Jacques Rousseau: Mit achtzehn lernt man in der Physik, was ein Hebel ist. Es gibt aber keinen Bauernjungen von zwölf Jahren, der einen Hebel nicht besser bedienen könnte als der gelehrteste Physiker der Akademie. Was die Schüler im Schulhof untereinander lernen, ist hundertmal nützlicher als alles, was man ihnen in der Klasse sagen kann.

M &S: Schön und gut, werden die Schulpädagogen sagen, aber das Risiko...

Jean-Jacques Rousseau: Aber selbst wenn es etwas zu wagen gälte, sollte man nicht zaudern. Denn es handelt sich um das Risiko, das untrennbar mit dem Leben verbunden ist (...)

M &S: Es geht also um die unmittelbare Erfahrung, die in der schulischen Didaktik kaum mehr vorgesehen ist. Außerdem bildet die Welt der Medien immer mehr ein Hindernis zwischen der Wahrnehmung des Individuums und der Wirklichkeit.

Jean-Jacques Rousseau: So viele Instrumente sind erfunden worden, um uns bei unseren Beobachtungen zu leiten und die Genauigkeit der Sinne zu ergänzen, daß dadurch deren Gebrauch vernachlässigt wird. Der Winkelmesser erspart uns das Winkelabschätzen. (...) Je sinnreicher unsere Werkzeuge werden, desto grober und ungeschickter werden unsere Organe. Weil wir so viele Hilfsmittel um uns anhäufen, finden wir keine mehr in uns selber.

M &S: Ist Schule nicht auch immer der vergebliche und doch notwendige Kampf gegen den Alltag, die Routine, die Gewöhnung?

Jean-Jacques Rousseau: Gewöhnung läßt in allen Dingen die Phantasie verdorren; nur neue Objekte regen sie wieder an. Mit den Gegenständen des Alltags hat nicht mehr die Einbildung, sondern das Gedächtnis zu tun. Das ist der Sinn des Satzes: ab assuetis non fit passio (gewohnte Dinge erwecken keine Leidenschaft), denn die Leidenschaften entzünden sich nur am Feuer der Phantasie.

M &S: Es geht darum, den Körper und die Sinne wieder bewußt zu gebrauchen, sie neu kennenzulernen?

Jean-Jacques Rousseau: Wollt ihr also die Intelligenz eures Schülers fördern, so fördert die Kräfte, die sie beherrschen soll. Übt ständig seinen Körper, macht ihn stark und gesund, um ihn weise und vernünftig zu machen. Laßt ihn arbeiten, sich betätigen, laufen, schreien und immer bewegen! Ist er der Kraft nach ein Mann, so wird er es auch bald der Vernunft nach sein.

M &S: Mens sana in corpore sano?

Eine Konversation mit Jean-Jacques Rousseau

Jean-Jacques Rousseau: Das war die Erziehung der Spartaner: statt sie hinter die Bücher zu klemmen, lehrte man sie zuerst, sich ihr Essen zu stehlen. Waren sie deshalb als Erwachsene ungebildet?

M&S: Wir wissen das, aber diese Erziehung der Härte begeistert uns nicht. Auch Platons Pädagogik können wir nur bedingt zustimmen!

Jean-Jacques Rousseau: Platon erzieht seine Kinder in seinem *Staat* – der als streng gilt – nur durch Feste, Spiele, Lieder und Zeitvertreib. Man sollte meinen, er habe alles getan, wenn er sie gelehrt hat, sich zu freuen. Und Seneca sagt von der römischen Jugend, daß sie immer auf den Beinen war und sitzend nichts gelernt hat.

M&S: Wir haben auch von der Wahrnehmung und den Sinnen gesprochen!

Jean-Jacques Rousseau: All das ist sehr gut – aber haben wir nur Arme und Beine? Haben wir nicht auch Augen und Ohren? Sind sie etwa überflüssig, wenn wir die Arme und Beine gebrauchen? Übt also nicht nur die Kräfte, übt auch die Sinne, die sie lenken. Nutzt jeden Sinn vollständig aus und überprüft die Wirkung des einen durch den anderen. Meßt, zählt, wägt, vergleicht.

M&S: Welche Rolle nimmt das kindliche Spiel ein?

Jean-Jacques Rousseau: Um den Körper zu kräftigen und das Wachstum zu fördern, hat die Natur Mittel, die man niemals stören darf. Man darf kein Kind zum Sitzen zwingen, wenn es laufen will, und nicht zum Laufen, wenn es sitzen will (...). Sie müssen springen, laufen, schreien, wenn sie dazu Lust haben. All ihre Bewegungen sind körperliche Bedürfnisse, die zu ihrer Stärkung dienen.

M&S: Da passieren auch kleine und größere Unfälle, die den Pädagogen dann angelastet werden!

Jean-Jacques Rousseau: In allen Spielen, die ihrer festen Überzeugung nach wirklich nur Spiele sind, ertragen sie ohne Klagen, ja sogar unter Lachen, was sie sonst nur mit Tränen und Wehklagen erduldeten: Hunger, Schläge, Brandwunden und Anstrengungen jeder Art gehören zur Unterhaltung junger Wilder, was nur beweist, daß sogar der Schmerz eine Lust hat, die ihm seine Bitterkeit nimmt.

M&S: Sie meinen, daß Kinder Schmerzen, für die sie sich selbst entscheiden, besser ertragen?

Jean-Jacques Rousseau: Da spielen Lausbuben im Schnee, blau, verfroren und mit klammen Fingern. Sie können sich wärmen gehen, aber sie tun es nicht. Zwingt man sie dazu, so empfinden sie den Zwang hundertmal mehr als die Kälte. Worüber beklagt ihr euch also?

M&S: Wann muß der Pädagoge eingreifen, um bei dem Kind Schlimmeres zu verhindern?

Eine Konversation mit Jean-Jacques Rousseau

Jean-Jacques Rousseau: Wenn es hinfällt, sich eine Beule am Kopf schlägt oder aus der Nase blutet, wenn es sich in den Finger schneidet, stürze ich nicht erschreckt zu ihm hin, sondern bleibe wenigstens für eine Weile ruhig. Das Unglück ist geschehen und muß auf jeden Fall ertragen werden.

M &S: Geht es in der Erziehung darum, das Glück zu finden und Unglück zu vermeiden?

Jean-Jacques Rousseau: Nach meiner Meinung ist der am besten erzogen, der die Freuden und Leiden dieses Lebens am besten zu ertragen vermag. Daraus folgt, daß die wahre Erziehung weniger vorschreibt als praktisch übt.

M &S: Soll der Pädagoge Schmerzen und Leid vermeiden und das Kind in einem wohlbehaltenen Umfeld aufziehen, in einer pädagogischen Provinz?

Jean-Jacques Rousseau: Es ist das Schicksal des Menschen, zu allen Zeiten zu leiden. Selbst die Sorge um seine Erhaltung ist mit Leid verknüpft. Glücklich ist, wer in seiner Jugend nur leibliche Schmerzen kennenlernt; sie sind weniger hart und weniger schmerzhaft als die anderen.

M &S: Was folgt daraus?

Jean-Jacques Rousseau: Die Erfahrung lehrt, daß mehr verzärtelte Kinder sterben als andere. Übersteigt man nicht das Maß der kindlichen Kräfte, so wagt man weniger, sie zu nutzen als sie zu schonen. Übt sie für die Gefahren, die sie eines Tages zu bestehen haben; härtet ihre Körper ab gegen die Unbilden der Jahreszeiten, des Klimas, der Elemente, gegen den Hunger und den Durst, gegen die Strapazen: taucht sie in die Fluten des Styx.

M &S: Wir haben viel über das pädagogische Handeln gesprochen, aber eigentlich propagieren Sie doch eine Minimalerziehung.

Jean-Jacques Rousseau: Ich habe deutlich genug gesagt, daß man Kindern niemals eine Strafe als solche auferlegen darf, sondern daß sie diese Strafe immer als eine natürliche Folge ihrer bösen Handlung empfinden müssen.

M &S: Wie ist das zu verstehen?

Jean-Jacques Rousseau: Euer schwererziehbares Kind zerstört alles, was es berührt(...) Es zerbricht die Scheiben in seinem Zimmer: laßt den Wind Tag und Nacht hereinblasen und kümmert euch nicht um seinen Schnupfen, denn es ist besser, daß es verschnupft als närrisch wird.

M &S: Die natürliche Strafe als Rache der Natur – und der gelassene Erzieher weiß sie zu nutzen! Ihr Emil lernt unmittelbar aus der Natur?

Jean-Jacques Rousseau: Er erhält seinen Unterricht von der Natur und nicht von den Menschen. Er lernt um so besser, als er nirgends die Absicht sieht, ihn zu belehren(...) Ich predige dir, mein junger Erzieher, eine schwere Kunst: Kinder ohne Vorschriften zu leiten und durch Nichtstun alles zu tun.

M &S: Nichtstun!?

Jean-Jacques Rousseau: Ihr seid beunruhigt, wenn es seine ersten Jahre mit Nichtstun verbringt! Ist Glücklichsein denn nichts? Den ganzen Tag springen, spielen, laufen, ist das nichts?

M &S: Also sollte man...

Jean-Jacques Rousseau: (...) verhindern, daß etwas getan wird. Bei Gegenwind muß man lavieren; bei stürmischer See muß man den Anker werfen, wenn man auf der Stelle bleiben will. Paß auf, junger Seemann, daß dir dein Tau nicht entgleitet, dein Anker nicht schleppt und dein Schiff nicht abtreibt, ehe du dich's versiehst!

M &S: Ein schönes Bild, eine Metapher. Sie erinnert uns an Outward Bound – eine Idee, die etwa 150 Jahre nach Ihrem Tod von Kurt Hahn geschaffen wurde. Welche Rolle spielen Metaphern, Geschichten und Fabeln?

Jean-Jacques Rousseau: Die Zeit der Fehler ist die Zeit der Fabeln. Wenn man den Schuldigen unter einer Maske tadelt, belehrt man ihn, ohne ihn zu verletzen. Er begreift, daß die Fabel nicht lügt, weil sie die Wahrheit auf sich bezieht.

M &S: Und welche Rolle spielt die Zeit in Ihrem Konzept von Erziehung?

Jean-Jacques Rousseau: Darf ich nun die wichtigste und nützlichste jeder Erziehung aufstellen? Sie heißt nicht: Zeit gewinnen, sondern Zeit verlieren.

M &S: Der Pädagoge braucht Zeit, Geduld und Gelassenheit! Er wartet auf den guten Augenblick, den *kairos*?

Jean-Jacques Rousseau: Man hat Zeit, um alles im richtigen Augenblick verlangen zu können. Dann bildet sich das Kind, da es nicht verdorben wird. Wenn ihm aber ein unwissender Windbeutel von einem Erzieher alle Augenblicke ohne Unterschied, ohne Wahl, ohne Maß dieses oder jenes Versprechen abnimmt, dann ermüdet das Kind unter der Last der Versprechen, vernachlässigt, vergißt und verachtet sie schließlich und macht sich, da es sie nur als leere Formel empfindet, ein Vergnügen daraus, sie zu geben und zu brechen. Wenn ihr wollt, daß es sein Wort hält, seid sparsam, es zu verlangen.

M &S: Manchmal läuft einem aber auch die Zeit davon, sie ist unwiederbringlich dahin.

Jean-Jacques Rousseau: Mit sechzig zu sterben ist hart, wenn man noch nicht zu leben begonnen hat (...). Leid, stirb oder werde gesund! Vor allem aber leb bis zu deiner letzten Stunde!

Eine Konversation mit Jean-Jacques Rousseau

M &S: Ein Plädoyer für ein intensives Leben!

Jean-Jacques Rousseau: Nicht wer am ältesten wird, hat am längsten gelebt, sondern wer am stärksten erlebt hat. Mancher wird mit hundert Jahren begraben, der bei seiner Geburt gestorben war. Es wäre ein Gewinn gewesen, wenn er als Kind gestorben wäre, wenn er wenigstens bis dahin gelebt hätte.

M &S: Aber die Angst vor dem Tod ist allgegenwärtig!

Jean-Jacques Rousseau: Ich kann nicht jemanden leben lehren, der nur daran denkt, wie er dem Tode entgeht (...). Es handelt sich weniger darum, den Tod zu verhindern, als es (das Kind, *M&S*) leben zu lehren. Leben ist nicht atmen; leben ist handeln, d. h. von unseren Organen, Sinnen, Fähigkeiten, von allen unseren Bestandteilen Gebrauch zu machen. Sie geben uns das Gefühl, daß wir existieren.

M &S: Das bedeutet doch, die gesellschaftlichen Konventionen zu überschreiten!

Jean-Jacques Rousseau: Der Gesellschaftsmensch wird als Sklave geboren und lebt und stirbt als Sklave. Bei seiner Geburt näht man ihn in einen Wickel ein, bei seinem Tode nagelt man ihn in einen Sarg. Solange er Mensch ist, ist er durch unsere Einrichtungen gebunden...Von Natur aus sind die Menschen weder Könige, noch Fürsten, noch Hofleute, noch reich. Alle werden nackt und arm geboren; alle sind dem Elend, den Kümmernissen und Schmerzen aller Art unterworfen. Am Ende sind alle zum Sterben verurteilt. Das ist das Schicksal des Menschen, kein Sterblicher kann ihm entrinnen. Beginnt also beim Studium der menschlichen Natur damit, was am unzertrennlichsten mit ihr verbunden ist, was das wahrhaft Menschliche daran ausmacht.

M &S: Was folgt daraus für die Erziehung?

Jean-Jacques Rousseau: Daraus folgt, daß das höchste Gut die Freiheit ist und nicht die Macht. Der wahrhaft freie Mensch will nur das, was er kann, und tut, was ihm gefällt. Das ist mein oberster Leitsatz: Man muß ihn nur auf die Kindheit anwenden, und alle Erziehungsregeln lassen sich daraus ableiten.

M &S: Sie sind ein radikaler Denker!

Jean-Jacques Rousseau: Es ist noch niemanden eingefallen, junge Hunde oder Katzen zu wickeln. Hat ihnen diese Vernachlässigung geschadet?

M &S: So haben wir das noch nie gesehen! Apropos wickeln: Welche Bedeutung hat die Kleinkindheit? In Ihrem Emil, so scheint es uns, kommen die Frauen nicht gut weg – falls sie überhaupt eine Rolle spielen!

Jean-Jacques Rousseau: Die Erziehung des Menschen beginnt mit der Geburt. Ehe er spricht, ehe er hört, lernt er schon. Die Erfahrung eilt der Belehrung voraus (...). Am meisten kommt es auf die erste Erziehung an, die unbestreitbar Sache der Frauen ist. Wenn der Schöpfer der Natur gewollt hätte, daß sie Sache der Männer wäre, er hätte ihnen Milch gegeben, um die Kinder zu stillen(...) Aber es genügt den Frauen nicht, ihre Kinder nicht mehr zu stillen, sie wollen überhaupt keine mehr, was eine natürliche Konsequenz ist. Sobald das Muttersein als Last empfunden wird, findet man die Mittel, sich seiner zu entledigen.

M &S: Sie waren ein unruhiger Geist, der das Unterwegssein, das Reisen zum Lebensprinzip erhoben hat. Unter welchen Voraussetzungen haben Reisen einen pädagogischen Wert?

Jean-Jacques Rousseau: Man kann also die Frage, ob man reisen soll, noch auf eine andere Weise stellen: genügt es, daß ein gebildeter Mensch nur seine Landsleute kennt, oder muß er auch die Menschen im allgemeinen Kennen? Darüber gibt es nichts zu deuteln und zu zweifeln.

M &S: Gibt es auch eine Reise ohne Ziel: sich einfach treiben lassen, das Gefühl gänzlicher Freiheit und Unabhängigkeit genießen?

Jean-Jacques Rousseau: Die Reisen, die man als einen Teil der Erziehung macht, müssen ihre Regeln haben. Reisen, um zu reisen heißt herumirren, Herumtreiber sein. Selbst Bildungsreisen sind noch zu verschwommen: ein Unterricht, der kein bestimmtes Ziel hat, ist nichts.

M &S: Gibt es Reiseformen, die pädagogisch wirksamer sind als andere?

Jean-Jacques Rousseau: Ich habe immer beobachtet, daß Reisende in bequemen Wagen nachdenklich, traurig, mürrisch oder leidend waren; die Wanderer dagegen immer heiter, gelöst und mit allem zufrieden. Wie lacht das Herz, wenn man sich der Herberge nähert! Wie schmackhaft erscheint ein einfaches Mahl! Mit welchem Behagen ruht man sich bei Tische aus! Wie gut schläft man in einem schlichten Bett! Wenn man nur ankommen will, kann man ruhig mit der Post fahren; wenn man aber reisen will, muß man zu Fuß gehen.

M &S: Das Wandern ist für Sie die Vollendung des Reisens?

Jean-Jacques Rousseau: Zu Fuß reisen heißt reisen wie Thales, Platon und Pythagoras. Ich vermag kaum zu begreifen, wie ein Philosoph sich entschließen kann, anders zu reisen; wie er es übers Herz bringt, sich die Erforschung der Reichtümer entgehen zu lassen, die vor seinen Füßen liegen und die die Erde vor seinem Blick ausbreitet.

M &S: Man könnte auch reiten?

Jean-Jacques Rousseau: So lernen alle wohlerzogenen jungen Leute reiten, weil es teuer ist, aber fast keiner lernt schwimmen, weil es nichts kostet und weil auch ein Handwerker darin Meister werden kann (...). Ich kann mir nur eine Art vorstellen, die angenehmer ist, als zu reiten, nämlich zu wandern. Man bricht auf, wann man will; man rastet nach Belieben; man bewegt sich so viel und so wenig man will. Man sieht die Gegend; man wendet sich nach rechts und nach links.

Eine Konversation mit Jean-Jacques Rousseau

Man prüft, was einem gefällt; man verweilt an jedem Aussichtspunkt. Sehe ich einen Fluß, gehe ich an seinem Ufer entlang, ein Wäldchen, gehe ich in seinem Schatten; eine Grotte, so besuche ich sie; einen Steinbruch, so prüfe ich seine Gesteine. Überall, wo es mir gefällt, verweile ich. Wird es mir langweilig, so gehe ich wieder fort. Ich hänge weder von Pferden noch vom Kutscher ab. Ich brauche keine gebahnten Wege und keine bequemen Straßen wählen. Ich komme überall durch, wo ein Mensch gehen kann; ich sehe alles, was ein Mensch sehen kann: Da ich nur von mir abhänge, erfreue ich mich aller Freiheit, die ein Mensch haben kann.

M &S: Manche Pädagogen sehen heute das Reisen oft als letzte Möglichkeit an, mit schwierigen Jugendlichen eine pädagogisch-therapeutische Beziehung aufzubauen. Was raten Sie uns? Wie sollte man mit einem verhaltensauffälligen Jugendlichen umgehen?

Jean-Jacques Rousseau: Wenn die Hände hart schaffen, ruht die Phantasie; wenn der Körper müde ist, bleibt das Herz kalt: Die sicherste und leichteste Vorsichtsmaßregel ist, ihn der örtlichen Gefahr zu entreißen. Ich entferne ihn von allem, was ihn verführen könnte. Aber das ist nicht genug! Gibt es eine Wüste, gibt es eine einsame Zuflucht, in der er den Bildern, die ihn verfolgen, entfliehen könnte?

M &S: Womit könnte man so einen Jugendlichen, der grundlegend vom Leben enttäuscht wurde, begeistern?

Jean-Jacques Rousseau: Er braucht eine neue Beschäftigung, die ihn durch ihre Neuheit interessiert, die ihn in Atem hält, die ihm gefällt, die ihn fesselt und anstrengt, eine Beschäftigung, die ihn begeistert und die ihn ganz gefangennimmt. Die einzige, die mir alle diese Bedingungen zu erfüllen scheint, ist die Jagd.

M &S: Die Erziehung ist ein schwieriges Geschäft, letztlich nur eine Hoffnung. Können Sie uns einen Rat mit den Weg geben?

Jean-Jacques Rousseau: Sieht man die Erziehung als Kunst an, so scheint ein voller Erfolg unmöglich zu sein, weil das nötige Zusammenwirken von Natur, Dingen und Menschen nicht von uns abhängt.

M &S: Die Liebe ist wohl die Grundlage des Erziehens?

Jean-Jacques Rousseau: Mancher Philosoph liebt die Tataren, damit er seinen Nächsten nicht zu lieben braucht.

M &S: Herr Rousseau, wir danken für das Gespräch. Um das Leben später mal nicht bereuen zu müssen, laden wir Sie zu unserer nächsten Höhlentour ein!

Alle Zitate aus:
Jean-Jacques Rousseau: Emil oder über die Erziehung. Paderborn 1975

Die Schönheit allein beglückt alle Welt

Ein Gespräch mit Friedrich Schiller

Friedrich Schiller
* 10. 11. 1759 Marbach am Neckar
† 9. 5. 1805 Weimar
Schriftsteller, Dichter, Philosoph

Ein Gespräch mit Friedrich Schiller

Einer der zwei großen Klassiker der deutschen Dichtung. Er studierte gezwungenermaßen Medizin und wurde durch sein Sturm-und-Drang-Drama »Die Räuber« auf einen Schlag bekannt. Wegen seiner Anwesenheit bei der Premiere seines ersten Stückes und wegen unerlaubter Reisen bekam er Schreibverbot und wurde unter Arrest gestellt, aus dem er flüchtete. Ab 1789 erhielt er eine Professur in Jena, ab 1791 litt er ständig unter seiner Lungenerkrankung. Unter dem Einfluß von Kants Ideen über das Sittliche und Schöne verfaßte er auch die Schrift »Über die ästhetische Erziehung des Menschen«. Die Kunst als das Reich der Schönheit und der Ästhetik ist die eigentliche Bestimmung des Menschen. Sie erzieht zur inneren Harmonie, bedingt die moralische Belehrung und hilft, die verlorenen Einheit der Natur wiederherzustellen. Ab 1794 begann er eine fruchtbare Zusammenarbeit mit Goethe. Ab 1799 wohnt er in Weimar. Durch alle Werke Schillers geht die Idee von der Freiheit des Menschen, verbunden mit der Auflehnung gegen jede Unterdrückung – von der physischen Freiheit in seiner Sturm-und-Drang-Zeit bis zur ideellen Freiheit seiner späteren Schaffensperiode. Im Gegensatz zu seinen Jugenddramen widmete er sich in seiner späteren Schaffensperiode vor allem historischen Stoffen.

In seinen Gedanken zur ästhetischen Erziehung sucht er mit Hilfe der kantschen Philosophie nach Auswegen aus dem beschränkten Naturbegriff von Rousseau. »Bloße« und »wirkliche« Natur ist ebenso wenig menschlich wie »Unnatur«. Die Lösung Schillers liegt in der Annahme, daß jeder Mensch »der Anlage und Bestimmung nach, einen reinen idealischen Menschen in sich« trägt, »(...) mit dessen (...) Einheit übereinzustimmen, die große Aufgabe seines Daseins ist.« Nur die Kunst kann Idee und Materie, Gedanke und Sinnlichkeit zu einem Ganzen bündeln. Sie kann Vernunft und Sinnlichkeit miteinander versöhnen. Jenseits einer nüchternen Wissenschaftlichkeit und einer einseitigen Sinnlichkeit kann der Mensch durch ästhetische Bildung die wahre Freiheit erlangen. Im Schillerschen Gegensatz zwischen Sinnlichkeit und Wissenschaft wird die Wurzel zur Hegelschen Dialektik geschaffen.

M&S: Sehr geehrter Herr Schiller – in Pädagogenkreisen sind Sie durch Ihre Briefe zur ästhetischen Erziehung bekannt geworden. Es geht Ihnen um das Verhältnis von Kunst, Freiheit und purem Nützlichkeitsdenken...

Friedrich Schiller: (...) die Kunst ist eine Tochter der Freiheit, und von der Notwendigkeit der Geister, nicht von der Notdurft der Materie will sie ihre Vorschrift empfangen (...). Jetzt aber herrscht das Bedürfnis, und beugt die gesunkene Menschheit unter sein tyrannisches Joch. Der Nutzen ist das große Idol der Zeit, dem alle Kräfte frönen und alle Talente huldigen sollen. Auf dieser groben Waage hat das geistige Verdienst der Kunst kein Gewicht, und, aller Aufmunterung beraubt, verschwindet sie von dem lärmenden Markt des Jahrhunderts.

Ein Gespräch mit Friedrich Schiller

M&S: Sie hadern mit Ihrem Zeitalter?

Friedrich Schiller: Ich möchte nicht gerne in einem andern Jahrhundert leben, und für ein anderes gearbeitet haben. Man ist ebensogut Zeitbürger, als man Staatsbürger ist...

M&S: Sie können gut in Ihrem Zeitalter leben, weil es Ihnen um den erfüllten Augenblick geht?

Friedrich Schiller: (...) indem der Mensch das Gegenwärtige empfindet, ist die ganze unendliche Möglichkeit seiner Bestimmungen auf diese einzige Art des Daseins beschränkt. Wo also dieser Trieb ausschließend wirkt, da ist notwendig die höchste Begrenzung vorhanden; der Mensch ist diesem Zustande nichts als eine Größeneinheit, ein erfüllter Moment der Zeit – oder vielmehr *Er* ist nicht, denn seine Persönlichkeit ist so lange aufgehoben, als ihn die Empfindung beherrscht, und die Zeit mit sich fortreißt.

M&S: Dieses Aufgehen im Augenblick hat Immanuel Kant auch schon beschrieben und der ungarische Psychologe Csikszentmihaly hat es unter dem Begriff »Flow« am Ende des 20. Jahrhunderts bekannt gemacht.

Friedrich Schiller: Die Sprache hat für diesen Zustand der Selbstlosigkeit unter der Herrschaft der Empfindung den sehr treffenden Ausdruck: *außer sich sein,* das heißt, außer seinem Ich sein (...). Von diesem Zustande zur Besonnenheit zurückkehren, nennt man ebenso richtig: *in sich gehen,* das heißt, in sein Ich zurückkehren, seine Person wiederherstellen.

M&S: Liegt nicht eine Spannung zwischen dem Augenblick und dem Blick in die Zukunft, der die Faszination an der Gegenwart ablöst?

Friedrich Schiller: Und so verhält es sich in der Tat. Auf den Flügeln der Einbildungskraft verläßt der Mensch die engen Schranken der Gegenwart, in welche die bloße Tierheit sich einschließt, um vorwärts nach einer unbeschränkten Zukunft zu streben; aber indem vor seiner schwindelnden Imagination das Unendliche aufgeht, hat sein Herz noch nicht aufgehört im Einzelnen zu leben und dem Augenblicke zu dienen.

M&S: Wäre ein Verharren im genußvollen Augenblick Ihrer Meinung nach anzustreben?

Friedrich Schiller: Eine grenzenlose Dauer des Daseins und Wohlseins, bloß um des Daseins und Wohlseins willen, ist bloß ein Ideal der Begierde, mithin eine Forderung, die nur von einer ins Absolute strebenden Tierheit kann aufgeworfen werden.

M&S: Es ist also eher der Rhythmus, der Sie fasziniert, der Wechsel zwischen Aktion und Pause, das Phänomen der Zeit, das beim handlungsorientierten Lernen eine besondere Rolle spielt?

Ein Gespräch mit Friedrich Schiller

Friedrich Schiller: Bei aller Beharrung der Person wechselt der Zustand, bei allem Wechsel des Zustands beharret die Person. Wir gehen von der Ruhe zur Tätigkeit, vom Affekt zur Gleichgültigkeit, von der Übereinstimmung zum Widerspruch, aber wir sind doch immer, und was unmittelbar aus uns folgt, bleibt. In dem absoluten Subjekt allein beharren mit der Persönlichkeit auch alle ihre Bestimmungen, weil sie aus der Persönlichkeit fließen.

M &S: Es ist der sinnliche Trieb, so benennen Sie ihn jedenfalls, der Veränderung fordert.

Friedrich Schiller: ... mithin fodert dieser Trieb, daß Veränderung sei, daß die Zeit einen Inhalt habe. Dieser Zustand der bloß erfüllten Zeit heißt Empfindung, und er ist es allein, durch den sich das physische Dasein verkündigt.

M &S: Geht es Ihnen nicht auch darum, dem flüchtigen Augenblick Dauer zu verleihen? Wie kann dies dem erlebenden Menschen gelingen?

Friedrich Schiller: Um die flüchtige Erscheinung zu haschen, muß er sie in die Fesseln der Regel schlagen, ihren schönen Körper in Begriffe zerfleischen, und in einem dürftigen Wortgerippe ihren lebendigen Geist aufbewahren. Ist es ein Wunder, wenn sich das natürliche Gefühl in einem solchen Abbild nicht wiederfindet, und die Wahrheit in dem Berichte des Analysten als ein Paradoxon erscheint?

M &S: Die Lösung des Erkenntnisdilemmas ist also nicht die abstrakte Logik?

Friedrich Schiller: Der abstrakte Denker hat (...) gar oft ein kaltes Herz, weil er die Eindrücke zergliedert, die doch nur als ein Ganzes die Seele rühren; ...

M &S: Zeit und Raum sind nicht nur philosophische Themen, sondern auch wichtige Parameter in der Erlebnispädagogik.

Friedrich Schiller: Ehe wir im Raum einen Ort bestimmen, gibt es überhaupt keinen Raum für uns; aber ohne den absoluten Raum würden wir nimmermehr einen Ort bestimmen. Ebenso mit der Zeit. Ehe wir den Augenblick haben, gibt es überhaupt keine Zeit für uns; aber ohne die ewige Zeit würden wir nie eine Vorstellung des Augenblicks haben. Wir gelangen also durch den Teil zum Ganzen, nur durch die Grenze zum Unbegrenzten; aber wir gelangen auch nur durch das Ganze zum Teil, nur durch das Unbegrenzte zur Grenze.

M &S: Welche Wege bleiben für die Entwicklung der Persönlichkeit des Menschen?

Friedrich Schiller: Seine Persönlichkeit, für sich allein und unabhängig von allem sinnlichen Stoff betrachtet, ist bloß die Anlage zu einer unendlichen Äußerung; und solange er nicht anschaut und nicht empfindet, ist er noch weiter nichts als Form und leeres Vermögen. Seine Sinnlichkeit, für sich allein und abgesondert von aller Selbsttätigkeit des Geistes betrachtet, vermag weiter nichts, als daß sie ihn, der ohne sie bloß Form ist, zur Materie macht, aber keineswegs, daß sie die Materie mit ihm vereinigt. Solange er bloß empfindet, bloß begehrt und aus bloßer Begierde wirkt, ist er noch weiter nichts als Welt, wenn wir unter diesem Namen bloß den formlosen Inhalt der Zeit verstehen.

M&S: Bloße Sinnlichkeit gegen reine Logik – bietet nicht Ihr Verständnis von Ästhetik eine Chance der Vereinigung von Gegensätzen?

Friedrich Schiller: Die Schönheit allein beglückt alle Welt, und jedes Wesen vergißt seiner Schranken, solang es ihren Zauber erfährt. Durch die Schönheit wird der sinnliche Mensch zur Form und zum Denken geleitet; durch die Schönheit wird der geistige Mensch zur Materie zurückgeführt, und der Sinnenwelt wiedergegeben. Die Schönheit ist allerdings das Werk der freien Betrachtung, und wir treten mit ihr in die Welt der Ideen – was aber wohl zu bemerken ist, ohne darum die sinnliche Welt zu verlassen, wie dies bei Erkenntnis der Wahrheit geschieht.

M&S: Warum braucht der Mensch die Schönheit?

Friedrich Schiller: Was ist der Mensch, ehe die Schönheit die freie Lust ihm entlockt, und die ruhige Form das wilde Leben besänftigt?

M&S: Sein und Schein. Gibt es ästhetische Unterschiede zwischen Wirklichkeit und Werk, zwischen dem Aktmodell und der Aktzeichnung?

Friedrich Schiller: Eine lebende weibliche Schönheit wird uns freilich ebenso gut als eine ebenso schöne, bloß gemalte, gefallen; aber insoweit sie uns besser gefällt als die letztere, gefällt sie nicht mehr als selbständiger Schein, gefällt sie nicht mehr dem reinen ästhetischen Gefühl. Diesem darf auch das Lebendige nur als Erscheinung, auch das Wirkliche nur als Idee gefallen; aber freilich erfordert es noch einen ungleich höheren Grad der schönen Kultur, in dem Lebendigen selbst nur den reinen Schein zu empfinden, als das Leben an dem Schein zu entbehren.

M&S: Das scheint in der Tat schwierig zu sein, gerade bei Ihrem Beispiel der weiblichen Schönheit!

Friedrich Schiller: Die Realität der Dinge ist ihr (der Dinge) Werk; der Schein der Dinge ist des Menschen Werk, und ein Gemüt, das sich am Scheine weidet, ergötzt sich schon nicht mehr an dem, was es empfängt, sondern an dem, was es tut.

M&S: Rousseau würde sagen, daß Erziehungsziele erreicht werden können, indem man die Natur des Kindes sich selbst entfalten läßt. Teilen Sie diese Meinung?

Friedrich Schiller: Eine wohltätige Göttin reiße den Säugling beizeiten von seiner Mutter Brust, nähre ihn mit der Milch eines besseren Alters, und lasse ihn unter fernem griechischen Himmel zur Mündigkeit reifen.

Ein Gespräch mit Friedrich Schiller

M &S: Sie hoffen also nicht auf die formende Kraft der inneren und äußeren Natur als ein Grundprinzip der Pädagogik?

Friedrich Schiller: Die Natur fängt mit dem Menschen nicht besser an, als mit ihren übrigen Werken: sie handelt für ihn, wo er als freie Intelligenz noch nicht selbst handeln kann. Aber eben das macht ihn zum Menschen, daß er bei dem nicht stillesteht, was die bloße Natur aus ihm machte, sondern die Fähigkeit besitzt, die Schritte, welche jene mit ihm antizipierte, durch Vernunft wieder rückwärts zu tun, das Werk der Not in ein Werk seiner freien Wahl umzuschaffen, und die physische Notwendigkeit zu einer moralischen zu erheben.

M &S: Es gibt und gab Menschen, denen »ein Werk freier Wahl« nicht vergönnt war!

Friedrich Schiller: Der zahlreichere Teil der Menschen wird durch den Kampf mit der Not viel zu ermüdet und abgespannt, als daß er sich zu einem neuen und härteren Kampf mit dem Irrtum aufraffen sollte.

M &S: Zurück zur Natur! Kann der Mensch aus ihr überhaupt lernen? Ist sie, wie Rousseau sagt, die große Lehrmeisterin?

Friedrich Schiller: Die Natur mag unsre Organe noch so nachdrücklich und noch so vielfach berühren – alle ihre Mannigfaltigkeit ist verloren für uns, weil wir nichts in ihr suchen, als was wir in sie hineingelegt haben, weil wir ihr nicht erlauben, sich *gegen uns herein* zu bewegen, sondern vielmehr mit ungeduldig vorgreifender Vernunft *gegen sie hinaus* streben.

M &S: Ist also die Natur zu überwinden?

Friedrich Schiller: Aus einem Sklaven der Natur, solang er sie bloß empfindet, wird der Mensch ihr Gesetzgeber, sobald er sie denkt. Die ihn vordem nur als Macht beherrschte, steht jetzt als Objekt vor seinem richtenden Blick (...). Jedem Schrecknis der Natur ist der Mensch überlegen, sobald er ihm die Form zu geben und es in sein Objekt zu verwandeln weiß.

M &S: Verstehen wir Sie richtig, daß es Ihnen um die rechte Wahrnehmung geht, um die Balance des Menschen zwischen Unmittelbarkeit, Genuß und Besitzgier?

Friedrich Schiller: Umsonst läßt die Natur ihre reiche Mannigfaltigkeit an seinen Sinnen vorüberGehen; er sieht in ihrer herrlichen Fülle nichts, als sein Beute, in ihrer Macht und Größe nichts, als seinen Feind. Entweder er stürzt auf die Gegenstände, und will sie in sich reißen in der Begierde oder die Gegenstände dringen zerstörend auf ihn ein, und er stößt sie von sich, in der Verabscheuung. In beiden Fällen ist sein Verhältnis zur Sinnenwelt unmittelbare Berührung, und ewig von ihrem Andrang geängstigt, rastlos von dem gebieterischen Bedürfnis gequält, findet er nirgends Ruhe als in der Ermattung, und nirgends Grenzen als in der erschöpften Begier.

Ein Gespräch mit Friedrich Schiller

M&S: Braucht es eigentlich die Dichtkunst, wenn wir fähig sind, die Stimmungen der Natur zu erfühlen?

Friedrich Schiller: Ehe noch die Wahrheit ihr siegendes Licht in die Tiefen der Herzen sendet, fängt die Dichtungskraft ihre Strahlen auf, und die Gipfel der Menschheit werden glänzen, wenn noch feuchte Nacht in den Tälern liegt.

M&S: Der Mensch scheint nicht in der Lage zu sein, genießen ohne besitzen zu können.

Friedrich Schiller: Diesen Vorwurf werden wir so lang verdienen, als wir das Schöne der lebendigen Natur nicht genießen können, ohne es zu begehren, das Schöne der nachahmenden Kunst nicht bewundern können, ohne nach einem Zweck zu fragen – als wir der Einbildungskraft noch keine eigene absolute Gesetzgebung zugestehen, und durch die Achtung, die wir ihren Werken erzeigen, sie auf ihre Würde hinweisen.

M&S: Gibt es für Sie ein erstrebenswertes Charakterbild, sozusagen als Endpunkt von Erziehung und Bildung?

Friedrich Schiller: Strenge gegen sich selbst mit Weichheit gegen andre verbunden, macht den wahrhaft vortrefflichen Charakter aus. Aber meistens wird der gegen andere weiche Mensch es auch gegen sich selbst, und der gegen sich selbst strenge es auch gegen andere sein; weich gegen sich und streng gegen andere ist der verächtlichste Charakter.

M&S: Welchen Stellenwert sehen Sie im Abenteuer, im Außergewöhnlichen, im Kick und Thrill? Jugendliche brauchen manchmal den starken Anreiz, um überhaupt eine Nähe zum Pädagogen entwickeln zu können.

Friedrich Schiller: Daher sehen wir den rohen Geschmack das Neue und Überraschende, das Bunte, Abenteuerliche und Bizarre, das Heftige und das Wilde zuerst ergreifen, und vor nichts so sehr als vor der Einfalt und Ruhe fliehen. Er bildet groteske Gestalten, liebt rasche Übergänge, üppige Formen, grelle Kontraste, schreiende Lichter, einen pathetischen Gesang.

M&S: Wechseln wir das Thema! Die Probleme der Jugend im ausgehenden 20. Jahrhundert können Sie nicht beantworten! Mit der handlungsorientierten Pädagogik wurde die Bedeutung der Reflexion wiederentdeckt, das Innehalten und das Nachdenken über das Erlebte.

Friedrich Schiller: Die Betrachtung (Reflexion) ist das erste liberale Verhältnis des Menschen zu dem Weltall, das ihn umgibt. Wenn die Begierde ihren Gegenstand unmittelbar ergreift, so rückt die Betrachtung den ihrigen in die Ferne, und macht ihn eben dadurch zu ihrem wahren und unverlierbaren Eigentum, daß sie ihn vor der Leidenschaft flüchtet.

M &S: Man muß also unterscheiden zwischen dem handelnden und reflektierenden Menschen?

Friedrich Schiller: So denkt der reflektierende Mensch sich die Tugend, die Wahrheit, die Glückseligkeit; aber der handelnde Mensch wird bloß *Tugenden* üben, bloß *Wahrheiten* fassen, bloß *glückselige Tage* genießen.

M &S: Der spielende Mensch handelt auch ohne zu reflektieren!

Friedrich Schiller: Denn, um es endlich auf einmal herauszusagen, der Mensch spielt nur, wo er in voller Bedeutung des Worts Mensch ist, und *er ist nur da ganz Mensch, wo er spielt.*

M &S: Das Nachdenken über die Eindrücke, das Gespräch über das Erlebte birgt ja durchaus banale Gefahren.

Friedrich Schiller: Wir verlassen eine schöne Musik mit reger Empfindung, ein schönes Gedicht mit belebter Einbildungskraft, ein schönes Bildwerk und Gebäude mit aufgewecktem Verstand; wer uns aber unmittelbar nach einem hohen musikalischen Genuß zu abgezogenem Denken einladen, unmittelbar nach einem hohen poetischen Genuß in einem abgemessenen Geschäft des gemeinen Lebens gebrauchen, unmittelbar nach Betrachtung schöner Malereien und Bildhauerwerke unsre Einbildungskraft erhitzen, und unser Gefühl überraschen wollte, der würde seine Zeit nicht gut wählen.

M &S: Eine Frage zum Schluß: Gründen Ihre Einsichten auf Welterfahrungen oder auf Selbsterkenntnisse?

Friedrich Schiller: Meine Ideen, mehr aus dem einförmigen Umgange mit mir selbst als aus einer reichen Welterfahrung geschöpft oder durch Lektüre erworben, werden sich eher jedes anderen Fehlers als der Sektiererei schuldig machen, und eher aus eigener Schwäche fallen, als durch Autorität und fremde Stärke sich aufrechterhalten.

Alle Zitate aus:

Friedrich Schiller: Über die ästhetische Erziehung des Menschen. In: Sämtliche Werke. Band V. Philosophische Schriften. Vermischte Schriften. München o. J.

Ich sage dir meine Weisheiten ja auch nur, um sie los zu werden

Interview mit Kurt Schwitters

Kurt Schwitters
* 20.6.1887 Hannover
† 8.1.1948 Kendal / England
Erzähler, Lyriker, Dramatiker, Pamphletist, Aktionskünstler, bildender Künstler

Interview mit Kurt Schwitters

Diejenigen, welchen Kurt (Hermann Eduard Karl Julius) Schwitters ein Begriff ist, kennen ihn bestimmt als bildenden Künstler. Allenfalls als Autor des dadaistischen Gedichts »An Anna Blume«. Doch Kurt Schwitters strebte das dadaistische Gesamtkunstwerk an und war ein produktiver Schriftsteller. Sein skurriler Humor steht Karl Valentin nahe, mit dem er auch schon einmal einen Film plante (nicht realisiert).

Kurt Schwitters lebte die meiste Zeit seines Lebens im Haus seiner Eltern, Besitzern einer Hannoveraner Modehandlung. 1908, nach dem Abitur, begann er das Studium an der Kunstgewerbeschule in Hannover, wechselte aber schon 1909 an die Akademie der Bildenden Künste in Dresden, wo er bis 1915 studierte. Im gleichen Jahr heiratete Schwitters Helma Fischer, eine konservative Frau, die das ruhende und ordnende Zentrum von Schwitters´ chaotischem Leben als künstlerischer Jäger und Sammler bilden sollte. 1918 stellt Schwitters erstmals in Herwarth Waldens Sturm-Galerie, einem der damaligen Avantgarde-Zentren, aus. Nach dem ersten Weltkrieg wurde Schwitters mit seinen künstlerischen und schriftstellerischen Mitteln eigenständiger. Bis dahin hatte er sich vor allem am Expressionismus orientiert.

Schwitters versuchte, im Einklang mit den Bestrebungen der damaligen Avantgarden, Kunst und Leben zu verschmelzen. Diese Verschmelzung, die Einbeziehung aller Dinge und Seinsbereiche in die Kunst, nannte er MERZ. »Ich nannte nun alle meine Bilder (...) nach dem charakteristischen Bilde MERZbilder. Später erweiterte ich die Bezeichnung MERZ erst auf meine Dichtung, (...), und endlich auf all meine entsprechende Tätigkeit. Jetzt nenne ich mich selbst MERZ.« Den sichtbarsten Ausdruck schuf er mit seinem eigenen Haus: Sukzessive wurde ein Raum, der allmählich das Haus zu überwuchern begann, als MERZplastik mit gefundenen und immer wieder übermalten, überklebten Materialien umgebaut. Die Beschäftigung mit dem MERZbau – dessen Name »Kathedrale des erotischen Elends« für sich spricht – war obsessiv und blieb Lebensthema. Nachdem Schwitters in Ausstellungen und als Vortragskünstler in den 20er Jahren große Erfolge feiern konnte, mit führenden internationalen Avantgardisten wie Hans Arp, Sophie Täuber-Arp, Raoul Hausmann, Moholy-Nagy und Theo van Doesburg zusammenarbeitete und sich heftige Gefechte mit den konservativen Kritikern lieferte, wurde die Situation in der Nazizeit für ihn immer schwieriger. Als entartet verfemt, entzog er sich gemeinsam mit seinem Sohn Ernst schon in den frühen dreißiger Jahren immer wieder nach Norwegen, wohin beide 1937 endgültig emigrierten, bis 1940 die deutschen Truppen Norwegen überfielen und beide erneut fliehen mußten. Trotz aller Bemühungen der Freunde (Gropius, Dorner), gelang die geplante Immigration in die USA nicht. Bezeichnenderweise blieb Helma Schwitters in Hannover zurück, um auf den MERZbau aufzupassen. Kurt, Ernst und Helma sollten sich nie wieder sehen. Der MERZbau wurde zerbombt.

Die letzte Exilzeit verbrachte Schwitters, nachdem er als vermeintlicher deutscher Spion interniert worden war, unter schwierigen Verhältnissen mit seiner

Interview mit Kurt Schwitters

Lebensgefährtin Edith »Wantee« Thomas in Ambleside, England. Schon von Krankheit gezeichnet schlug er sich, ohne jede Möglichkeit zum Austausch mit Gleichgesinnten, mit Auftragsarbeiten (Landschaften und Portraits) durch und begann einen dritten und letzten MERZbau in einer Scheune (»MERZbarn«).

M &S: Kurt Schwitters: Was müssen das für Bäume sein, / wo die großen Elefanten spazieren gehen, / ohne sich zu stoßen?

M &S: Äh, ja, lieber Herr Schwitters, wir freuen uns außerordentlich, daß Sie heute zu uns gekommen sind. Die Erlebnispädagogik, um die es in unserem Gespräch ja unter anderem gehen soll, besinnt sich mehr und mehr der Ästhetik und versucht, ihren Teilnehmern einen künstlerischen Zugang zur Natur zu eröffnen.

Kurt Schwitters: Das Kunstwerk unterscheidet sich von der Natur durch Komposition in einem begrenzten Raum, denn nur in einem begrenzten Raume kann man in einer Komposition alle Teile gegeneinander werten.

M &S: Sicher kann man die Natur auch ausschnitthaft gestalten. Aber lassen Sie uns zunächst etwas zu ihrer Person wissen, denn manchen unserer Leser sind Sie vielleicht nicht so vertraut, wie man sich das wünschen würde.

Kurt Schwitters: Ich wurde als ganz kleines Kind geboren. Meine Mutter schenkte mich meinem Vater, damit er sich freute. Als mein Vater erfuhr, daß ich ein Mann war, konnte er sich nicht mehr halten, und sprang vor Freude im Zimmer herum, denn er hatte sich sein ganzes Leben immer nur Männer gewünscht. Die größte Freude für meinen Vater aber war es, daß ich kein Zwilling war.

Dann wuchs ich heran zur Freude anderer, und es ist schon immer in meinem ganzen Leben mein Bestreben gewesen, anderen immer nur Freude zu bereiten. Wenn sie sich dann manchmal aufregen, dafür kann man ja nichts. Meine Lehrer freute sich immer, wenn er mich ohrfeigen konnte, und die ganze Schule war froh, als ich mit ihr fertig war.

M &S: Könnten Sie noch etwas ins biografische Detail gehen, damit unsere Leser ein Bild von Ihnen bekommen. Sie sind ja als Hannoveraner ausgesprochener Stadtmensch...

Kurt Schwitters: Die Hannoveraner sind die Bewohner einer Stadt, einer Großstadt. Hundekrankheiten bekommt der Hannoveraner nie. Hannovers Rathaus gehört den Hannoveranern, und das ist doch wohl eine berechtigte Forderung. Der Unterschied zwischen Hannover und Anna Blume ist der, daß man Anna von hinten und von vorn lesen kann, Hannover dagegen am besten nur von vorne.

Interview mit Kurt Schwitters

Liest man aber Hannover von hinten, so ergibt sich die Zusammenstellung dreier Worte: »re von nah«. Das Wort re kann man verschieden übersetzen: »rückwärts« oder »zurück«. Ich schlage die Übersetzung »rückwärts« vor. Dann ergibt sich also als Übersetzung des Wortes Hannover von hinten: »Rückwärts von nah«. Und das stimmt insofern, als dann die Übersetzung des Wortes Hannover von vorn lauten würde: »Vorwärts nach weit«. Das heißt also: Hannover strebt vorwärts, und zwar ins Unermeßliche. Anna Blume hingegen ist von hinten wie von vorne: A-N-N-A.

M&S: Vielleicht bleiben wir zunächst einmal bei Ihrem durchaus ungewöhnlichen Kunstkonzept, dem MERZkunstwerk. Was ist das?

Kurt Schwitters: Das Material ist so unwesentlich, wie ich selbst. Wesentlich ist das Formen. Weil das Material unwesentlich ist, nehme ich jedes beliebige Material, wenn es das Bild verlangt. Indem ich verschiedenartige Materialien gegeneinander abstimme, habe ich gegenüber der nur-Ölmalerei ein Plus, da ich außer Farbe gegen Farbe, Form gegen Form usw. noch Material gegen Material, etwa Holz gegen Sackleinen werte. Ich nenne die Weltanschauung, aus der diese Kunstgestaltung wurde, »MERZ«.

M&S: Das ist ja hochinteressant, gerade auch für die Erlebnispädagogik. In der Begegnung mit der Natur entsteht vergängliche Landart, und auch sie wertet verschiedene Naturmaterialien gegeneinander. Denken Sie, daß das keine kunstwürdigen Ausgangsmaterialien sind?

Kurt Schwitters: Im Gegenteil. Genau der ungewöhnliche Gebrauch von bisher unbrauchbaren Materialien in den MERZbildern zeigt, daß vom Standpunkt der Kunst das gebrauchte Material ganz unwesentlich ist. Deshalb können wir dem Künstler nicht vorschreiben oder untersagen, was für Materialien oder Inhalte er zu gebrauchen hat oder nicht.

M&S: Dann können wir in der Erlebnispädagogik ja ganz im Sinne des MERZkunstwerks verfahren, das freut uns. Aber ihre Absichten gehen ja weit über unsere eingeschränkten, pädagogischen Aspekte hinaus.

Kurt Schwitters: Die Beschäftigung mit verschiedenen Kunstarten war mir ein künstlerisches Bedürfnis. Der Grund dafür war nicht etwa Trieb nach Erweiterung des Gebietes meiner Tätigkeit, sondern das Streben, nicht Spezialist einer Kunstart, sondern Künstler zu sein. Mein Ziel ist das MERZgesamtkunstwerk, das alle Kunstarten zusammenfaßt zur künstlerischen Einheit.

M&S: Aber welches sind die Prinzipien, nach denen Sie gestalten?

Kurt Schwitters: Angenommen, Sie hätten 27 Sinne (ich wünsche sie Ihnen ja gern) oder auch nur ein paar mehr als 5 (wie Sie es sich selber zu wünschen scheinen), dann hätten Sie vielleicht auch einen Sinn für Kunst dabei. Dann würden Sie vielleicht auch wissen, daß es in der Kunst eine Form gibt, (auf die Formung

231

kommt es an) und, daß die künstlerische Logik verschieden ist von der verstandesmäßigen Logik.

M &S: Wir wollen uns jetzt nicht bei meinem Kunstsinn aufhalten...Lassen Sie uns doch auf die erzieherischen Aspekte der Kunst zu sprechen kommen.

Kurt Schwitters: Ich muß übrigens erwähnen, daß ich mit Recht zornig bin. – Schwein – was fällt Ihnen überhaupt ein? Ihre Frau ist ein lackierter Affe, weiter gar nichts; dabei brüllen die Kühe wie die Ochsen. Und Sie saufen wie ein Tier unter vier Augen.

M &S: Äh, aber Herr Schwitters! Ich dachte, Sie schimpfen nur in ihren Schriften...

Kurt Schwitters: Wollen Sie nicht in unseren Klub zur Verbesserung der Kultur eintreten? (...) Sie sind ein edler Mensch.

M &S: Na, dann nehme ich diesen plötzlichen Sinneswandel mal so hin. Könnten wir jetzt vielleicht etwas zur Frage nach der Erziehung durch die Kunst erfahren?

Kurt Schwitters: Die Raddadistenmaschine ist für dich bestimmt. Sie ist durch eigenartige Zusammenstellung von Rädern, Achsen und Walzen mit Kadavern, Salpetersäure und MERZ so konstruiert, daß du mit vollem Verstand hineingehst und vollständig ohne Verstand herauskommst. Das hat große Vorteile für dich. Lege dein Bargeld in einer Raddadistenkur an, du wirst es nie bereuen, du kannst überhaupt nicht mehr bereuen nach der Kur. Ob du reich oder arm bist, ist gleichgültig, die Raddadistenmaschine befreit dich sogar von dem Geld an sich. Als Kapitalist gehst du in den Trichter, passierst mehrere Walzen und tauchst in Säure. Dann kommst du mit einigen Leichen in nähere Berührung. Essig tröpfelt Kubismus dada. Dann bekommst du den großen Raddada zu sehen. (Nicht den Präsidenten des Erdballs, wie viele annehmen.) Raddada strahlt von Witz und ist bespießt mit einigen 100000 Nadelspitzen. Nachdem du dann hin und hergeschleudert bist, liest man dir meine neuesten Gedichte vor, bis du ohnmächtig zusammenbrichst. Dann wirst du gewalkt und raddadiert, und plötzlich stehst du als neu frisierter Antispießer wieder draußen. Vor der Kur graut dir vor dem Nadelöhr, nach der Kur kann dir nicht mehr grauen. Du bist Raddadist und betest zu der Maschine voll Begeisterung. – Amen.

M &S: Über den Antispießer als Erziehungsziel könnten wir uns sicher verständigen, aber der Weg ist doch etwas undurchsichtig. Können Sie den Erziehern etwas Lebensnaheres auf den Weg geben?

Kurt Schwitters: Kinder mußt du haben, denn du brauchst jemand, um ihm später einmal deine Weisheiten und deinen Segen zu geben. Aber denk nicht, daß seine Weisheiten oder dein Segen oder dein Geld, das du später deinem Sohne gibst, ihm etwas nützte, es nützt nur dir. Ich sage dir meine Weisheiten ja auch nur, um sie los zu werden. Ich will dir nicht nützen. Deshalb kann dir dein Sohn auch nicht dankbar sein. Er wird das, was du nicht mehr brauchst, mit sich tragen, und das ist schwer. Da kann er dir nicht dankbar sein.

M &S: Gibt es denn nach Ihrer Auffassung keine positive Erziehungswirkung?

Kurt Schwitters: Man wünscht ja allen Menschen was Gutes, aber das Schlechte kommt von selbst.

M &S: Die Erlebnispädagogik setzt in ihrer Erziehung bei den Stärken ihrer Teilnehmer an.

Kurt Schwitters: Statt einen Menschen wegen seiner Schwächen zu verurteilen, kann der objektive Optimist ihn gerade wegen dieser entzückenden kleinen und großen Fehler an die Stelle drücken, wo der normale Mensch seinen Verstand im Herzen hat.

M &S: Wenn wir Pädagogik betreiben, gehen wir oft von Zeitdiagnosen aus. Woran krankt unsere Zeit nach Ihrer Meinung?

Kurt Schwitters: Wenn ich mich im Leben umsehe, scheint es mir, als ob ich träumte. So kann doch das Leben nicht sein. Da streiten sich die Menschen, da bekämpfen sich die Völker, da regiert der Haß statt Liebe, die Eifersucht statt Vertrauen, die Angst, weil sich die Menschen selbst nicht trauen.

Der Mensch hat verlernt, was Pflichtgefühl ist. Man weiß, daß die Hingabe des ganzen Menschen an seine Pflicht, nicht nur ein vages Gefühl bedeutet. Aber der Mensch kennt seine Pflicht nicht mehr. Man weiß, daß man nicht nur Rechte, sondern auch Pflichten hat, Pflichten durch seine Rechte. Das Recht der Anderen legt uns Pflichten auf, wie unser Recht die anderen verpflichtet

M &S: Der Aufenthalt in der Natur, die im weitesten Sinn künstlerische Beschäftigung mit Naturmaterialien, da bekommt man eine veränderte Zeitwahrnehmung...

Kurt Schwitters: Wir leben 25 Minuten zu spät, und zwar von rechts gesehen. Von links gesehen, leben wir 20 Minuten zu kurz. Zu spät und zu kurz sind unser rechtes und linkes Schicksal. Sieht man uns aber von oben, so sind wir platt wie eine Fibel, sieht man uns von unten, so sind wir hoch wie ein Zylinder.

M &S: Das gehört wohl eher in den Bereich ihrer Nonsens-Dichtungen, oder?

Kurt Schwitters: Bei meinen Dichtungen hat das Publikum viel zu entschuldigen, und es tut es gerne. Dann darf deine Seele du sagen zu meiner Tante ihrer Großmutter. Dann wandern, was Seele in Seele verschoben fürbaß, vorbei an den Abgründen der Philosophie, aber gesalzen mit Vitamin und Persil, wenn die Innerste aufwärts mit dem Höllenzaun des Pathos ums Brandenburgertor herum sowohl manchmal so auch manches passiert und immer wieder logisch und immer wieder unlogisch und manchmal schizophren. Das ist uns nichts Neues mehr.

Interview mit Kurt Schwitters

M&S: Mag sein, aber das Publikum hat sich immer noch nicht an den künstlerischen Umgang mit Unsinn gewöhnt.

Kurt Schwitters: Elemente der Dichtkunst sind Buchstaben, Silben, Worte, Sätze. Durch Werten der Elemente gegeneinander entsteht die Poesie. Der Sinn ist nur wesentlich, wenn er auch als Faktor gewertet wird. Ich werte Sinn gegen Unsinn. Den Unsinn bevorzuge ich, aber das ist eine rein persönliche Angelegenheit. Mir tut der Unsinn leid, daß er bislang so selten künstlerisch geformt wurde, deshalb liebe ich den Unsinn.

M&S: Herr Schwitters, wie ist eigentlich Ihr Verhältnis zur Natur, lieben Sie Naturschönheit?

Kurt Schwitters: Auf dem Gipfel des Berges Simeon zwischen Berlin und Potsdam springt ein Wasserfall. Es ist ein großer und schöner Wasserfall, wie er sonst nur in den Alpen vorkommt. Seine Wasser spritzen zu Berg eine begeisterte Melodie. Tag und Nacht, Sommer und Winter, Jahrhundert und Jahrtausend, Stunde und Stunde singt er dasselbe begeisterte Lied. Die Lüfte über dem Berg Simeon sind ausgewaschen von dem Sturz des Wassers. Es regnet Schnee und die Sonne scheint. Am Hange der Lüfte friert das Wasser zu Stein. Auf dem Gipfel taut der Gletscher, grün ist sein Blut. Die Lüfte sind sehr hoch, sie können nicht schmelzen, und täglich schmelzen sie und ihr Wasser speist den Wasserfall.

M&S: Mir scheint, aus Ihnen spricht doch eher der Stadtmensch. Outward Bound, einer der wichtigsten Anbieter von Erlebnispädagogik, macht ja unter dem Titel »City Bound« auch Programme in der Stadt, in Berlin zum Beispiel...

Kurt Schwitters: Durch richtiges Verteilen der Akzente könnte die Großstadt in ein gewaltiges MERZkunstwerk verwandelt werden. Schon durch Anstreichen ganz Berlins nach dem Plane eines MERZarchitekten, der in großzügiger Weise einige Stadtviertel wegstreichen und einige wichtige Zentren, die selbstverständlich mit den Verkehrszentren nicht zusammenfallen, durch Licht und Farbe hervorheben würde, wäre der Wille zu dokumentieren, selbst aus der Großstadt ein MERZkunstwerk zu machen.

Vielleicht werden wir das VerMERZen von ganz Berlin nicht mehr erleben, aber das VerMERZen von Teilen wäre doch stellenweise künstlerisches Erfordernis.

M&S: Wir werden Ihre Anregung gern nach Berlin weitergeben. Aber als Sie während des Naziregimes in Norwegen und England im Exil waren, haben Sie ein intensiveres Verhältnis zur Natur entwickelt, ist das richtig?

Kurt Schwitters: If you are standing on a high mountain you feel free and happy. You see around you the big and small mountains, you feel the music they play together, nothing irritates you, nothing seems to trouble your sight. You feel happy.

Interview mit Kurt Schwitters

M & S: Das ist eine Erfahrung, die auch Stadtkinder in unseren Kursen immer wieder machen. Aber sie sind in der Natur auch mit unangenehmen Empfindungen, ja manchmal mit SchMERZen konfrontiert. Wie stehen Sie dazu?

Kurt Schwitters: Und soll es sein und muß es sein,
Eins zwei drei, ja muß es sein,
Und hilft kein Weinen und Flennen,
Greif in die Nesseln fest hinein,
So werden sie dich brennen,
Eins zwei drei, ja brennen.

M & S: Herr Schwitters, die Erlebnispädagogik arbeitet gern mit erzählerischen Metaphern, um eine pädagogische Absicht einzukleiden. Oft sind wir bei unseren Teilnehmern mit tiefsitzender Unzufriedenheit konfrontiert...

Kurt Schwitters: Der Hahn sitzt zwischen 3 Eiern. Er ist allein und fühlt sich einsam. Er pickt und pickt und pickt auch an ein Ei. Da kommt ein entzückendes kleines Hühnchen heraus; er ist ganz verliebt. Das Hühnchen besieht sich die Welt, und der Hahn ist wieder einsam. Da pickt er das zweite Ei an. Es kommt wieder ein entzückendes kleines Hühnchen heraus. Wie das 1. Hühnchen das 2. sieht, kommt es plötzlich zu dem Hahn, und beide umschwärmen den Hahn mit ihrer Liebe. Jetzt möchte der Hahn noch mehr Liebe haben, weil er unzufrieden ist, und pickt auch das dritte Ei an, weil er hofft, es würde noch ein Hühnchen herauskommen. Aber es kommt stattdessen ein kleiner Hahn heraus, der viel schöner ist als der alte, und die zwei Hühnchen folgen ihm, der alte Hahn bleibt verlassen.

M & S: Das ist eine hübsche Geschichte, ich werde sie bei Gelegenheit erzählen. Vielen Dank.

Kurt Schwitters: Das ist das allermerkwürdigste dabei, aber darauf kommt es doch letztenends immer wieder an.

M & S: Tja...Können Sie unseren Lesern noch eine Maxime mit auf den Weg geben?

Kurt Schwitters: Oh Du, Geliebte meiner 27 Sinne, ich liebe DIR. Man sollte den Humor viel mehr ins Leben einreihen.

M & S: Lieber Herr Schwitters, ein gutes Motto, auch für unsere heutiges Gespräch. Vielen Dank!

Alle Zitate aus:

Kurt Schwitters: Das literarische Werk. 5 Bände, Köln 1981
Ders.: Wir spielen, bis uns der Tod abholt. Frankfurt / Berlin 1986

Wir können von der Natur nie genug bekommen.

Mit Henry David Thoreau am Ufer des Waldensees

Henry David Thoreau
* 12. 7.1817 Concord
† 6. 5. 1862 Concord
Schriftsteller, Philosoph, Psychologe und Pädagoge

Mit Henry David Thoreau am Ufer des Waldensees

Henry David Thoreau war ein genialer Einzelgänger, der eineinhalb Jahre in einer selbstgebauten Hütte am Waldensee verbrachte. Seine Heimatstadt Concord/Mass. verließ er kaum. Der Sohn eines verarmten Bleistiftfabrikanten studierte von 1835–37 am »Harvard College«. Dort beginnt er mit dem Tagebuchschreiben, das er bis zu seinem Lebensende betreibt. Ab 1837 ist er als Lehrer tätig, von 1841–43 lebt er im Hause des Tranzendentalisten Ralph Waldo Emerson. Am 4. Juli 1845 bezieht er seine selbstgebaute Hütte am Waldensee, die er erst wieder gegen Ende 1847 verläßt. Danach verdient er seinen Lebensunterhalt als Landvermesser, hält Vorträge an der Volkshochschule und lernt in New York Walt Whitman und den militanten Gegner der Sklaverei, John Brown, kennen.

Das Tagebuch »Walden oder das Leben in den Wäldern«(1854) wurde sein Meisterwerk. Thoreau hatte vier Jahre keine Steuern bezahlt und wurde deswegen von seinem Freund und Polizisten Sam Staples verhaftet. Da Thoreau sich nachhaltig weigerte, Steuern zu zahlen, blieb er für eine Nacht im Gefängnis – da seine Tante dann für ihn die Auslösesumme bezahlte. In dieser Nacht konzipierte seinen berühmten Essay »Über den Ungehorsam gegen den Staat«, der zum ständigen Reisebegleiter von Mahatma Ghandi wurde (1846).

Er suchte die Lebensgesetze in den kleinsten Naturerscheinungen. Erforsche die Natur, dann wirst du dich selbst erkennen, so könnte sein Motto gelautet haben. Auf Reisen legt er keinen Wert, denn das Wunder des Kosmos ist im Kleinsten verborgen. Seine ungewöhnlichen Ideen haben viele Nachahmer gefunden (»Walden-Clubs«). Mahatma Ghandi, Martin Luther King, Hermann Hesse und Joan Baez beriefen sich auf ihn; in Deutschland wurde er von der 68er-Generation wiederentdeckt. Seine poetischen Naturbeschreibungen, seine feinsinnigen Beobachtungen und Experimente machen »Walden« auch heute noch zu einem außergewöhnlichen Buch.

M &S: Ach, wie freuen wir uns, mit Ihnen hier am Ufer des Waldensees zu sitzen, mitten in dieser herrlichen Blumenwiese!

Henry David Thoreau: Ich wäre froh, wenn alle Wiesen auf der Welt in ihrem natürlichen Zustande belassen würden, vorausgesetzt, das wäre der Anfang zur Erlösung der Menschheit.

M &S: Wieso eigentlich haben Sie sich damals für zwei Jahre in die Einsamkeit des Waldes zurückgezogen?

Henry David Thoreau: Ich zog in den Wald, weil ich den Wunsch hatte, mit Überlegung zu leben, dem eigentlichen wirklichen Leben näherzutreten, zu sehen, ob ich nicht lernen konnte, was es zu lehren hatte, damit ich nicht, wenn es zum Sterben ginge, einsehen müßte, daß ich nicht gelebt hatte. Ich wollte nicht das leben, was nicht Leben war; das Leben ist so kostbar. Auch wollte ich keine Entsagung üben, außer es wurde unumgänglich notwendig. Ich wollte tief leben, alles Mark des Lebens aussaugen, so hart und spartanisch leben, daß alles, was nicht Leben war, in die Flucht geschlagen wurde.

M&S: Was haben Sie dort gemacht?

Henry David Thoreau: Viele Jahre war ich selbstangestellter Inspektor von Schneestürmen, Regengüssen und Gewittern, und ich erfüllte getreulich meine Pflicht; Aufseher, wenn nicht von Landstraßen, so doch von Waldpfaden, die ich das ganze Jahr hindurch gangbar erhielt, kleinen Schluchten, die ich überall dort überbrückte, wo Fußstapfen des Publikums den Nutzen davon nachwiesen.

M&S: Wie begann Ihr Waldenexperiment in der Praxis?

Henry David Thoreau: Gegen Ende März 1845 borgte ich mir eine Axt, ging hinunter in den Wald zum Waldenteich, in dessen unmittelbarer Nähe ich mir ein Haus zu bauen beabsichtigte.

M&S: Wie ging es weiter?

Henry David Thoreau: Mitte April – ich beeilte mich nicht mit meiner Arbeit, sondern genoß sie mit Verstand – war das Rahmengestell meines Hauses fertig und zum Aufrichten bereit.

M&S: Berühmt geworden ist vor allem das Datum ihres Einzuges in die Blockhütte am Waldensee!

Henry David Thoreau: Als ich anfing, meinen Wohnsitz im Walde aufzuschlagen, das heißt nicht nur den Tag, sondern auch die Nacht dort zu verbringen, was zufällig auf den Unabhängigkeitstag, der 4. Juli des Jahres 1845 traf, war mein Haus noch nicht für den Winter fertig, (...)

M&S: ...zufällig – Sie Schelm! Jetzt, nach mehr als 150 Jahren können Sie doch zugeben, daß Sie nichts dem Zufall überlassen haben. Sie wollten beweisen, daß man in wenigen Tagen und mit wenig Geld unabhängig werden kann. Es war auch ein Affront gegen die Gesellschaft, so, wie Sie sich später geweigert haben, Steuern zu zahlen!

Henry David Thoreau: Sicher, ich hätte mich mit mehr oder weniger Erfolg gewaltsam widersetzen können, ich hätte gegen die Gesellschaft Amok laufen können. Ich zog aber vor, die Gesellschaft gegen mich Amok laufen zu lassen, da sie die verzweifelte Partei ist.

M&S: Nach zwei Jahren sind Sie aber in diese Gesellschaft zurückgekehrt!

Henry David Thoreau: Ich verließ den Wald aus einem ebenso guten Grunde, als ich ihn aufgesucht hatte. Vielleicht meinte ich, daß ich noch verschiedene Leben zu leben habe und für dieses keine Zeit mehr aufwenden könne. Es ist merkwürdig, wie leicht und unmerklich wir in eine besondere Route geraten und uns daraus eine Routine machen.

M &S: Sind Sie aus der Stadt geflohen, um sich auf die Suche nach dem einfachen Leben zu machen?

Henry David Thoreau: Aus der Verzweiflung der Stadt zieht man in die Verzweiflung des Landes hinaus und tröstet sich an der Tapferkeit von Sumpfotter und Bisamratte.

M &S: Sie wollten sich dem Luxus Ihrer Zeit widersetzen!

Henry David Thoreau: Das meiste von dem, was man unter den Namen Luxus zusammenfaßt und viele der sogenannten Bequemlichkeiten des Lebens sind nicht nur zu entbehren, sondern geradezu Hindernisse für den Aufstieg des Menschengeschlechts.

M &S: Eigentum bedeutete Ihnen nichts!

Henry David Thoreau: Es lohnt sich nicht Eigentum zu erwerben, es würde sehr bald wieder verloren sein. Man muß irgendwie taglöhnen oder pachten, muß eine möglichst kleine Ernte ziehen und sie bald aufessen.

M &S: Auch die Mode hat Sie angeekelt!

Henry David Thoreau: Der Oberaffe in Paris in Paris setzt eine Reisemütze auf, und alle Affen in Amerika tun das gleiche.

M &S: Den biblischen Satz »Im Schweiße deines Angesichts...« wollten Sie nicht akzeptieren.

Henry David Thoreau: Was plagen sich die Menschen so? Wer nicht ißt, braucht nicht zu arbeiten. Wieviel sie wohl geerntet haben? Wer möchte dort wohnen, wo kein Denken möglich ist, weil Hunde beständig bellen. Und dieses Haushalten, dieses Glänzendputzen von des Teufels Türklinken, dies Blankscheuern der Töpfe an solch einem sonnigen Tag! Besser kein Haus halten, lieber einen hohlen Baum *(Thoreau berichtet über einen Zeitgenossen, der in einem hohlen Baum wohnte, M&S);* und statt Morgenbesuchen und Mittagessen nur den Specht, der anklopft.

M &S: Es ist wahrlich nicht so einfach, wie Sie sich das vorstellen. Das weiß nur, wer auf sein Jagd- und Sammlerglück angewiesen ist, um satt zu werden.

Henry David Thoreau: Zu welch interessantem Ereignis wird das Abendessen für den Menschen, der gerade im Schnee herumstieg, um das Brennmaterial, mit dem es gekocht werden sollte, zu erjagen, oder vielmehr: zu stehlen.

M &S: Sie glauben nicht an die fortschreitende Zivilisierung des Menschen?

Mit Henry David Thoreau am Ufer des Waldensees

Henry David Thoreau: Während die Zivilisation unsere Häuser verbessert hat, hat sie nicht in gleicher Weise auch die Menschen verbessert, die darin wohnen sollen.

M &S: Nun gut, der Mensch hat aber doch auch großen Nutzen aus den Erkenntnissen der Naturwissenschaft gezogen.

Henry David Thoreau: Die Inhumanität der Naturwissenschaft beunruhigt mich – so etwa wenn ich in Versuchung gerate, eine seltene Schlange zu töten, nur um ihre Species zu bestimmen. Ich bin der Auffassung, daß dies nicht der Weg ist, wahres Wissen zu erlangen.

M &S: Und doch haben Sie mit naturwissenschaftlichen Methoden Ihre Umgebung und vor allem den Waldensee, der hier vor uns liegt, erforscht!

Henry David Thoreau: Es ist merkwürdig, wie lange die Menschen an die bodenlose Tiefe eines Sees zu glauben pflegen, ohne sich die Mühe zu machen, ihn zu messen (...). Ich nahm die Tiefenmessung mühelos mit Bindfaden und einem ungefähr anderthalb Pfund schweren Stein vor, dabei konnte ich genau sagen, wann der Stein den Grund verließ, weil ich dann um so fester anziehen mußte, ehe das Wasser darunterfloß, mir zu helfen.

M &S: Waren Sie in gewisser Weise ein Naturforscher, der von der kleinen Erkenntnis auf die große Wahrheit schließen wollte?

Henry David Thoreau: Wenn wir alle Naturgesetze kennten, so bedürfte es nur einer Tatsache oder der Beschreibung einer tatsächlichen Erscheinung, um daraus alle einzelnen Schlußfolgerungen zu ziehen.

M &S: Ist es denn so wichtig, die Tiefe des Waldensees zu erforschen?

Henry David Thoreau: Müßte es nicht auf die Gemüter der Menschen seine Wirkung haben, wenn alle Seen seicht wären? Ich bin dankbar dafür, daß dieser Teich, als ein Symbol, tief und klar geschaffen wurde. Solange die Menschen an das Unendliche glauben, wird es Seen geben, die für bodenlos gehalten werden.

M &S: Der Waldensee hat Sie aber nicht nur als Naturwissenschaftler angesprochen, er hat Sie auch zum Nachdenken inspiriert!

Henry David Thoreau: Der See ist der schönste und ausdrucksvollste Zug einer Landschaft. Er ist das Auge der Erde. Wer hineinblickt, ermißt an ihm die Tiefe seiner eigenen Natur. Die Bäume dicht am Ufer, welche sein Wasser saugen und in ihm zerfließen, sind die schlanken Wimpern, die es umsäumen, und die waldigen Hügel und Felsen die Augenbrauen, die es überschatten.

M &S: Eine ruhige Stelle am See wäre also ein guter Ort für ein Solo. Wissen Sie, daß die Erlebnispädagogik diese Übung, bei der man einen oder mehrere Tage

Mit Henry David Thoreau am Ufer des Waldensees

alleinbleibt und nur mit dem Allernötigsten ausgestattet ist, auf Ihr Waldenexperiment zurückführt?

Henry David Thoreau: Wir brauchen die stärkende Kraft der Wildnis (...). Wir können von der Natur nie genug bekommen.

M &S: Das meinen Sie! Was habe ich davon, an einem Waldrand zu sitzen, fragen sich andere.

Henry David Thoreau: Man braucht nur an einer anziehenden Stelle im Walde lang genug ruhig sitzen zu bleiben, damit alle seine Bewohner sich der Reihe nach vorstellen.

M &S: Bei manchen Teilnehmern eines Solos geht es nur darum, die Zeit totzuschlagen!

Henry David Thoreau: Als ob man die Zeit totschlagen könnte, ohne die Ewigkeit zu verletzen.

M &S: Nun gut, man kann auch darauf warten, daß die Natur die richtigen Fragen stellt.

Henry David Thoreau: Die Natur stellt keine Fragen und beantwortet keine, welche die Sterblichen ihr stellen. Sie hat längst ihren Entschluß gefaßt.

M &S: OK! Vielleicht besteht die Chance, daß man sich wieder auf seinen Körper konzentriert, auf ihn hört. Schließlich ist in der modernen, unsicheren Welt unser Körper eine der letzten Gewißheiten!

Henry David Thoreau: Jeder Mensch ist der Erbauer eines Tempels, seines Körpers, für den Gott, dem er dient, nach einem Stil, der ausschließlich sein Eigen ist; auch kann er dem nicht entgehen, indem er statt seiner Marmor ausmeißelt. Wir sind alle Bildhauer und Maler und unser Material ist unser eigen Fleisch, Blut und Knochengerüst. Alles Edle fängt sofort an, die Züge eines Menschen zu verfeinern, jede Gemeinheit und Sinnlichkeit, sie zu vertieren.

M &S: Auch die Erlebnisfähigkeit wird durch den Kopf gesteuert!

Henry David Thoreau: Mein Kopf ist Hände und Füße. Ich fühle meine besten Eigenschaften in ihm konzentriert.

M &S: Das Ziel ist aber, daß Kopf und Körper, Seele und Natur eins werden.

Henry David Thoreau: Ein köstlicher Abend, da alle Sinne eins sind mit dem Körper, der die Lust durch alle Poren trinkt.

M &S: Sie sind ein Moralist. Als Einzelgänger lebten Sie in selbsgewählter Einsamkeit und wären manchmal auch froh gewesen über Hilfe.

Mit Henry David Thoreau am Ufer des Waldensees

Henry David Thoreau: Wenn ich sicher wüßte, daß jemand in mein Haus käme, mit der festen Absicht, mir Gutes zu tun, würde ich um mein Leben laufen.

M &S: Es ist wichtig, daß es barmherzige Menschen gibt, die das Helfen zu ihrem Lebensinhalt gemacht haben!

Henry David Thoreau: Man muß zur Barmherzigkeit so gut wie zu allem anderen Talent haben. 'Gutes tun', das ist einer der überfüllten Berufe.

M &S: Dazu haben Sie sich schon ganz anders geäußert! Wissen Sie es noch?

Henry David Thoreau: Güte ist die einzige Kapitalanlage, welche nie verlorengeht. In den Harfenklängen, welche die Welt umzittern, ist sie der ewige Grundton, der uns erbeben läßt. Die Harfe ist der Geschäftsreisende für die Weltallversicherungsgesellschaft, die ihre Statuten anpreist, und unser bißchen Gutsein ist die ganze Einlage, welche wir bezahlen.

M &S: Genau! Aber noch einmal zurück zum Solo! Es ist ja auch der Versuch, den Augenblick zu fassen – carpe diem – , obwohl ja scheinbar wichtigere Aufgaben erledigt werden sollten.

Henry David Thoreau: Nur *der* Tag bricht an, für den wir wach sind. Noch mancher Tag harrt des Anbruchs. Die Sonne ist nur ein Morgenstern.

M &S: Und dann entschieden Sie sich gegen die Arbeit und für die Träumerei?

Henry David Thoreau: Es gab Zeiten, in denen ich mich nicht entschließen konnte, die Blüte des Augenblicks irgendwelcher Arbeit des Kopfes oder der Hände zu opfern. Ich lasse gern einen breiten Rand an meinem Leben. An manchen Sommermorgen saß ich, nachdem ich mein gewohntes Bad genommen hatte, von Sonnenaufgang bis Mittag in Träumerei versunken, auf meiner sonnenbeschienenen Türschwelle zwischen Fichten, Walnußbäumen und Sumach in ungestörter Einsamkeit und Stille, während die Vögel ringsumher sangen oder leise durch Haus flatterten, bis ich durch die an das westliche Fenster fallenden Sonnenstrahlen oder durch Wagengerassel auf der Landstraße daran erinnert wurde, daß die Zeit vergeht.

M &S: Sie haben sich Zeit gelassen und Zeit gewonnen!

Henry David Thoreau: Die Zeit ist nur ein Fluß, in dem ich fischen will. Ich trinke daraus, aber während ich trinke, sehe ich seinen sandigen Grund und entdecke, wie seicht er ist. Seine schwache Strömung verläuft, aber die Ewigkeit bleibt. Ich möchte in tieferen Zügen trinken, im Himmel fischen, dessen Grund voll Kieselsterne liegt.

M &S: Es geht also doch darum, die Sprache der Natur zu hören: The mountains speak for themselves!

Mit Henry David Thoreau am Ufer des Waldensees

Henry David Thoreau: Gott selbst kulminiert im gegenwärtigen Augenblick und wird nicht göttlicher sein im Verlaufe aller Äonen.

M&S: Kann man das nur durch das eigene Erleben erfahren?

Henry David Thoreau: Man muß einige der Lebensrätsel nicht theoretisch, sondern praktisch lösen.

M&S: Praktisch heißt durch Versenkung in die Natur?

Henry David Thoreau: Die ganze Natur bringt uns ihre Glückwünsche dar, und wir haben Grund genug für den Augenblick, uns selbst seligzusprechen. Die größten Reichtümer und Werte sind am weitesten davon entfernt, geschätzt zu werden. Wir zweifeln leicht daran, daß sie überhaupt existieren. Wir vergessen sie schnell. Sie sind die höchste Wirklichkeit. Vielleicht werden die staunenswerten, wirklichsten Tatsachen niemals von dem Menschen dem Mitmenschen kundgetan. Die wahre Ernte meines Lebens ist etwas so Unbegreifliches und Unbeschreibliches wie die Farben des Morgen- und Abendhimmels. Ein wenig eingefangener Sternenstaub, ein bißchen Niederschlag von dem Regenbogen, den ich umklammert hielt – das ist meine Ernte.

M&S: Die Morgen- und Abendstimmungen haben Sie besonders inspiriert?

Henry David Thoreau: An einem hellen Frühlingsmorgen sind dem Menschen alle seine Sünden vergeben. Ein solcher Tag bedeutet Waffenstillstand für das Laster.

M&S: Hm, klingt gut! Noch was auf Lager?

Henry David Thoreau: Der Morgenwind weht immerfort, das Gedicht der Schöpfung klingt ununterbrochen weiter, aber nur wenige Ohren vermögen es zu hören.

M&S: Wahre Weisheiten! Um die verdauen zu können, sollten wir ein Stück gehen! Halt, ruft hier nicht eine Eule?

Henry David Thoreau: Ich freue mich darüber, daß es Eulen gibt. Sie sollen das blödsinnige, wahnsinnige Heulen für die Menschen besorgen. Es ist ein Ton, wie er wunderbar zu Sümpfen und dämmerigen Wäldern paßt, die kein Tageslicht durchdringt; er weckt den Gedanken an eine weite, unentwickelte Natur, die vom Menschen noch nicht erforscht ist. Sie stellen das Dämmerdunkel dar, die unbefriedigten Gedanken, denen wir alle unterworfen sind.

M&S: Das Gehen ist die ursprünglichste Welterfahrung. Nur scheinbar ist es mühselig und langsam!

Henry David Thoreau: Ich habe herausbekommen, daß am geschwindesten reist, wer zu Fuß geht.

Mit Henry David Thoreau am Ufer des Waldensees

M&S: Sie haben auch gezeigt, daß die Erkenntnis eine kognitive Leistung ist, die dem Gehen folgt.

Henry David Thoreau: (...) für den Wanderer ändert sich ein Bergumriß mit jedem Schritte; und er sieht eine unendliche Anzahl von Profilen, obgleich nur eine absolute Form vorhanden ist. Selbst gespalten oder durchbohrt wird der Berg in seiner Ganzheit nicht erfaßt.

M&S: Sehr oft gingen Sie nach Concord, um sich von Ihrer Einsamkeit abzulenken.

Henry David Thoreau: Warum sollte ich mich einsam fühlen? Ist unser Planet nicht in der Milchstraße? Die Frage, die ihr stellt, scheint mir nicht die wichtigste. Was ist das für ein Raum, der den Menschen von seinem Mitmenschen trennt und einsam macht? Ich fand, daß keine Anstrengung der Füße zwei Seelen einander näherbrachte... Sonst aber ist es so einsam hier, wo ich lebe, wie auf der Prärie. Es ist hier ebensogut Asien oder Afrika wie Neuengland. Ich habe eigentlich meine eigene Sonne, Mond und Sterne und eine kleine Welt für mich allein. Ich hätte der erste oder der letzte Mensch sein können.

M&S: Ihre Reiselust hielt sich in Grenzen.

Henry David Thoreau: Alles, was ich auf meiner Reise nach Kanada bekam, war eine Erkältung.

M&S: Andere haben durch ihre Reisen viel gelernt!

Henry David Thoreau: Es ist nicht der Mühe wert, um die Welt zu gehen, um die Katzen in Sansibar zu zählen.

M&S: Viele Reisende genossen ihre Freiheit und kamen weiser nach Hause!

Henry David Thoreau: Die Sitte, den besten Teil des Lebens dazu zu verwenden, damit man sich während der geringstwertigen Lebenszeit einer fragwürdigen Freiheit erfreuen kann, erinnert mich an jenen Engländer, der nach Indien ging, um sich ein Vermögen zu machen, damit er nach England zurückkehren und dort ein Dichterleben führen könne. Er hätte nur von vornherein zur Dachkammer hinaufzusteigen brauchen.

M&S: Also gut, der Bau der Eisenbahn machte das Reisen leichter und führte dazu,...

Henry David Thoreau: (...), daß einige wenige mit ihr fahren, der große Rest aber überfahren wird.

M&S: Das meinten wir nicht! Auch damals wurden die Reisezeiten kürzer, und außerdem wurde der Telegraph zu einer bahnbrechenden Erfindung.

Mit Henry David Thoreau am Ufer des Waldensees

Henry David Thoreau: Wir beeilen uns stark, einen magnetischen Telegraphen zwischen Maine und Texas zu konstruieren, aber Maine und Texas haben möglicherweise gar nichts wichtiges zu besprechen.

M &S: Immerhin wurde so auch eine rasche Kommunikation zwischen Alter und Neuer Welt möglich!

Henry David Thoreau: Wir beeilen uns, den Atlantischen Ozean zu durchkabeln, um die Alte Welt der Neuen um ein paar Wochen näher zu rücken; vielleicht lautet aber die erste Nachricht, die in das große amerikanische Schlappohr hineinrinnt: Prinzessin Adelheid hat Keuchhusten.

M &S: Die Ferne interessiert Sie wohl nicht. Auch ihre pädagogischen Erkenntnisse leiten Sie aus Ihrer Welt der Natur um den Waldensee ab.

Henry David Thoreau: Es wäre an der Zeit, daß wir ungewöhnliche Schulen bekämen, daß wir nicht mit unserer Erziehung aufhören, wenn wir anfangen, Männer und Frauen zu werden. Es ist Zeit, daß Dörfer zu Universitäten werden und die ältern Einwohner Universitätsmitglieder, mit der Muße – wenn sie dazu Geld genug haben –, ihr übriges Leben freien Studien zu widmen. Soll die Welt ewig auf Paris oder Oxford beschränkt bleiben?

M &S: Concord als Unversitätsstadt! Und die Studenten machen eine Exkursion an den Waldensee?

Henry David Thoreau: Ich meine, sie sollen nicht nur Leben spielen oder dieses bloß studieren, während der Staat sie bei diesem kostspieligen Spiel unterstützt, sondern es im Ernst leben vom Anfang bis zum Ende. Wie sollen junge Leute besser das Leben erlernen können, als in dem sie sich sofort am Experiment des Lebens versuchen. Ich meine, das müßte ihren Verstand ebensogut schärfen wie die Mathematik.

M &S: Könnte dieses Experiment des Lebens auch die Jagd sein? Für Sie natürlich eine Erziehung der männlichen Jugendlichen!

Henry David Thoreau: Erst geht er als Fischer und Jäger hin, bis er später, wenn er den Keim zu einem besseren Leben in sich hat, seinen eigentlichen Beruf, sei es als Naturforscher oder als Philosoph, erkennt und Flinte und Angelrute zurückläßt. Jedes Kind fängt im gewissen Sinn die Welt von vorne an und ist am liebsten im Freien, selbst bei Nässe und Kälte.

M &S: Sie glauben wirklich, daß die Jagd pädagogisch wertvoll ist?

Henry David Thoreau: Man kann den Jungen nur bemitleiden, der nie eine Flinte losschießen durfte; er ist darum nicht humaner, nein, seine Erziehung wurde schwer vernachlässigt.

M &S: Das sagen Sie, weil Sie selbst ein leidenschaftlicher Jäger sind!

Mit Henry David Thoreau am Ufer des Waldensees

Henry David Thoreau: Es behagt mir manchmal, das Leben grob anzupacken und meine Zeit mehr so auf die Art zu verbringen, wie es die Tiere tun. Vielleicht verdanke ich dieser Neigung und der Jagd, der ich schon in früher Jugend huldigte, meine enge Befreundung mit der Natur. Durch beides werden wir früh in Landschaften eingeführt und dort zurückgehalten, mit denen wir sonst in diesem Alter wenig Bekanntschaft machen würden. Fischer, Jäger, Holzhacker und andere, welche ihr Leben in Feld und Wald verbringen und in gewissem Sinne selbst einen Teil der Natur darstellen, sind oft während ihrer Arbeitspausen zu deren Beobachtung geeigneter als Philosophen oder Dichter, welche sich ihrer voll Erwartung nähern.

M&S: Und auf die Frage, ob die Jagd für Jungen erzieherisch wertvoll sei, zögerten Sie nicht lange...

Henry David Thoreau: (...) als ich ängstlich von einigen meiner Freunde gefragt wurde, ob sie ihre Buben jagen lassen sollten, antwortete ich: »Ja«, in der Erinnerung daran, daß dies einer der besten Teile meiner Erziehung war. Laßt sie Jäger werden! Wenn sie's auch zuerst nur als Sport betreiben, so werden sie mit der Zeit womöglich gewaltige Jäger, denen kein Wild in irgendeinem Urwald groß genug ist – Menschenjäger und Menschenfischer.

M&S: Wir sind uns sicherlich einig, daß das Wichtigste spielerisch und in der Natur gelernt wird.

Henry David Thoreau: Die Kinder, die das Leben spielen, erfassen seine Gesetze und Beziehungen richtiger als die Erwachsenen, die nicht fertigbringen, es würdig zu leben, sich aber durch Erfahrung, d. h.: das Fehlschlagen ihrer Pläne, für weiser zu halten.

M&S: Ja – wir erinnern uns selbst an unsere Kinderzeit als wir Frösche fingen und in Höhlen hausten.

Henry David Thoreau: Wer erinnert sich nicht daran, mit welchem Interesse er in seinen jungen Tagen ausgehöhlte Felsen ansah, oder alles, was nur im entferntesten Ähnlichkeit mit einer Höhle hatte? Es war die natürliche Sehnsucht unserer frühesten Vorfahren, von der ein Teil noch in uns lebte. Von der Höhle taten wir den Schritt zu Dächern aus Palmblättern, Rinde und Zweigen, aus geflochtenen Matten, aus Gras und Stroh, aus Brettern und Schindeln, aus Steinen und Ziegeln. Zuletzt wissen wir gar nicht mehr, was es heißt, in freier Luft zu leben, und unser Leben ist ein häusliches in mehr Beziehungen, als wir selbst glauben.

M&S: Solche Spiele waren auch gefährlich!

Henry David Thoreau: Kurz gesagt, solange der Mensch lebendig ist, besteht immer die Gefahr, er könnte sterben, obgleich zugegeben werden muß, daß die Gefahr in dem Verhältnis geringer ist, je mehr er schon von vornherein eher tot als lebendig ist.

M &S: Ihre Zeit am Waldensee war auch ein Experiment mit offenem Ausgang. Sie wollten nicht nur etwas fürs Leben, sie wollten auch fürs Sterben lernen – eine ars vivendi und eine ars moriendi. Können Sie zum Schluß Ihre Erfahrungen vom Waldensee auf einen Punkt bringen?

Henry David Thoreau: Das eine wenigstens lernte ich bei meinem Experimente: wenn jemand vertrauensvoll in der Richtung seiner Träume vorwärtsschreitet und danach strebt, das Leben, das er sich einbildete, zu leben, so wird er Erfolge haben, von denen er sich in gewöhnlichen Stunden nichts träumen ließ.

Alle Zitate aus:

Henry David Thoreau: Walden oder das Leben in den Wäldern. Zürich 1971

LUCHTERHAND – 75 JAHRE VON PROFI ZU PROFI

1924
Verlags-Gründung in Berlin durch Hermann Luchterhand (1886–1950).

Erste Verlagserzeugnisse: Steuerinformationen und Formblätter. Entwicklung des Loseblattwerks „Handbuch für das Lohnbüro".

1934
Eintritt von Eduard Reifferscheid (1899–1992) als Prokurist in den Verlag, später Mehrheitsgesellschafter und Geschäftsführer.

Allmählicher Aufbau des juristischen Fachbuchprogramms. Edition von ergänzbaren Loseblattwerken aus verschiedenen Rechtsgebieten und Einzeldarstellungen zum Wirtschaftsrecht.

1945
Nach Ausbombung von Verlag und Druckerei 1943/44 beginnt Eduard Reifferscheid im Sommer mit dem Wiederaufbau.

1948
Eröffnung einer Zweigniederlassung am heutigen Hauptsitz Neuwied/Rhein.

Konsequente Entwicklung von Loseblattwerken, Büchern und Zeitschriften in zahlreichen Rechtsgebieten.

1955
Start des Belletristik-Programms, u.a. mit Werken von Günter Grass, Peter Härtling, Eugène Ionesco, Georg Lukács, Anna Seghers, Christa Wolf und den Nobelpreisträgern Miguel A. Asturias, Alexander Solschenizyn, Pablo Neruda und Claude Simon.

1972
Erweiterung der Programmpalette durch „Alternativkommentare" und zahlreiche juristische Fachzeitschriften.

1987/88
Verkauf des Luchterhand Verlags an den holländischen Verlagskonzern Kluwer NV. Verkauf des literarischen Verlagsteils und Integration juristischer Kleinverlage in den Luchterhand Verlag, dadurch Gründung einer Niederlassung in Frankfurt/Main. Seitdem ist Luchterhand ein Unternehmen der Verlagsgruppe Wolters Kluwer, Amsterdam.

1991
Übernahme pädagogischer Programmteile vom Berliner Verlag Volk und Wissen. Gründung der Berliner Niederlassung. Verlegung der Niederlassung Frankfurt/Main nach Kriftel (Taunus).

1991/92
Erste elektronische Produkte, Disketten und CD-ROM.

1994
Erwerb des auf Architektur, Bautechnik, Bauwirtschaft und Baurecht spezialisierten Werner Verlages, Düsseldorf.

1998
Erwerb des Fachverlages Deutscher Wirtschaftsdienst, Köln, mit den Programmschwerpunkten Außenwirtschaft, Wirtschaftsförderung, Personalmanagement sowie Informationstechnologie.

1999
Der Hermann Luchterhand Verlag feiert sein 75jähriges Bestehen. Insgesamt sind 1.500 Titel – als Buch, Loseblattwerk, Tabelle, Formular, CD-ROM/Diskette sowie rund 30 Fachzeitschriften – zu den Schwerpunkten Recht, Wirtschaft, Steuern, Bildung, Erziehung und Soziale Arbeit lieferbar.

Luchterhand Verlag
VON PROFI ZU PROFI